本书承蒙浙江大学董氏文史哲研究奖励基金资助出版

博物馆学认知与传播·文丛

数字博物馆研究

Research on Digital Museum

郑霞 著

ZHEJIANG UNIVERSITY PRESS
浙江大学出版社

图书在版编目(CIP)数据

数字博物馆研究 / 郑霞著. —杭州:浙江大学出
版社,2016.1(2025.7重印)
ISBN 978-7-308-15076-7

Ⅰ. ①数… Ⅱ. ①郑… Ⅲ. ①数字技术－应用－博物
馆－研究 Ⅳ. ①G26－39

中国版本图书馆 CIP 数据核字(2015)第 205690 号

数字博物馆研究

郑　霞　著

责任编辑	陈佩钰(yukin_chen@zju.edu.cn)	
责任校对	杨利军　丁佳雯	
封面设计	项梦怡	
出版发行	浙江大学出版社	
	(杭州市天目山路 148 号　邮政编码 310007)	
	(网址:http://www.zjupress.com)	
排　　版	杭州青翊图文设计有限公司	
印　　刷	浙江新华数码印务有限公司	
开　　本	710mm×1000mm　1/16	
印　　张	19.5	
字　　数	300 千	
版 印 次	2016 年 1 月第 1 版　2025 年 7 月第 8 次印刷	
书　　号	ISBN 978-7-308-15076-7	
定　　价	48.00 元	

写在前面的话(代序)

　　1978年,杭州大学(现并入浙江大学)历史系教授毛昭晰来到北京,经他的老师夏鼐先生介绍,与国家文物局庄敏副局长洽谈了建立文物与博物馆学专业的构想,并向当时的国家教委递交了正式申请。这是一件具有里程碑意义的事件,它意味着,中国文物博物馆事业开始与高等教育联姻。

　　从那时算起,中国高等教育介入文物博物馆学教育已走过近40个年头,越来越多的学校都设立了文物与博物馆专业。一方面,高等院校的文博教育逐步成为中国文博人才培养的重要途径;另一方面,文博事业也为高等教育拓展学科领域提供了新的平台与机遇,尤其是在文明传承成为继教学、科研和社会服务后中国高等院校第四大功能的背景下,这一意义尤为彰显。

　　四校合并后的新浙江大学敏锐地意识到,这是一个符合现代社会发展要求的新的学科增长点,遂于2008年将文物与博物馆学专业从历史系独立出来,升格为系,并相继建立起文化遗产研究院和考古与艺术博物馆。学校领导对文博学科发展寄予厚望,希望以此形成文博学科发展的集群效应,并创建出该领域的"浙大学派"。

　　在创办文物与博物馆学系的时候,我们曾就学科发展的特色与长期发展目标展开了讨论,同时也专门针对博物馆学研究与教学的方向与重点进行了探索。这些讨论明确了我们的建设思路,为形成学科发展特色提供了方向。从实践的情况看,效果还是比较积极的。

　　当时我们的讨论所涉及的一个核心问题是,在全国多座高校迅速崛起的背景下,我们如何在博物馆学的建设方面形成自己的特色,更有效地为中国的博物馆事业作出贡献。我们的讨论形成了以下几个方面的共识。

1.博物馆姓"博",应该有广阔的学术视野和文理交融的跨学科思路。

　　这是专业创办人毛昭晰教授特别强调的观点。这一点或许与他本人长期从事兼具自然科学与人文学科性质的史前史及人类学研究有关。但这不是关键，关键在于他对当代博物馆学使命与性质的理解。在中国，由于长期以来博物馆事业是在国家文物局领导下展开的，关注的焦点主要集中在人文历史类和人物纪念类博物馆，所需的知识支撑主要是与人文历史相关的学科。但毛昭晰教授意识到，博物馆的工作内涵涉及远为广泛的领域，人文历史类只是其中的一部分，虽然是数量最多、影响最大的部分，但毕竟不是全部。除了人文历史外，博物馆还涉及自然史、区域地理、自然现象、技术与产业及当代社会生活等，所以，博物馆学的研究与教学，不能仅仅囿于人文历史的范畴，否则就无法为类型多样的博物馆提供学术支持与人才队伍。在这种思想指导下，我们在文物与博物馆学系设立了一些与自然科学相关的课程，拓展学生的认知结构，培养学生对自然科学相关学科的敏感性。这种前瞻性的思考被证明是明智的。由于绝大多数高等院校毕业的学生都局限在人文历史类，很难适应其他类型博物馆发展的需求，造成了其他各类博物馆的人才荒。此事引起了国家科协与教育部的重视，联合在一些高校专门设立了科普方向的研究生教育，以弥补现存博物馆学教育宽度不足的缺陷。

2. 正确处理博物馆学与文化遗产的关系，将博物馆学的研究与教学纳入文化遗产的整体框架中，形成与其他相关学科密切的配合关系，提高学科服务社会的有效性。

虽然博物馆有广泛的工作内涵，但从目前的形势看，它与文化遗产事业的关系是最为密切的。专业的名称也反映了这一点。所以，厘清博物馆与文化遗产的关系，是我们明确发展方向的重要前提。为此，我们要明白，在中国的文化遗产事业中，博物馆到底扮演什么角色，发挥什么作用？

为解决这一问题，我们首先对中国文化遗产领域的现状展开了调查与分析。我们的研究表明，无论在总体上，还是在高等教育中，都存在着文化遗产各环节的无序化与碎片化倾向，许多相关的环节并不注意它们之间的相关性，各自为政，缺乏必要的协同与相互支持。针对这种现象，我们首先提出了文化遗产的整体化、系统化的概念。具体地说，就是把文化遗产事业视为具有密切关联的五个环节的整体：

首先是**发现**与**征集**。这是指通过开展田野考古、民族学调查和社会征集，将散落在地下、水下、地面及社会上的各种遗存系统登录、收集，它构成文化遗产工作链的第一个环节；这一环节涉及众多的学科和技术，仅在浙江大学，不仅有考古学介入，地球物理系的遥感实验室、计算机学院的考古地层三维可视化项目组，以及民族学和人类学的田野调查人员，都加入了这一行列。

接着是**甄别**与**判断**。这是指对所获得的文化遗产进行事实判断与价值判断，通过事实判断甄别真伪，通过价值判断作出价值评估；事实判断是文化遗产事业的前提，在方法论上涉及"眼学"与"科学"两种途径，前者依赖长期的经验积累，后者主要通过科学仪器对构成材料进行分析。如何将"经验"与"分析"进行有机结合，形成更有效的鉴定方法与机制，成为当前亟待解决的问题；在价值判断方面，目前可以说是存在着两种不同的观点：一种是以古玩市场价值观为指导的收藏观，另一种是系统保存社会记忆的收藏观。

第三个环节是**保护**与**管理**，它也分成两个层面：物理学保护与社会学保护。通过物理学保护，为文化遗产提供更优越的保护学条件，尽可能延缓其自然变质的进程；社会学保护则包括文化遗产保护机构的建立，关于文化遗产的国内法与国际法的制定，关于文化遗产跨国间流动的国际公约，以及关于文化遗产保护的社会宣传等。

第四个环节是关于文化遗产的**分析**与**研究**，其本质是将蕴藏在物质深处的文化意义揭示出来，包括物品的制造信息、功能信息、使用信息、关联信息和收藏信息等，从而使人们对遗产的历史、科学与艺术价值有更深入和系统的认识。

最后一个环节是文化遗产的**阐释**与**传播**，即用我们所获得的研究成果，向观众进行阐释，通过形象直观和易于理解的方式，使观众对文化遗产中所包含各种价值有所理解，获得审美和认知的帮助。

当我们就这五个环节将文化遗产与博物馆进行比较时，发现了一个有趣的现象：如果我们以文化遗产作为主角，这一过程所指的是对文化遗产进行处理的工作链，这一处理过程由众多学科来完成，共同实现对它的认识、保护与利用，在这个过程中，博物馆学只是其中的一个环节；但如果我们将博物馆作为主角，它就是一个负责处理文化遗产的社会文化机构，所强调的是，如何使这一机构更加合理与有效地处理文化遗产。对于人文历史类博物馆而言，其使命就是系统收集相关的文化遗产，对它们进行鉴定和评估，登录和保护，分析与研究，最后向观众进行阐释与传播。

从这种对比中,我们发现,博物馆事业与文化遗产事业的工作内涵具有很大的重叠性,在这些重叠的部分,它们是一个问题的两个方面。但两者又各自具有不能相互包含和重叠的方面,文化遗产只是人类文明历史的各种遗存,并不包含自然遗产、现生的自然资源、自然现象及现实社会生产与生活,而这些是博物馆要涉及的;另一方面,博物馆所收藏的只是文化遗产中可移动的部分,并不包括不可移动的部分(近年来一个可喜的现象是,国际范围内开始关注非物质文化遗产,并在定义中纳入博物馆的工作范畴)。

考虑到本系的学术环境与资源特征,以及整个文博学科的发展,我们在发展的重点上强调了将博物馆学视为文化遗产事业的一个部分,一个环节,由此,它与考古学、文物保护学、物质文化史、人类学、民族学等学科,建立了密不可分的依存关系。

3.将文化遗产的阐释与传播作为博物馆学研究的核心,有效提升博物馆展览的传播效益。

博物馆学属于较年轻的学科,但也开始建立起初步的学科构架,所以,在博物馆学的学科体系中,包含着不同的分支,诸如博物馆哲学、博物馆历史、博物馆社会学、博物馆管理学等,它们都是今天博物馆学教学中的重要内容。经过几十年的发展,各高校的博物馆学研究与教学开始形成自己的特色,一些学校的观众研究颇具特色,一些学校擅长博物馆的历史与理论,也有些学校特别关注博物馆的组织架构与经营管理。那么,浙江大学文博系的主攻方向是什么? 如何形成自己的特色?

我们看到,今天的中国,博物馆事业以前所未有的惊人速度在发展,据国家文物局2012年发布的消息,一年间新增博物馆数为395座,平均每天新增1.08座,远超20世纪60年代美国平均3.3天新增一座博物馆的记录。然而,博物馆的快速发展由于缺乏学术的指导,其品质的提升与数量的增长并不匹配,公众在以文化遗产为介质的学习生活中受益并不理想。

我们的博物馆学研究在改变这种局面中能作出怎样的贡献呢? 如何才能更有效地提升博物馆的品质呢? 虽然博物馆开展多方面的活动,但最核心的莫过于展览建设,以及展览的传播效益。而展览的传播效益的核心又在于它对展品的阐释与解读的能力。中国有众多文化内涵丰富的文化遗产,博物馆展览的品质应该与它帮助观众理解和审美的能力有关。在我们看来,优秀的展览应该有能力将观众的理解引领到展品的物质深处,与其间蕴含的文化意义发生接触。当当代人的理解与过去物品之间积淀的文化内涵发生了接触,文化遗产就从一个属于过去时的蛰伏状态苏醒过来,变身为属于现在进行时的鲜活的学习资源,滋润我们的学习生活。

那么,当代博物馆展览传播效益不够理想的原因是什么?通过分析我们意识到,造成这种现象的主要原因在于传播的环节。虽然我们在博物馆传播中也参考了教育学、学习心理学、认知学和传播学的相关成果,但博物馆是一个特殊性很强的传播媒体,其最大的特点就在于,绝大多数媒介的传播过程是一个与时间性相关的过程,这一时间逻辑结构与事情或现象发生的时间逻辑结构具有相似性,即它们都会有前后的次序,这很符合人们的日常认知习惯;然而,博物馆的认知是在空间形态下展开的,是观众在特定空间中通过行走与站立交替运动的过程中进行的,他们的认知与他们所处的空间形态有着密切的关系。当一批展品放置在一定的空间中,它们之间的关系,观众选择怎样的路径,都会影响展品之间的逻辑性,从而改变整个展览的叙事结构。对于这种独特的学习与认知行为,仅仅参考普通的教育学和认知学是不够的,要针对性地解决问题,就应当对这一独特的学习方式和认知过程展开专门的理论探索,如果不能真正掌握空间形态认知过程的特点,从而寻找到有效的传播手段,那么,无论展览的细节多么精美,都难以达到理想的传播效应。

展览传播效应不够理想的另一个原因是缺乏检验的环节与制度。如果说了解空间形态下的认知特点是帮助策展人在主观上更有效地进行空间经营,选择更适宜的传播手段的话,那么,展览评估则是从制度层面,从实践层面,通过有效地收集观众的反馈意见,掌握观众的实际理解程度与受益状况,来对展览进行调整与优化,从而使展览在动态的调整中更符合观众的要求。所以,建立有效的展览评估机制与准则,并在实践层面上努力推广,也应该是我们为自己设定的任务。

这些就是我们在讨论博物馆学科建设中所达成的共识,但这只是一个初步的开端。为了让这些想法更加系统化,并能够经受实践的检验,我们决定将教师和研究生的思考写下来,形成一个相对完整的系统,这就是这套丛书出版的初衷。

　　相信通过这套丛书的撰写会有利于我们整体学术水平的提高,也会有利于我们系博物馆学教学与科研能力的提升,然而,这些并不是最重要的。最重要的是,我们希望这套丛书能真正为发展中的中国博物馆事业提供有益的启发与建议。只有博物馆界的朋友们理解并认同我们的想法,并在实践中发挥了应有的作用,才是这套丛书出版的真正价值,也是我们所真心渴望的目标。

严建强

2015 年 11 月 15 日

前　言

　　随着信息、网络等现代技术的迅猛发展，数字资源以传统资源无可比拟的优势，逐渐成为信息资源的主导和主体。20 世纪 60 年代，一些国家的博物馆已经开始着手进行信息化建设和数字化转变的工作，经过三十多年的酝酿、实施和构建，至 20 世纪 90 年代，数字博物馆开始逐渐成形并进入社会领域和普通大众视野，成为众多国家信息基础建设的重要组成部分。短短十年间，欧美等国家先后建立了一批卓有影响的数字博物馆项目，如"世界的记忆"、"欧洲虚拟博物馆"，以及"加拿大虚拟博物馆"等等。在国外数字博物馆建设的启示下，我国于 20 世纪 90 年代末也开始迅速迈入数字博物馆的建设时代，先后完成了"故宫数字博物馆"、"大学数字博物馆"等建设项目。经过近二十多年的发展，各级和各类型的数字博物馆如雨后春笋般不断涌现，逐渐成为公众身边须臾不可或缺的信息交流和知识获取平台。数字博物馆已成为今天覆盖全社会的信息与知识的网络中重要的、不可或缺的构成内容和组织形式。

　　当前，进入高速建设时期的数字博物馆已经成为提升博物馆功能，向公众开展文化教育和服务，提高全民科学、历史和文化素养的重要场所和平台。我国数字博物馆建设的相关理论和实践研究虽然先后取得了长足的发展，然而和先进国家相比，以及和我国广大、迫切的社会需求相比，还存在诸多的不足。就理论研究而言，尽管我国数字博物馆建设取得的成果比较丰富，但多数是站在系统建设的角度或技术实现的角度进行探讨，少有站在博物馆学整体发展的视角来看待数字博物馆的相关问题。而对于数字博物馆产生的历程和内外因素以及对博物馆专业的挑战和影响、与实体博物馆的关系、与数字图书馆的关系和与不同观众群的关系等一系列不直接与技术相关、但却影响数字博物馆的社会服务水平与公众教育质量的问题，鲜有人予以研究和关注。一些分散出现的研究部分涉及相关问题的探讨,缺乏系统化梳理和整合,没有形成完整的体系。

为弥补上述研究不足,在数字博物馆为数字化时代博物馆发展的必然现象这一大的形势下,本书从博物馆学的宏观学科角度入手,对其进行较为深入、系统地考察和研究,并结合国内外数字博物馆的发生、发展以及在此过程中所出现的情况和状态,试图厘清以下问题:从信息学的角度分析博物馆中的信息资源及信息活动;结合影响数字博物馆发展的内外因素探讨数字博物馆产生的背景以及数字博物馆的概念、分类与特点,阐述其与数字图书馆的异同;梳理国内外数字博物馆的发展状况;比较、分析优秀数字博物馆案例;探讨数字博物馆对博物馆专业的发展和人才培养的影响;研究数字博物馆建设过程中的资源和体系结构问题;探讨数字博物馆的资源利用状况及知识产权保护问题;立足于数字博物馆的服务对象,研究和分析数字博物馆与普通观众、青少年和残障人群之间的关系;分析数字博物馆 2.0 的特点及表现;探讨数字博物馆的进一步发展型态——"智慧博物馆"的概念、特点、技术及相关内容等。

为了将国内外优秀数字博物馆的发展经验引入读者的视野,书中特以美国大都会博物馆、纽约现代艺术博物馆、大英博物馆、法国卢浮宫博物馆、北京故宫博物院、台北"故宫博物院"和中国国家博物馆等为案例进行相关问题的例证分析,以便让读者形成更为直观的感知和感受。此外,书中还提供了大量网络链接资源和近年来的学术研究资料,以供读者进行进一步地拓展阅读。本书通过研究以期能够达到以下目的:(1)为从事数字博物馆建设和发展工作的专家、学者和工作人员提供一定的参考和借鉴;(2)为数字博物馆的研究提供一个不同于以往研究的学术视角,为进一步探索数字博物馆的相关问题奠定基础,以推动该领域内后续的研究工作;(3)为普通大众提供一条了解数字博物馆相关问题的渠道,以使更多的人能够充分享受到数字博物馆提供的各项服务。

本书的研究工作得到了浙江大学严建强教授、项隆元副教授、鲁东明教授、罗仕鉴教授和云霞老师的鼎力支持和指导,得到了北京师范大学周明全教授和武仲科教授的帮助,在此深表感谢。在本书的撰写过程中,浙江大学文物与博物馆学系的张维、苗亚男和邹如碧等同学参与了资料收集和整理工作，在此感谢他们的辛勤付出。

　　作者深知，数字博物馆作为不断成长和发展的有机体，具有动态性、多样性和复杂性，本书难以涵盖各方面出现的问题。加之作者自身的研究水平有限，以及限于目前的情况梳理和资料搜集状况，书中肯定有考虑不周和疏漏之处。诚请各位专家学者和读者批评指正，以便对相关内容做进一步修改和完善。

郑　霞

2015 年 11 月 12 日

目　录

第一章

博物馆与信息之关系研究

信息是博物馆的核心要素,对于博物馆信息服务这一职能的理解具有重要意义。为了明确信息的基本问题,本章将探讨信息的内涵和外延和博物馆中信息资源的类型、特点以及围绕信息而产生的各类信息活动。同时,讨论博物馆信息学产生的背景及其研究内容,以及博物馆信息专业的地位、作用及人才培养等问题。

第一节　何为信息

"信息"在知识传达意义上扮演着重要的角色。二战后计算机网络的发展和传播以及 19 世纪 50 年代出现的信息科学学科,都越发突出了信息的重要性。虽然知识及其交流是人类社会的基本现象,然而正是信息技术的产生及影响才标志着信息社会的到来。信息与劳动力、生产资料等一样成为发展经济的基本条件。由于信息技术对于自然和社会科学的作用力越来越大,使得信息成为社会高度关注的对象。很多研究人员从各自的领域出发,给出自身对于信息的解释。如香农(C. E. Shannon)提出的一个"通信的数学理论",就是用于解释带有语义和语用维度的信息使用问题。[1] "通信的数学理论"将知识通信的概念分派给"信息"这个词,由于此理论的强大影响,一度使得通信僭越了信息,缩小了信息的外延。如果站在科学术语的角度对信息进行定义,由于它的特点及其表现的多样性,很难形成一个统一的观点。

关于信息的理解有很多种,其中代表性的观点有三类:信息论的角度;认

---

① Shannon C. E. A Mathematical Theory of Communication. *Bell System Technical Journal*, 1948,27:379-423,623-656.

知学的角度；作为事物的角度。

1. 信息论的角度

信息论中将信息的传递当作一种统计现象，涉及信息传输和信息压缩两个主要问题。信息论创始人香农认为："信息是不确定量的减少"，"信息是用来消除随机不确定性的东西"，他提出了信息量的数学表达方法。此界定与任何应用无关，只与信息呈现的形式——编码有关。香农的影响是跨学科的，不仅影响到科学和工程界，而且对语言学、传播、文学甚至哲学都有影响。从信息论的角度看待信息，信息是可被精确定义和度量的，然而香农的信息量度量缺乏统一的尺度，因而不能对不同的信息进行"统一"度量。在计算机领域中，用二进制数可以表示一切信息，因而，信息量的大小用二进制的位数来表示。一位二进制数就是一个比特"Bit"，比特即信息量的度量单位。这种度量不会因人而异，也不必再通过通信的方式进行。若一条信息的二进制数表示为 N，那么这个数的位数为 $\log_2 N$，即信息量的大小。然而这种表示受限于编码，因此与信息专家对信息资源进行搜索、选择或索引时的理解不同。这些信息专家关注的是消息的内容和含义，而不是物理存贮和传输。

2. 认知学的角度

通过将信息看作是一种被传送和转化的知识状态，布鲁克斯（B. C. Brookes）[1]和贝尔金（N. J. Belkin）[2]等人试图将信息定义为一种与信息科学相关的现象。随后波普尔（K. Popper）形而上的多元化观点也涉及认知的问题。众所周知，在波普尔著名的"三个世界"理论中，他将宇宙现象分为三个世界。其中，世界 1 是物理世界，包括物理对象和状态，从宏观天体到微观基本粒子，以及一切生物有机体如动物和人的躯体、头脑等；世界 2 是精神世界，包括心理素质、意识状态和主观经验等；世界 3 是客观知识世界，包括一切可见诸客观物质的精神内容，或体现人的意识的人造产品和文化产品，如语言、神学、文学艺术、科学以及技术装备等。波普尔交替使用"Knowledge"和"Information"两个词。世界 3 明确包含了信息。他提到"在我看世界 3，

---

[1] Brookes B. C. The Developing Cognitive View in Information Science. *In International Workshop on the Cognitive Viewpoint*，1977，77：195-203.

[2] Belkin N. J. Information Concepts for Information Science. *Journal of Documentation*，1978，34：55-85.

它的理论基本包含了被这些对象所承载的信息内容,两本在世界 1 截然不同的书,在世界 3 可能是相同的,只要他们包含了相同被编码的信息"①。随后波普尔将世界 3 与皮尔士(C. S. Peirce)的符号学理论中的符号做比较,认为世界 3 的物体,如书,是由可被解释或理解的意向特征构成的,这正是对能够被解释的符号定义的概括。

信息科学内外越来越青睐皮尔士符号学的观点,认为将提供信息的对象(作为世界 1 的现象)看作符号将是有意义的,这对世界 1 中的一些"Subjects"而言能够引发一些诸如解释、选择等的活动反应,因此产生了物质世界中的目的论。在鲁迪(D. Rudd)看来,为了解释信息化的过程,可以不需要世界 3。②

3.作为事物的角度

巴克兰(M. K. Buckland)分析了在信息科学领域中的"信息"这个词的不同使用情况③,并对主要的使用进行了识别、排序和特征化。他归纳了信息的三种主要使用类别:①作为过程的信息,强调信息化的行为、知识的通信或事实的告知等;②作为知识的信息,强调被传输的知识如事实、事件、新闻等,这里信息的概念排除了不确定的部分;③作为事物的信息,是指提示信息的对象,如文字、资料、文件和事件等。根据有形和无形之分,又可以进一步进行如图 1-1 所示的归类。

巴克兰的分析产生了两个重要结果:一是重新介绍了文件的概念;二是指出了信息的主观本质。巴克兰主张,无论什么都有可能是信息。作为事物的信息是信息系统可以直接处理的唯一形式。人们获取信息并不仅是通过有意识的通信,而且也可能通过物体或事件的广泛类型。作为事物的信息类型在物理特征上是不断变化的,因此并不适合直接存储和检索,需要建立信息的表示机制。

---

①　Popper K. R. Replies to My Critics. In P. A. Schilpp (Ed.), *The Philosophy of Karl Popper*. La Salle, IL: Open Court. 1974:949-1180.

②　Rudd D. Do We Really Need World III? Information Science with or without Popper. *Journal of Information Science*, 1983,7: 99-105.

③　Buckland M. K. Information as Thing. *Journal of the American Society for Information Science*, 1991,42: 351-360.

	无形	有形
实形	2.作为知识的信息 知识	3.作为事物的信息 数据、文档
过程	1.作为过程的信息 成为通知	4.信息处理 数据处理

图 1-1　信息的四个方面①

　　从将信息当作实物的角度出发,2000 年麦登(A. D. Madden)对已有的信息概念进行了分析和梳理②,将这些概念进行了归类,主要分为:①作为知识的表达;②作为环境中的数据;③作为通信的一部分;④作为资源或是商品。麦登对以往的"作为知识的信息"进行了更正,提出"作为知识表达的信息"更为确切,将抽象的知识转换为具体表现,更加明确了信息的概念。此外他强调了环境的重要性,认为忽略了环境,则无法正确了解和评估信息。麦登的工作对更加明确"信息"的概念提供了很好的思路。

第二节　博物馆——信息

一、博物馆中的信息资源

　　虽然关于"信息"未形成统一、通用的定义,但是人们已经可以感受到信息无处不在的特点。博物馆是向公众传播知识、开展教育的重要场所。博物馆专业人员不论是在艺术馆、自然馆、历史馆还是在科技馆工作,他们都要管理关于藏品的不同信息。这些信息用于识别和描述博物馆中的物体,并被整合为特定的藏品内容。藏品信息的管理是项极其复杂的事情,涉及信息的不同种类和层次。从文物进入博物馆那一刻开始,登记员、管理员和博物馆其他工作人员对它进行检查并对要记录的信息进行整合,需要对文物进行称重、测量、拍照、编号等。关于博物馆如何获得这件文物,在博物馆保存多久、在什么地方存放,保存的基本条件如何以及展览的情况需要工作人员进行记

---

　　① Buckland M. K. Information as Thing. *Journal of the American Society for Information Science*,1991,42:352.

　　② Madden A. D. A Definition of Information,*Aslib Proceedings*,2000,52(9):343-349.

录。有关文物的出处、历史重要性、文化价值、工艺价值等,需要工作人员进行研究。这些信息将成为关于博物馆的展览和教育活动等庞大信息的一部分,而关于博物馆展览的信息又将成为文化、艺术、历史和科技等更大领域信息的一部分。

在博物馆实际运行过程中,信息的收集和识别是在博物馆调研的基础上确定的。主要基于两方面的调研:(1)博物馆自身需要什么?(2)潜在参观群(个人)需要什么?这两方面的需求是经常发生变化的,特别是来自观众的需求。观众需求可以来自实施不同业务的研究所、出版公司、设计公司、加工制造企业,也可以是来自具有不同专业、职业、兴趣的个体参观者,例如,学习古钱币课程的学生来到博物馆需要找到可用于撰写课程论文的资料;青铜器研究专家需要了解博物馆收藏了多少件某一年代特定区域制造的青铜器,又有多少件与自己当前研究的课题相关。对于博物馆自身而言,不同的工作将会产生不同的信息需求。例如,为了策划展览主题设置常设展或临展,需要掌握每件藏品尽可能多的信息,以方便选出代表性的藏品用于展览。博物馆的信息资源应该能够满足以上这两方面的信息需求。

博物馆的信息资源不仅种类繁多,而且也极为复杂。单从藏品本身而言,作为信息资源的一部分就具有以下的显著特点:

1. 藏品介质类型多样

博物馆藏品的介质类型有多种形式,有三维器物、书籍、图片、照片、声音和视频等。每种介质类型都有一定的特征属性,如器物的材质、尺寸等;书籍的页数、出版时间等;图片照片的格式、大小、绘制或拍摄者等;声音的格式、大小等;视频的帧速率、压缩情况等。这些属性的不同不仅为博物馆的藏品数据的统一带来困难,而且随着应用需求的变化,为藏品信息检索和查询也带来挑战。

2. 藏品描述复杂

三维器物或其他非文本藏品的描述工作非常复杂。它不是对数据进行简单的分配,如多少页、多少字等,而是需要专家经验的介入。泰勒(A. G. Taylor)认为:"对视觉材料的描述经常比文本材料描述困难,它对进行描述工作的人的觉察力有更多的依赖性。经常没有一个合适的词能够很好地匹配所看到的内容。"[1]因此,在对非文本材料进行描述时,需要领域专家的支持,通过他敏锐的洞察力、信息解读和知识转化的能力将视觉、听觉甚至是触觉信息转换为描述性语言。

3. 藏品信息独特

以文物为例,没有两个博物馆拥有完全一模一样的器物。虽然可能有复制品,但是即使是复制品本身在尺寸、材料和制作方面也不可能完全相同。关于藏品唯一性的理解不仅需要从单一实体本身来看,而且还需要从博物馆的组织和运营来分析。博物馆在收集藏品方面本身就有一定的针对性或专题性,符合需求的不同实物构成了收藏的结果。由于博物馆的类型差异和内容差异,使得藏品将以不同的方式被描述和分类,而藏品所承载的意义和重要性也会有所变化,这样的情况在历史类博物馆普遍存在。在这类博物馆中,承载文物历史意义的原始信息非常重要,不同的博物馆将从不同角度看待这些原始信息,这将决定文物是否被收藏、如何被分类和解读。当文物被收集入馆,博物馆将以藏品标准和要求对它进行登记、描述等,其信息独特性在这一系列过程中被突出、增强和放大。

4. 藏品语境丰富

藏品本身已不再是博物馆关心的唯一内容。人们更加关注人、社会和博物馆藏品内容之间的关系。随着"信息定位型展览"的发展,藏品已成为说明和表现人们生活方式、生产方式、审美倾向、宗教信仰和工艺水平等语境的一个展示要素,需要与其他藏品、辅助媒体或装置进行配合。一件藏品可以出现在不同的语境之中,充当不同的角色或发挥不同的功能。语境的确定来源于博物馆策展者向观众传达什么样的信息,这些信息的确定来源于博物馆对观众需求的调研和对藏品资源的深入了解。观众需求的多样性和藏品资源的复杂性决定了语境的变化,使其多样而丰富。

对于信息资源的利用,目的在于充分发挥博物馆信息的价值,为更多用户群提供服务。在博物馆提供服务之前,需要考虑以下问题。

1. Who:谁会使用这些信息?

这是博物馆经营管理和发挥社会服务功能的出发点。为了了解是"谁",

---

① Taylor A. G. *The Organization of Information*. Westport, Conn: Libraries Unlimited. 2004:12.

需要从以下方面考虑：身份、专业、年龄、性别和职业。这些方面的差异会导致信息需求的不同。此外，还要考虑在什么样的环境下使用和什么时间使用等问题。

2.What：需要什么样的信息？

主要涉及信息的类型、载体和表现形式等。信息类型有藏品信息、展览信息、事务信息和活动信息等。每个类型又可以细分为若干种子类型，如藏品信息又分为藏品描述信息、藏品解读信息、藏品保存信息和藏品保护信息。信息载体分为器物、模型、标本、书籍、图表和照片等。信息表现形式分为文字、符号、图像、声音和视频。使用者会根据使用目的和使用环境等从以上各方面提出具体要求。

3.How：怎样使用信息？

了解用户怎样使用信息是为了充分发挥各类信息的优势。需要清楚信息是被用于物质世界进行分析、整理和编辑等，还是被用于数字世界进行发布、传输、共享、加工和制作数字媒体对象等。通过了解信息的使用情况，能够对使用行为进行删选，拒绝非法行为，维护合法行为的正当权益，在保障信息安全的同时，提升各类信息的有效使用率。

二、博物馆中的信息活动

博物馆代表了一种非常见的信息系统类型，既包含作为物的信息，又包含信息化资料。各种信息在取材、表现形式和承载介质上千差万别，如作为物的信息，就分为天然形成和人为加工部分。博物馆开展的信息活动主要取决于系统的信息内容，根据内容进行资源选择、收藏、组织、描述、检索、解释和展示，信息所承载的知识被增强和传播。

以藏品资源为核心进行分类，可将信息活动分为三类：管理、利用和支持（如图1-2所示）。"管理"和"利用"属于直接性活动，即直接与藏品发生关系，而"支持"属于间接性活动。管理活动主要由馆长、登记人员、保管员、研究人员和保护人员等来执行，包括藏品的收集或征集、藏品登记、藏品组织、藏品保护和研究等。利用活动主要由展览策划人员、教育组织人员、对外宣传人员等来执行，包括藏品的展示、展览的规划和实施、教育活动的规划和实施、博物馆的宣传等。除此之外，博物馆中非直接与藏品打交道的活动属于

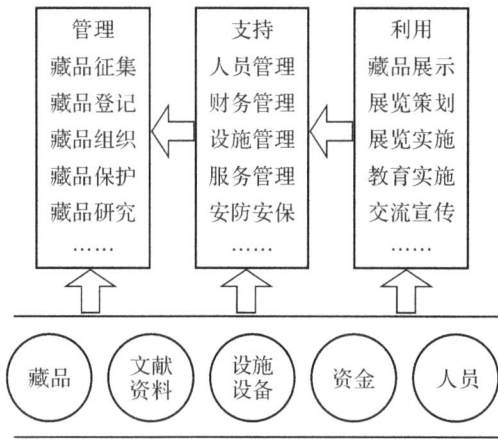

图 1-2　信息活动类型

支持活动,通常是一些管理类工作,如人员管理、财务管理、设施管理和服务管理等,这些活动为管理和利用类活动的开展创造基础条件,并提供有力的人力、财力和物力保障。

在诸多活动中,藏品登记是最为重要的一项,是其他活动的信息来源。在登记中产生的藏品的记录项、表单、档案等都是方便查询和检索的基础。登记过程不仅仅是记录实体本身,而且也要记录学术性研究内容,如历史背景、科学和艺术价值等。总体而言,藏品登记具有以下特点:

1. 动态变化性

被记录的文物信息会因为研究人员的新发现而被修改,有时也会因为考古上的新发现而对文物的信息进行推翻或重组。此外在对文物的后期研究过程中,更多的关联关系也会被逐步发现,因此初始可能孤立单一的器物,逐步需要与某些事件、人物、活动等建立联系,而这些新联系需要被填补到记录中。同时文物记录本身又依赖于记录员已有的专业知识,记录员自身的知识结构是否完善和系统将影响文物记录是否合适和全面,这也成为记录信息可能会在后期被改变的原因。即使上述各种可能性都不存在,文物的展览情况、外借的情况、修复的情况等也需要不断更新。

2. 难以统一性

博物馆的种类很多,有艺术馆、科技馆、历史馆和自然馆等,这些博物馆中的藏品就具有显著差异。每个博物馆的藏品都具有其唯一性和独特性，所以各个博物馆很难用统一的标准进行文物的记录，如自然馆和艺术馆的藏品登记标准就完全不同。因此各博物馆会根据自身的定位和实际需求，制定藏品分类制度和记录标准。

3.高度包容性

博物馆的藏品记录并不是仅仅着眼于实体本身，它还需要为博物馆的展览、教育和宣传等活动提供相关信息。作为这些活动的信息资源提供者，藏品登记人员需要根据不同需求对藏品信息记录进行分类、编目和建立索引等。藏品记录部门已成为所有信息活动中的信息管理中心，在具体的组织标准和组织方式上要能高度包容其他活动的信息需求。

作为一个完整的信息系统，博物馆的任务和目标就是提供信息服务。如何提升服务质量，是一个非常重要的问题。在传统的信息论里，反馈是系统生存和有效发展的动力。因此，为了保证博物馆的可持续发展，需要反馈机制的支持。在博物馆中，观众是最为重要的反馈源，他们的作用类似于商业活动中的消费者。消费者需要获得满足他们需求和期望的商品或服务，而这些需求和期望主要体现为对商品规格或服务品质的要求，如商品的尺寸、颜色、大小和价格，服务的质量和服务人员的态度。这些具体要求可以由消费者提出，也可以由生产(服务)商自己决定。然而不论哪种情况，最终决定权在消费者手中，是由消费者决定是否购买商品。消费者需求的动态变化和行业竞争的压力迫使生产(服务)商只有不断改善自己的商品和服务才能更好地生存和发展。同理，博物馆为了吸引更多的观众，提升博物馆的影响力，需要了解观众需要什么，调查观众参观前的需求和期望、参观后的意见和建议，分析负面反馈存在的问题及其原因等，为博物馆信息系统的执行提供指示信号。

三、博物馆信息学

信息资源在博物馆的地位日趋重要，博物馆工作人员每时每刻都在与信息打交道。而信息的存储、管理、处理和通信都需要技术的支持。博物馆资源的使用者不再满足于对博物馆藏品信息的有限次访问，很多用户要求能够随时访问到所需的信息。对于博物馆工作人员而言，需要掌握组织、管理和操作信息的能力,而这项能力需求在近些年变得越发重要。这些变化,使得博物馆在实际发展中遇到了很多问题。

　　为了寻求解决问题的方案,许多研究人员开始探索和研究博物馆中人、信息和技术之间的关系,这促成了一个新学科的产生,即博物馆信息学。博物馆信息学(Museum Informatics)是主要研究信息科学技术如何影响博物馆环境、博物馆工作人员、博物馆参观者和所有博物馆信息资源使用者的学科。[①] 过去的几十年,信息技术已经显著地影响或改变了博物馆的各个方面。这些改变已经影响到人们思考博物馆的方式,对博物馆中发生的社会交流产生了深远的影响。博物馆专业人员和参观者对博物馆为何存在以及博物馆应该提供什么样的内容都有了新的理解。如其他新领域一样,博物馆信息学利用了许多相关领域的成果,包括人机交互、多媒体、认知科学和图书与信息科学等。早期,博物馆工作人员考虑如何将信息技术用于博物馆中,只停留在利用层面。而随着实际情况的发展,越来越多的研究人员和专家强调对博物馆信息学相关理论和方法研究的必要性,关注的重心已从简单的技术层面转向复杂的学科体系层面。

　　20 世纪 90 年代博物馆中开始出现专门从事应用信息技术的工作人员,他们的主要任务是管理博物馆中的信息资源,因此往往被称为信息管理员、信息技术专家等。这些专家为博物馆带来了新技术,帮助博物馆各方面事务有效开展,如管理藏品、规划展览、组织教育、实施宣传等,其重要性越来越受到大家关注。赫尔曼(J. Hermann)曾说:"针对信息管理员其主要是处理博物馆的信息,会有一个细腻的角色。……虽然现在的博物馆很少有这样的工作人员,但是随着我们将信息系统整合到我们的日常工作中时,其重要性会越发突显出来。"[②]事实上,这个角色的发展与博物馆信息学的出现和发展是一致的。博物馆专业开始更多地关注利用新技术来满足观众的需求,并努力使正确的信息资源在合适的时间出现在合适的地方,不论参观者是在馆内还

---

　　① Marty P. F, Rayward W B, Twidale M. Museum Informatics. *Annual Review of Information Science and Technology*,2003,37:259-294.

　　② Hermann J. Shortcuts to Oz: Strategies and Tactics for Getting Museums to the Emerald City. In K. Jones-Garmil (Ed.), *The Wired museum: Emerging Technology and Changing Paradigms*. Washington, D. C.: American Association of Museums. 1997:65-91.

是在馆外。① 为了达到这个目标,20 世纪 90 年代博物馆相关工作人员主要探索博物馆信息资源的数据标准问题②、分布式藏品数据库构建和数据共享等③。

随着博物馆信息学的发展,越来越多的研究人员和机构投入到这个领域中。为了促进理论研究和探寻一些新方法,开展交流和合作,相关组织会定期或不定期地举办一些学术会议,如博物馆计算机网络协会(Museum Computer Network)所举办的年会、博物馆文献协会(Museum Documentation Association)所举办的年会、美国博物馆和图书馆服务研究所(Institute of Museum and Library Services)每年举办的 WebWise 会议和国际文化遗产信息学会议等。一些与博物馆信息学相关的学术期刊也陆续涌现出来。2000 年《美国信息学会杂志》(*Jounal of American Society for Information Science*)所发行的一期名为"博物馆信息学与网络"的专刊,探讨博物馆与信息化、网络的相关议题。2002 年《策展人杂志》(*Curator*)发行一期名为"技术与博物馆"的专刊,探讨博物馆与信息技术和网络技术等方面的问题。2004 年《数字图书馆杂志》(*Journal of Digital Libraries*)发行一期名为"数字博物馆"的专刊,探讨数字博物馆的内容及其建设等问题。此外,还有一些杂志专门将博物馆信息化的议题作为征稿内容的一个方向永久地固定了下来。除期刊外,与博物馆信息学相关的书籍也开始被陆续出版,如托马斯和明茨(S. Thomas and A. Mintz)所编写的《虚拟和现实:博物馆中的媒体》(*The Virtual and the Real:Media in the Museum*)、基恩(S. Keene)所编写的《数字藏品:博物馆和信息时代》(*Digital Collections:Museums and the Information Age*)、佩里(R. Parry)所编写的《数字时代的博物馆》(*Museums in a Digital Age*)和琼斯-卡和梅(K. Jones-Garmil)所编写的《奇怪的博物馆:新兴技术和变化的范例》(*The Wired Museum:Emerging*

① Marty P. F. The Evolving Roles of Information Professionals in Museums. *Bulletin of the American Society for Information Science and Technology*,2004,30(5):20-23.

② Bearman D. Strategies for Cultural Heritage Information Standards in a Networked World. *Archives and Museum Informatics*,1994,8:93-106. Lanzi E. *Introduction to Vocabularies:Enhancing Access to Cultural Heritage Information*. Los Angeles, CA:Getty Trust Publications,1998.

③ Bennet N, Sandore B. The IMLS Digital Cultural Heritage Community Project:A Case Study of Tools for Effective project Management and Collaboration. *First Monday*,2001,6(7). Rinehart R. Museums and the Online Archive of California. *Spectra*,2001,29:20-27.

Technology and Changing Paradigms)等,这些出版物在博物馆界及相关机构获得了一致好评,为博物馆信息学的理论研究和实践提供了诸多方面的指导。

从事博物馆信息学研究的人员和博物馆一线工作人员所讨论和研究的对象范围更加广泛,其研究深度也有了新发展,从开始关注如何将计算机技术和数据库技术运用到博物馆的藏品登记和管理,到研究建档和数据描述的方法,以及探讨元数据标准问题;从将信息管理系统运用到博物馆的藏品管理,到将信息管理的理念运用到整个博物馆系统;从博物馆藏品信息的数字化转化,到博物馆藏品信息的数字化利用;从博物馆信息内部的整合和利用,到博物馆之间的信息交流和共享;从博物馆实体馆内的基于信息的多媒体展览的构建,到网上在线展览的建立以及完整场馆的虚拟再现;从博物馆信息用于服务实体场馆内的教育活动,到扩展到在线教育活动的实施,特别是通过网络将教学资源带入课堂;从关注博物馆自身的发展需求及目的,到了解观众对博物馆的信息需求,以及研究和分析实体馆观众和在线观众有怎样的需求差异。这些不同方面的研究变化,使得更多的研究人员重新审视博物馆的社会作用、博物馆与观众之间的关系、博物馆专业人员与观众之间的关系等问题。

第三节　博物馆信息专业

随着博物馆信息学的出现,博物馆界出现了新的专业类型,即博物馆信息专业,其主要任务是将信息科学和技术应用于博物馆中,并对博物馆信息资源进行有效的组织和管理。博物馆信息专业肩负重要的职责,将解决博物馆中的信息处理问题,对采取的方式、方法和有效性起到了关键作用。由于博物馆信息专业与技术密切相关,与信息社会的整体发展有着非常强的关联,因此,博物馆信息专业在诞生之初就隐含着不断更新和发展的特质。

博物馆信息专业对于人员的培养,侧重于理论和实践两个层面。理论层面将指导学生学习博物馆概论、博物馆管理、信息学基础、数据库理论基础和信息管理系统等方面的内容。技术层面将教授学生掌握数据库构建技术、网络技术、通信技术和多媒体技术等方面的内容。

　　作为从事博物馆信息专业的人员,应当能够意识到信息技术对博物馆发展的重要性,并且在博物馆实际运作中能充分发挥其技术优势,比如能根据信息系统的不同要求撰写技术方案并加以实施;能对信息资源根据需求进行规划与设计;能对数字资源进行管理和利用;会使用多媒体制作软件进行节目或基本展项的开发和制作等。作为信息技术的掌握者,博物馆信息专业人员要时刻保持知识和技术的更新,清楚了解现在能够实现什么和未来将会发生什么,不仅能够准确捕获当下先进的技术和理念,有效地服务于博物馆事务;而且,还能够对未来技术的发展及影响做预判,以保证选择最合适和最有效的技术来帮助博物馆藏品管理、展览规划和教育实施等活动。当然,博物馆信息专业人员工作的核心目的是帮助博物馆实现其自身职能,所以对于技术的选择,要以是否有益于实现博物馆的职能为标准,干扰或弱化博物馆职能的技术都是不可取的。因此,博物馆信息专业人员绝不能流于技术的形式、技术的新奇,抛开生存的环境而单独谈技术。

　　信息技术的变化会使得使用博物馆信息资源的用户的需求发生变化;反之,博物馆信息资源用户的需求变化,也会影响信息技术的变化,两者相互影响。对于博物馆信息专业人员而言,为了更新知识和技术,需要了解博物馆资源用户的现在和未来的需求,掌握哪些内容、哪些形式、哪些格式、哪些界面是用户期盼的,从而可以有目的地选择适合的工具或技术进行开发工作,提高工作效率。当实体博物馆或在线博物馆的参观者数量不断增加时,博物馆信息专业人员需要对这些参观者的不同需求进行分析和整合,利用计算机归纳信息需求类型、整合子功能模块、开发或扩充综合展示系统、多媒体信息检索系统、多用户并发交流平台等,使新系统更具完备性、兼容性和可扩展性。此外,博物馆信息专业人员要与博物馆其他部门的人员相配合,不能封闭于自己的部门,而要时刻了解博物馆整体的运作情况,如藏品登记部做什么、怎么做、结果是什么等,策展部门做什么、怎么做、需要什么等,保持事务流信息的贯通,以提高将信息技术应用于博物馆的有效性。

　　信息的共享和交流是信息社会的特征,作为信息综合体的博物馆,不仅需要馆际之间的交流,也需要与外界学校、研究机构、文化公司和传播公司等机构的交流。因此,博物馆信息专业人员在完成管理信息系统建设、办公自动化建设、局域网建设提高内部事务处理效率的基础上,要帮助博物馆建立网站等与外界信息交流的平台,构建内网与外网链接的桥梁,这不仅可以让更多的个人用户访问到博物馆内的信息资源,也可以让更多的机构了解博物馆的信息,创造合作交流的可能性。此外,博物馆之间也可以实现信息共享,为地方、国家、洲际间的博物馆联盟平台建设奠定基础,促进世界人类文化资源的共享传播。除以上任务之外,博物馆信息专业人员还肩负着示范和培训的责任,需要帮助博物馆非信息专业人员认识博物馆信息学,了解博物馆信息学的地位和作用,意识到将信息科学和博物馆学进行结合的重要意义,并对他们进行基本技能培训,如计算机操作技术、办公自动化技术和网络应用技术等。此外,还需要通过示范讲解,帮助他们学会使用各自的业务管理系统,如帮助藏品管理员学会使用藏品管理系统进行藏品的登记、藏品的组织和管理等,帮助展览策划人员和研究人员等学会使用藏品管理系统进行藏品的查询和检索,找到所利用的藏品信息类型,帮助财务人员学会使用财务管理系统进行资金的筹集、使用、收回以及分配等,做好财务的预测、决策和控制工作,帮助博物馆各部门的工作人员学会使用博物馆办公自动化系统进行办公信息的收集与处理、流动与共享。

名词解析

- 信息论:运用概率论与数理统计的方法研究信息、信息熵、通信系统、数据传输、密码学、数据压缩等问题的应用数学学科。
- 信息技术:以电子计算机和现代通信为主要手段实现信息的获取、加工、传递和利用等功能的技术总和。
- 香农:全名为克劳德·艾尔伍德·香农(Claude Elwood Shannon,1916年4月30日—2001年2月26日),美国数学家,信息论的创始人。1940年在麻省理工学院获得硕士和博士学位,1941年进入贝尔实验室工作。1948年6月到10月,在《贝尔系统技术杂志》上连载发表了影响深远的论文《通信的数学理论》。1949年,又在该杂志上发表了另一著名论文《噪声下的通信》。在这两篇论文中,香农阐明了通信的基本问题,给出了通信系统的模型,提出了信息量的数学表达式,并解决了信道容量、信源统计特性、信源编码、信道编码等一系列基本技术问题。这两篇论文奠定了信息论的理论基础。

• 管理信息系统：Management Information System，简称 MIS，是一个以人为主导，利用计算机硬件、软件、网络通信设备以及其他办公设备，进行信息的收集、传输、加工、储存、更新和维护，以企业战略竞优、提高效益和效率为目的，支持企业的高层决策、中层控制、基层运作的集成化的人机系统。

第二章
数字博物馆概述

数字博物馆产生于 20 世纪 90 年代，在此之前，则先后经历了 20 世纪 60 年代的酝酿期、70 年代的尝试期和 80 年代的扩展期。为了对整个过程有个较为清晰和全面的了解，本章将从社会、科技和博物馆三个角度入手，探讨每个阶段促使博物馆发展的内外因素，分析其各阶段的特点。随着数字博物馆的产生，对于数字博物馆概念的界定，研究人员各自有着不同的理解，尚未达成一致的意见，因此，讨论和分析数字博物馆的概念、类型和特点，将有助于公众了解数字博物馆的本质和内涵。此外，为了厘清数字博物馆和数字图书馆之间的关系，将比较和分析两者之间的异同，以说明两者各自发展的必然性。

第一节　数字博物馆之产生

一、20 世纪 60 年代　酝酿——藏品登记的自动化

纵观世界博物馆的发展历史，二战之后是考古发掘大发展的时代，伴随着科技进步和历史研究的深入，大量文化遗存和文物得以出土，这使得文物数量大幅度增加。博物馆因此也进入了一个大发展大繁荣时期，十几年甚至几年就建立起来的博物馆比比皆是，但是几乎大部分博物馆并没有充分具备筹办博物馆的条件，特别是馆藏条件。藏品登记工作依靠的是较为原始的纸质卡片，难以组织和管理，为藏品信息的及时更新带来困难。特别当馆藏文物数量激增的情况下，藏品登记人员忙于建立纸质记录而无暇顾及其他事务。此外，纸质卡片的录入方式显然不便于检索，许多关键的、个性化的信息并不能在常规分类时得到反映，当藏品信息被交叉引用时，往往也只能归入

一类而舍弃其他类。不仅如此，此时博物馆的藏品信息管理十分原始和不完善，没有准确和完整的档案系统，仅仅依靠博物馆馆长和藏品登记员的共同记忆来维系。藏品信息的记录和管理成为一个困扰博物馆学界的难题。

伴随着 60 年代新科技的产生和发展，社会知识传播途径的多样化和人们对信息需求的多元化对于传统博物馆产生了更高的要求。社会的迅速发展也使得人们的教育观发生了改变，终身教育、全民教育的观念开始深入人心。60 年代联合国教科文组织成立了教育局，1967 年以后终身教育就广为人们所重视，成为教育改革的一股洪流。在这样的社会背景之下，博物馆对其作为教育机构的职责更加明确起来，公众对博物馆及其藏品的关注日益增加，也更迫切地需要获取藏品信息及知识。他们不再把博物馆当作一个放置物品的仓库，而是期待博物馆在教育和文化遗产的展示等各个方面发挥更大的作用。这势必要求博物馆在藏品的信息检索方面和展示方面做出更大的努力。

以上种种新情况和新要求的出现渐渐凸显了博物馆的生存危机。传统博物馆旧有的藏品信息登记和管理模式遭遇了严峻的挑战，已经无法适应新时代下博物馆自身以及公众对藏品管理和知识获取等方面的要求。博物馆界开始意识到建立新的藏品信息录入系统的迫切性。

计算机的出现为这一问题的解决提供了可能性，1946 年诞生的计算机此时已经演化为晶体管计算机，其存储功能大大拓展，用途也不断扩大。这显然为博物馆界将这一新技术用于藏品信息管理领域提供了可能。当然博物馆界的这一设想也与计算机技术率先在图书馆中得到应用不无关系。60 年代初期，图书馆中出现的机读标准成为计算机技术应用的一个范例。到了 60 年代中期，图书馆已经在信息的数字形式转换、文献查找、图书馆的标准可行性探讨方面有了较大的发展。1965 年美国国会图书馆开始启动机读目录计划（Machine-readable Catalogue Project，MARC Project）[①]，1966 年成功研制出 MARC-I，随后 MARC-II 问世，这些使得美国图书馆领域的计算机应用成为现实，为博物馆领域计算机技术引入和使用提供了借鉴。60 年代中

---

① 机读目录的出现，有力地推动了图书馆技术的自动化和标准化。到 20 世纪 80 年代末，已有英国、联邦德国、法国、加拿大和日本以及拉丁美洲和非洲共 20 多个国家和地区进行了机读目录的研究和开发，建立了机读目录系统，生产和发行机读目录产品。

后期,博物馆开始探索自动化信息存储系统,图书馆和博物馆在计算机技术及其应用(特别是信息保存)方面开始通力合作,虽然随后两者的研究方向因信息数字化的要求不一致而开始分化,但无可否认,数字博物馆的初期发展充分借鉴了数字图书馆的概念、技术和做法。

美国一些博物馆机构和组织开始投入到博物馆藏品信息自动化登记和管理的研究。1967年史密森学会(Smithsonian Institution)开展了一项计划,希望能了解在博物馆中实现藏品信息化管理的潜力。1969年其所研发的数据管理系统 SIIR(Smithsonian Institution Information Retrieval)问世。1968年俄克拉荷马大学研发了 GIPSY 系统(Generalized Information Processing System)①,希望以信息检索为导向的整体性数据库为全美博物馆中民族学方面的藏品所用。60年代末期,博物馆计算机网络组织(Museum Computer Network,MCN)建立起来,其成员包含了大都会艺术博物馆在内的一批纽约的博物馆。MCN 作为博物馆讨论其普遍存在的信息方面问题的平台,期望能解决人文艺术方面的计算机技术应用问题,并建立整体的藏品管理数据库(Collections Management Database,CMD),成为整个城市、国家乃至全球共享的网络数据库终端。但在实际使用方面,只有少数美国的大型博物馆使用计算机来进行藏品登记和管理,这一方面源于当时博物馆界流行的一种普遍错误认识,即只有拥有大量藏品的博物馆才需要用计算机进行藏品登记和管理;另一方面源于当时的现实,即计算机不但价格昂贵而且体积庞大,在使用上不仅要设置专门的场地,而且还要配备专门的计算机操作人员。这些情况为计算机的广泛使用设置了重重障碍,导致此时博物馆的藏品自动化记录和管理往往只是少量而简略的。

二、20世纪70年代　尝试——藏品管理的自动化

70年代计算机体积不断缩小、重量不断减轻,出现了小型计算机。相比于大型机,小型机在价格和易操作性上占有绝对优势,使得更多的博物馆,特别是一些中等规模的博物馆开始购买小型机实现藏品信息登记的自动化。

70年代整个社会激荡着大教育观的热潮,其突破了传统的就教育而论

① Del Bigio G. GIPSY: a generalized information processing system//Proceedings of the April 30-May 2, 1968, spring joint computer conference. ACM, 1968: 183-191.

教育的小教育观，将教育看作社会系统中的一个大系统，包涵了学校教育、家庭教育、社会教育，提倡终身教育。这种教育理念的革新影响了人们对知识的认知和获取知识的方式，使得公众对博物馆所扮演的角色提出新的要求。作为一个面向公众的教育服务机构，博物馆需要提升管理水平和公共服务能力。为了适应社会的需要，博物馆界开始对博物馆进行了一系列的调整，努力结合时代发展调整内部架构来达到更适应社会需求的目的。1971 年在巴黎和日内瓦召开的第九届国际博协大会主题是"为人民服务的博物馆：今天和明天；博物馆的教育和文化功能"。1974 年第十届国际博协大会的主题是"博物馆与现代世界"，大会还制定了博物馆服务于社会的宗旨。从这些举措中可以看出国际博物馆界一直致力于博物馆对社会的关注，并不断对博物馆进行改革和调整。

在这样的背景下，博物馆开始关注藏品的利用，策划展览，开展教育活动。然而在实际操作过程中，出现了新的问题：一些博物馆发现通过存于计算机内的藏品记录很难检索到自己期望的信息内容，还有一些博物馆发现计算机的管理只是早期蹩脚的人工系统的翻版。问题出现的原因主要来自两方面：一是一些博物馆工作人员缺乏专业的计算机操作技术和数据处理的概念；二是没有合适的软件来解决信息的管理、检索和查询问题。第二个原因，已经被 60 年代就开始使用计算机实现自动化的博物馆意识到，史密森学会就一直致力于信息管理和使用的研究。70 年代早期，史密森学会发布了 SELGEM(Self-Generating Master)软件，可在不同类型的计算机上使用，此软件替代了早期的数据管理系统 SIIR，其主要目的在于进行藏品信息管理，实现藏品的存贮、组织和检索查询。① 第一个使用此软件的博物馆是美国国家自然历史博物馆，截至 1975 年，已有超过 60 家博物馆使用。虽然其初衷在于全美国的博物馆都能使用此软件，但由于一些博物馆专业人员的不满，而终未实现。除 SELGEM 之外，还有一些有影响力的软件，如 ARTIS、ELMS 等。② 这些系统主要使用树形结构的层次化逻辑对数据进行组织，自上而下地对藏品进行归类。由于建设之初是以满足自然历史类博物馆的需

---

① 详情参见史密森档案馆记录信息.［2014-01-06］. http://siarchives. si. edu/collections/siris_arc_255223.
② Does O S. Museum Collections Management Systems. Seton Hall University，2010.

求为出发点,因此其数据库模式在自然和历史类藏品管理上获得了成功,但却不适用于艺术类藏品。

由于难以形成统一的标准藏品管理系统,许多博物馆开始自行开发系统。到70年代中期,形成了比较尴尬的局面。博物馆内部不同部门、博物馆之间都在建立自己的系统,但由于缺乏计算机专业知识的支撑,彼此很难交流,实际工作遇到了很多问题,藏品信息也难以得到很好的利用。针对这样的情况,一些专业组织相继成立,为博物馆提供有关藏品信息管理方面的计算机、数据库等知识,并帮助构建新系统或改建已有系统。博物馆数据库协调委员会(Museum Data Bank Coordinating Committee,MDBCC)便是其中之一,它致力于建立数据标准和记录规范,对数据分类进行定义等以帮助博物馆对藏品进行有效的组织和管理,为未来数据的共享奠定基础。除了藏品管理系统理论和技术的发展,博物馆也在尝试开发各种软件包以解决博物馆的人员、资金等的管理问题。DAMIS(Detroit Arts Management Information System)就是一款相对比较完善的商业软件,涉及财务管理、会员管理、资金管理、邮件管理等多个方面,对于非营利性的组织是完全免费的。一些博物馆工作人员利用此软件来处理博物馆的相关事务。

三、20 世纪 80 年代　扩展——多媒体和关系数据库的出现

全社会对文化遗产的保护意识在80年代不断增强,对文化遗产的研究热度持续升温。作为保护人类文化遗产最重要的机构之一,博物馆在保护文化遗产方面承担着巨大的作用。为此国际博协连续召开大会专题研究博物馆与文化保护问题。1980 年 10 月在墨西哥举行的第十二届国际博协大会的议题就是"世界文化遗产和博物馆的任务";1983 年第十三届国际博协大会的主题是"博物馆在发展的世界中的作用";1986 年 11 月在布宜诺斯艾利斯举行的第十四届国际博协大会的议题是"博物馆与我们遗产的未来,紧急呼吁"。各国博物馆对保护文化遗产的紧迫感和使命感不断加强。

这一阶段,博物馆学界的理论发展着眼于人与物之间的关系。国际博协博物馆学委员会在1980—1983 年研究报告中,把人与物的关系的思想列入三条主导思想中的第一条。"以人为本"对博物馆发展来说,更多的在于实践价值而非理论的意义。越来越多的学者意识到在提升藏品数据库的过程中

博物馆需要考虑到公众的需求,为观众提供尽可能内容充实、形式多样的藏品信息。

幸而,80 年代科技进步的产物成为以上主旨思想实现的助推力。随着计算机硬件的发展,计算机提升了处理速度,总体积再次缩小,出现了微型计算机,即个人电脑。这种桌面式系统不仅价格更加便宜而且操作更加直观,大大降低了使用的门槛。许多小型博物馆也开始购置个人电脑来提升博物馆的管理水平。根据美国艺术博物馆协会的一项调查,截至 1984 年超过三分之一的美国博物馆已经有了内部的计算机系统。而根据国际博物馆协会的调查,截至 1989 年,86% 的博物馆都在用个人电脑。此外,科技的进步也体现在 80 年代中期多媒体技术的出现。通过计算机把文本、图形、图像、声音和视频等多种媒体综合起来,使之建立起逻辑连接,并对其进行采样量化、编码压缩、编辑修改、存储传输和重建显示,这种多媒体技术的应用不仅扩充了藏品信息的内容和形式,而且扩展了博物馆的展览,增强了博物馆的交互性,拓展了宣传的信息渠道。[①] 以数字化方式呈现的可观、可感内容对参观者产生了很强的吸引力,满足了他们的欣赏需求,增强了其参观体验感。

硬件的发展也促使软件提升。首先在数据库方面,80 年代,关系数据库逐步取代了层次与网络型数据库成为主导,数据间可以交叉引用,各库之间的数据可以互通,孤立状态被打破,这使得数据的搜索更加灵活,能够按更多个性化的条件进行筛选。数据库不仅共享性高、冗余度低,而且易扩充。依托关系数据库,研究人员开发出了一批商业的博物馆藏品管理软件,如Vernon、Argus 和 KE-Emu 等。但由于这些商业软件在开发之初都是为特定的博物馆量身定做的,只能满足特定类型的藏品管理需求,因此很难广泛通用。

这一阶段的发展也有其局限性,很多博物馆学专家已经意识到,为使博物馆资源有效且快速地被提供给使用者,制定相关标准化规范相当重要,将资源结构化、提供检索界面,以便使用者快速查询利用。但博物馆界在数字化藏品信息的标准方面未达成一致意见,并且由于藏品信息交换标准的缺失,博物馆采集的藏品信息不完全适应博物馆馆际交流工作的需要。

---

① Jun-Kook Hong, Junichi Takahashi, MasahiroKusaba. An Approach to the Digital Museum Multimedia Systems for an Ethnology Museum. Archives&Museum Informatics,1995:87.

四、20 世纪 90 年代　产生——互联网的到来和数字博物馆的产生

90 年代技术的发展特别是互联网技术的发展和使用使得全社会进入信息高速时代,全球的信息以惊人的速度汇聚到一起,并向各个角落传播。依托虚拟空间,整个世界的时空皆被打破,人们的工作方式和生活方式均发生了翻天覆地的变化,人类跃入了一个新的时代——信息化时代。互联网技术的深入拓展彻底改变了计算机之间相互隔绝、只能靠存储工具交换信息的面貌,为世界范围内分立的个人终端相互连接提供可能,计算机网际间的交流更为普遍。人们对于博物馆有了更多的期待,希望通过网络随时获取更多的藏品信息。为了满足公众需求,更多的博物馆利用互联网将藏品管理系统向公众开放。

90 年代中期,计算机视窗操作系统(尤其是 Windows 95)问世,这种以面向对象为设计原则的操作系统,相比以往以面向过程为设计原则的 Dos 操作系统更为先进,革命性地改变了人机关系,进一步推动了计算机应用的普及。这种普及反过来刺激了整个计算机产业大发展,使得软硬件和网络环境迅速改善。这些发展对博物馆产生了巨大的影响,数字藏品信息可以被无限地复制、存储和加工,还可发布在网络上供用户浏览和下载,促进了博物馆藏品及其所附着的文化内涵的广泛传播。此外,藏品数据资源还可以将不同地域的藏品以一定的特征联结起来,改变藏品本体因分散保管在各个博物馆中而很难集中研究和展示的现状,以最低的成本实现最广泛的信息共享,使得用户可以方便地检索和查询藏品数据,为研究和集中虚拟展示藏品提供了极大的便利。

技术的大发展推动了更多的博物馆学者积极探索网络环境下的藏品信息数据的标准化问题。针对 80 年代藏品信息交换标准缺失这一问题,更多的博物馆从业者和机构开始了研究和探索,成果斐然,为未来数字博物馆的发展提供了更多技术上的可能性。90 年代,人们仍在进行信息管理系统标准化的尝试,如 1990 年博物馆计算机网络组成了博物馆信息交换联盟

(Computer Interchange of Museum Information,CIMI)①,旨在为博物馆的数字信息交换建立标准方式,许多大型博物馆如英国自然史博物馆、美国史密森研究院等所属的各博物馆都加入了该组织。CIMI 自成立以来,就积极推动几项相关研究与计划,大力发展标准架构(Standards Framework),致力于信息结构化及信息交换标准的研究及其应用研究等,使博物馆资源得以有效地传输和利用,促进博物馆之间的资料交流与分享,实现区域间、国家间的相关资源共享。此外,90 年代末,关于构建数字化博物馆的标准研究也在这时取得了突破,如国际博物馆协会(International Council of Museums,ICOM)下的国际文献委员会(International Committee for Documentation,CIDOC)制定了 The CIDOC Information Categories 国际标准,涉及博物馆藏品对象的所有权、藏品的历史背景和检索对象的多个方面。

在技术发展、理论研究和标准制定的推动下,藏品数字化技术、数字展示技术、信息管理和网站建设技术等都有了长足的进展,数字博物馆的雏形渐渐产生和发展起来,世界上各个区域都涌现出一系列成果。1990 年,美国国会图书馆启动"美国记忆"(American Memory)计划,拟将图书馆内的文献、手稿、照片、录音、影像等藏品进行系统的数字化处理和存储,并编辑制作成系列的专题作品。这个计划的实施可看作是"数字化博物馆"思想的早期实践,标志着世界博物馆界的数字化博物馆建设理念由理论探讨走向实际建设所迈出的具有重大历史意义的第一步。90 年代初,美国伊利诺斯大学的 Kraanet 艺术馆率先在互联网上建立网站。虽然 Kraanet 艺术馆当时只是在网站上放置了少量的藏品、展览图片和博物馆简介等相对简略的信息,但却开创了博物馆网站建设之先河并为其他博物馆提供了借鉴,大英博物馆、法国卢浮宫博物馆、纽约大都会博物馆等世界级大型博物馆纷纷效仿。根据盖蒂艺术历史信息项目(Art History Information Program,AHIP)的一项调查,截至 1995 年,美国被调查的 81% 的艺术博物馆已经把馆藏的物品进行了数字化,将近三分之二的博物馆使用个人电脑,其中的 47% 则又进行了网络化。欧洲地区的发展亦不逊色,一些著名博物馆和文化机构,如法国巴黎

---

① 20 世纪 80 年代,博物馆学者认识到欲长期保存并以电子方式检索博物馆信息,必须建立一套标准,经过长期的开会和讨论,于 1990 年成立博物馆资讯交换联盟。具体信息可参见 http://xml.coverpages.org/cimi.html.[2014-01-15].

卢浮宫博物馆、英国大英博物馆、伦敦国家画廊、梵蒂冈教廷博物馆等,也都于 90 年代中期实施了自己的数字化建设。

数字博物馆的产生离不开博物馆学界的理论探索和实践。博物馆改革的愿望始终存在于博物馆界中。1992 年第十六届国际博协大会的主题是"博物馆职能的再思考",1995 年第十七届国际博协大会的主题是"博物馆与社区",1998 年第十九届国际博协大会的主题是"驾驭变革——面对经济和社会挑战的博物馆",等等。从这些大会讨论的主题依旧可以看出,国际博协仍然在不断探索如何顺应社会和时代的发展,把博物馆融入社会。而随着互联网技术的迅速发展,博物馆界对如何利用好互联网络这种新的信息传播手段,为大众提供信息服务,推动博物馆事业发展这一议题有了更多的关注。1997—1998 年,美国博物馆协会出版了"*The Wired Museum*"和"*The Virtual and the Real:Media in the Museum*"两本著作,共同关注将科技应用于博物馆的诸多方面,促使藏品数字化、网络的利用和数据共享、数字化藏品资源的版权等成为议题。[①] 90 年代末,朱斯特·杜马在《21 世纪科技中心雏形》中提出了"自下而上"的博物馆展示教育理念。[②] 这是博物馆展教观念的极大飞跃,标志着博物馆从"教育中心"向"学习中心"的转变。在这个理念之下,观众成为知识的缔造者和传播者,而数字博物馆的出现对观众而言显然是一种全新的体验,其自主、多元化、互动性更强的服务更加满足观众的需求,与时代的结合显然更为紧密。

第二节　数字博物馆概念析义

从数字博物馆诞生之初,针对数字博物馆的概念学界就有许多争议和看法,加之其受科技发展的影响,概念的界定一直处于发展和变化之中。很多研究人员试图从不同角度对其进行解释,虽然内涵相同,但也存在一些差异,因此时至今日,对于"数字博物馆"这个名词的解释仍未形成统一、标准的

---

　　① Cameron F. Wired collections—the next generation. Museum Management and Curatorship, 2001, 19(3): 309-312.

　　② 詹姆斯·M.布拉德博恩.寻找我们的道路:适应 21 世纪的博物馆学战略.伯纳德·希尔,埃姆林·科斯特.当代科学中心.徐善衍,欧建成,石顺科,等译.北京:中国科学技术出版社,2007:20-55.

描述。

　　关于数字博物馆早期的定义,要回溯到 20 世纪 90 年代,1997 年麦克唐纳(G. F. MacDonald)在"The Digital Museum"一文中对数字博物馆有了初步的描述:实体博物馆的展览和 Web 的超媒体环境具有共同的特征,它们都使用文字、图像、视频等媒体形式进行信息传递,都具有层次化的信息组织等,而虚拟现实技术和三维成像技术促进了数字博物馆的进一步发展,使其看上去就像实体博物馆。文中还指出了数字博物馆的基本优势:能够突破展览空间的限制,使得展览次数和展览藏品不受限制;能够突破地域的限制,使更多的公众不用亲临实体博物馆而实现参观浏览;能以博物馆资源为内容,通过建立教育的网络链接,可以辅助学生课堂学习;能提供专题展览,整合多媒体,通过全新的交互方式增强观众的学习体验。[①] 随着数字博物馆的不断发展,其不仅出现了其他描述,也产生了许多近义词,如虚拟博物馆(Virtual Museum)、电子博物馆(Electronic Museum)、在线博物馆(On-line Museum)、网络博物馆(Web Museum)、赛伯空间博物馆(Cyberspace Museum)、无墙博物馆(Museum without Walls)等都指代相同的概念,但"数字博物馆"一词的使用频率最高。此外,在台湾地区,"数字博物馆"被称为"数位博物馆"。

　　关于数字博物馆的定义,暂且不论已经有的版本,还是先从"数字博物馆"一词本身来进行分析。"数字博物馆"主要由"数字"和"博物馆"两部分构成。后者点明"数字博物馆"是个博物馆,因此它应该具备博物馆的功能,能对藏品进行保存、研究、展示和传播利用。对于实体博物馆而言,藏品是博物馆开展一切活动的物质基础。对于数字博物馆而言,其藏品具有特殊性,"数字"已经说明了其特点。数字博物馆赖以活动的基础就是数字形式的藏品,既包括实体藏品的数字化形式,也包括藏品背景信息、研究信息等数字化的数据。保存空间不再是建筑空间,而是存储设备的空间;展示空间不再局限于实体场馆,而可将网络空间作为展示空间。教育可以通过网络广泛传播,随时对用户开放。数字博物馆不仅保留了实体博物馆的功能,并且能进行更

---

　　① MacDonald G. F. The Digital Museum. Canadian Museum of History. [2014-02-09]. http://www. civilization. ca/research-and-collections/research/resources-for-scholars/essays-1/museology/macdonald-and-alsford/the-digital-museum/.

好的延伸和拓展。站在信息学的角度来看数字博物馆,它应该是一个对博物馆信息资源进行保存、管理、利用和传输的系统。从系统组成来看,其需要软件、硬件和网络的支持。因此,可以看出对于数字博物馆的定义应该涉及更广泛的内容。金瑞国给出的定义为:"数字博物馆是一个藏品信息采集、存储、加工、服务的综合信息系统。"[①]齐越认为:"数字博物馆是以数字形式对实体藏品的各方面信息进行采集管理,实现藏品的永久保存,并可以通过互联网为用户提供数字化的展示、教育和研究等多种服务的信息系统。"[②]杨向明认为:"数字博物馆是以数字形式对可移动文物和不可移动文物的各方面信息进行收藏、管理、展示和处理,并可以通过互联网为用户提供数字化的展示、教育和研究等各种服务,是计算机科学、传播学以及博物馆学相结合的信息服务系统。"[③]陈刚认为:"数字博物馆将围绕数字藏品的收集、保存、传播和展示,以研究、教育、欣赏为目的,对实体博物馆的服务时间和空间进行延伸和拓展,实现任何人在任何时间、任何地点,获得特定信息服务的目标。"[④]概括以上的解释和定义,可以归纳为数字博物馆以实现博物馆功能为基础,是一个以数字形式对自然遗产和文化遗产进行采集、保存、管理、利用和传播的信息服务系统,其展示和教育的实施可以在实体博物馆内进行,也可以通过网络而实现。然而正如 *The Digital Museum:A Think Guide* 一书所提到的,"由于现实技术的不断变化,数字博物馆也将不断调整以适应数字时代的期望和挑战"[⑤],数字博物馆的动态变化和发展将会影响其内涵的不断扩充。

为了进一步明确数字博物馆的概念,这里还需要澄清两个词:"博物馆数字化"和"数字化博物馆"。前者强调的是过程,后者强调的是结果,两者都与实体博物馆相关。"博物馆数字化"是指将实体博物馆的资源进行数字化的过程,涉及藏品数字化及其管理、藏品信息的数字化及其管理、数字展示平台建

---

① 金瑞国.数字博物馆:应用与发展.见:北京市科学技术协会信息中心,北京数字科普协会合编.创意科技助力数字博物馆.北京:中国传媒大学出版社,2012:40.
② 齐越.博物馆数字资源的管理与展示.上海:上海科学技术出版社,2008:1.
③ 杨向明.数字博物馆及其相关问题.中原文物,2006(1):94.
④ 陈刚.数字博物馆概念、特征及其发展模式探析.中国博物馆,2007(3):89.
⑤ Herminia D, Phyllis H(Ed.). In the Digital Museum:A Think Guide. Washington,DC:American Association of Museums,2007:6.(Sela Thomas. 2007. The digital museum:A think guide, ed. Herminia Din and Phyllis Hecht, 9-17. Washington,DC:American Association of Museums.)

设、办公信息自动化建设等多个方面。而"数字化博物馆"是指数字化过程结束后所得到的结果,强调完成性,相对静态。"数字化博物馆"与"数字博物馆"的区别在于,前者是与实体博物馆相对应的,可看作是实体博物馆的数字镜像,而后者则比前者包含的内容更丰富。它不仅包含了数字博物馆,即来源于实体博物馆的部分,也包含了那些非实体镜像的具有数字化藏品的虚拟博物馆。所以从这个意义上讲,"数字博物馆"一词具有更好的统辖性。

第三节　数字博物馆之分类及特点

一、数字博物馆之分类

站在不同角度对数字博物馆的类型进行划分,可以有多种,其中最主要的有:

1.按与实体博物馆的关系分类

主要分为两类。第一类是以现有的实体博物馆为依托,是其数字化结果,是实体博物馆在数字网络空间的再现与补充,是功能和时空上的延伸。这类数字博物馆的网站以介绍宣传实体博物馆相关信息为其主要任务之一,信息涉及博物馆简介、开放时间、展览预告、活动安排等。这一类数字博物馆占现有数字博物馆的大多数,如美国的大都会博物馆、英国的大英博物馆等都属于这一类型。第二类没有实体博物馆为依托,完全构建在数字虚拟空间中,其藏品来源于真实物品的数字化结果或完全通过软件制作而成,同样实现了博物馆的功能,主要通过网络与观众打交道,如 Adobe 的数字媒体博物馆(Adobe Museum of Digital Media)就属于此类型,不仅有藏品、展览和活动等,还有博物馆的虚拟建筑。

2.按主题分类

主要分综合型数字博物馆和专题型数字博物馆。有实体博物馆对应的数字博物馆其类别取决于实体博物馆的情况,而完全虚拟的数字博物馆属于专题型的较多,如科学与艺术数字博物馆。[1]

---

① 详情参见科学与艺术数字博物馆网站 http://www.e-museum.com.cn/.

3.按学科分类

主要有人文艺术类、社会历史类、自然科学类、其他类等。

4.按 Web 环境分类

根据 Web 技术的发展,主要分为 Web1.0 环境下的数字博物馆、Web 2.0 环境下的数字博物馆和 Web3.0 环境下的数字博物馆等。Web1.0 主要是通过浏览器向用户提供信息,用户只能阅读博物馆网站上的内容,没有多少参与性。Web 2.0 从"技术为本"转为"以人为本",鼓励用户的参与和知识贡献,将博物馆网站变成可读写的空间,用户对信息的获取不再单一通过浏览器而实现,RSS、Blog、SNS 等也成为理想的信息获取渠道。Web3.0 继承了 Web 2.0 的优势,深化、放大,容纳了语义网及地理映射网,引入了人工智能等技术,为用户提供更为个性化、精确化和智能化的博物馆信息资讯服务。

5.按网站展示的手段分类

主要分为三类。第一类是 2D 模式,主要通过文字、图像、音频和视频等来组织信息发布和进行藏品展示。第二类是 3D 模式,在前一种模式的基础上,对藏品增加了三维模型展示。第三类是虚拟参观模式,在第二类的基础上,构建了场馆或展厅的虚拟现实环境,用户可以自行控制游览空间并对藏品进行选择观看,如同在实体博物馆中的实际参观一样随心、方便。

二、数字博物馆的特点

谈及数字博物馆的特点,主要还是从其概念出发,数字性与博物馆性相结合。其特点主要体现在以下几个方面:

1.存储数字化

实体博物馆肩负着对藏品进行保存、保管的职能,需要特定的建筑空间来存放藏品。而数字博物馆是信息时代科技发展的产物,以数字形态的藏品为保存对象,从本质上讲就是一些"0""1"代码串,需要存放在专用的存储设备上,如光盘、磁盘当中。因此从其称谓上讲,就是"实体博物馆的藏品保存"转换为"数字博物馆的藏品存储"。存储的内容有来自实体藏品的数字化结果,如文字、数字图像、数字视频和三维模型等,也有通过软件设计和制作的音频、动画、视频和虚拟现实场景等内容。

2. 管理信息化

数字博物馆的管理主要依赖于数据库系统,通常基于专题数据库的形式进行层次化管理。以藏品对象为例,可按照藏品的数字化类型建立藏品文献资料库、藏品图像库、藏品视频库和藏品三维模型库等,也可以直接建立藏品综合信息数据库。此外针对数字博物馆的其他事务,可以建立人事数据库和财务数据库等。对于这些数据库的管理,不仅需要建立各分层的子信息管理系统,而且还需要建立顶层的主信息管理系统,为用户提供访问、查询、检索和编辑信息的平台。

3. 展示多样化

从展示空间出发,数字博物馆的藏品展示既可以在实体博物馆内进行,如借助多媒体播放装置实现,也可以将展示置于网络空间。从展示形式出发,既有传统的文字、符号和图像,也有音频、视频、动画和三维模型。随着近年来的科技发展,也使得虚拟现实和增强现实成为藏品展示重要且出彩的形式。这些多样化的展示完全摆脱了传统"实物"和"实物+图文版"展示模式的束缚,对观众的吸引力更强。

4. 访问无碍化

以实体建筑为主体的实体博物馆关注公众的参观,而以网络空间为主体的数字博物馆关注公众的访问。实体博物馆中参观时间、地域和空间的限制不会对数字博物馆产生影响,互联网所连接到的任何人都可以随时通过计算机、移动终端来访问数字博物馆以获取相关信息,进行参观浏览。这种无障碍的形式也为老年人和残障人士提供了便利。

5. 资源共享化

数字博物馆的建设很大程度上依赖于网络的发展,网络打破了传统实体博物馆之间的交流壁垒,使得资源共享成为可能。数字藏品资源及相关信息不仅可以在馆内各个部门之间流动,也可以在博物馆之间、博物馆与社会之间进行传输和共享,资源通过网络被广泛传播出去,社会影响面更加广泛,能更好地促进全人类文化遗产事业的发展。

第四节　数字博物馆与数字图书馆之异同

数字博物馆和数字图书馆都是由于计算机和网络的出现而产生的,集中体现了处理和整合信息的一种新模式,为人们提供了访问和利用信息的新方式,两者既有联系也有区别。在具体分析之前,先来分析一下博物馆和图书馆的异同。

博物馆和图书馆同为公共服务机构,都承担了保存人类文化遗产和教育公众的职能。但由于各自藏品资源的差异性,导致其在呈现方式和组织形式上的不同。从概念上讲,图书馆是搜集、收藏、整理图书资料以供人阅览、参考的机构。图书馆的藏品主要以图书文献为主,还包括手稿、古籍、磁带、录像和唱片等。从载体形式上来看,主要以文字为主,兼有图像、声音和视频。藏品所承载的信息(以图书文献为例)多是经过系统整理的结果,多有明确的知识和观点,相对确定性高,其价值在历史发展的长河中具有相对统一性。藏品本身在版权或者知识产权允许范围内可以被多次复制及利用,如图书的多次出版,并可以附着于多种载体出现。公众只要具备基本的阅读能力和文字分析能力就可以直接获取藏品传达的内容。针对这一特点,图书馆的首要功能是为公众提供借阅服务,建立公众和馆藏之间的桥梁。此外,图书馆的馆藏除一些古籍、手稿、历史文献外,与当前社会存在密切联系,会将当下出版的一些重要的、代表性的图书、图册和文献等资料补充到藏品库中。

以国际博物馆协会第十一届大会章程中的规定为依据,在概念上博物馆是一个不追求营利的、为社会和社会发展服务的、向公众开放的永久性机构,以研究、教育和欣赏的目的,对人类和人类环境的见证物进行搜集、保存、研究、传播和展览。可以看出,博物馆比图书馆所蕴含的内容更丰富。博物馆与图书馆相比,其藏品范围大大扩展,不仅时间上从史前到当代,而且内容上也横跨自然、人文、历史、艺术等多个领域。藏品主要以实物、复制品或标本等为主,具有强烈的直观性与形象性,人们除通过观察、触摸等感知觉器官获得其表面的感性知识外,还需要对其隐含的信息进行解读,进一步提炼获得理性知识。在这一点上,博物馆的藏品不如图书馆的藏品提供的知识直接。其中的主要原因在于,博物馆藏品的价值和意义是一些隐含信息,实物本身并不带有关于历史背景、文化艺术价值等隐含信息的说明文字,需要专业人员通过查阅大量历史文献进行比较分析来补充隐含的内容。从不同研究角度出发,会使得对于一件物品的分析和解读产生出在材料、工艺、造型、结构、纹饰和用途等多个方面的内容。所以对于博物馆而言,其藏品信息不仅包含实体本身,也包含各种解读信息。不同于图书馆的图书资料,博物馆中的大部分藏品是不能被伪造或者复制的,其相关信息的使用也受到一定控制。此外,使用藏品构建展览是博物馆的重要任务之一,不同于图书馆藏品的摆放,博物馆需要为藏品进行展览展示策划。这些展览有特定的传播目的,有明确的陈展叙述框架和表达方式。藏品与图文版、情景复原模型、互动装置和多媒体装置相互配合共同营造信息传达的氛围,让观众在参观浏览中获取隐含的信息,获得理性的知识。

数字博物馆和数字图书馆继承了各自实体机构的特征,并且借助数字化手段发展了各自的独特功能。它们都将自身藏品数字化,建立数据库系统,通过互联网实现信息共享化、服务网络化,共同关注信息检索和智能导航等。然而在具体环节上两者又存在显著差异。

1. 数字化过程复杂度不同

图书馆数字化的对象绝大多数是较平面化的文献、书籍和手稿等,不同图书馆之间的同类藏品形式大致相同。而博物馆藏品种类繁多、数量巨大、差异明显,就文物类藏品而言,就有字画、经卷、织物、骨器、漆器、铁器和石器等之分,空间立体感强,体量差异大。因此,针对这些文物而采用的数字化手段不同,难以集中统一,实际转化过程的复杂程度远远高于数字图书馆中的数字化过程。

2. 信息处理不同

数字图书馆主要进行文献编目、文献标引和入档等。而数字博物馆,不仅要解决藏品的编目和入档,还要确定文物的年代、出处和来源等,解决文物定名、定级和定损等问题。虽然在数字化建设之初,数字博物馆借鉴了数字图书馆中藏品登记等业务的部分经验成果,但由于博物馆藏品的独特性和业务的复杂性,致使数字博物馆于 20 世纪 80 年代左右开始脱离数字图书馆的影响而发展自己的模式。

3.建设目标不同

数字图书馆主要建立与馆藏文献相对应的文献数据库和检索系统,而数字博物馆主要建立藏品数据库、藏品信息管理系统、藏品展览展示平台和信息传播平台。此外,由于数字博物馆不仅关注藏品的平面、静态信息,同时也关注其立体、动态信息,因而其对数据的管理更加复杂,加之展览和教育活动对藏品的不同表现形式的需要,对藏品多媒体资源库的建设以及相应管理系统的开发也成为主要内容。

4.服务内容不同

基于网络平台,数字图书馆主要是向公众提供检索、查询信息的服务,帮助用户获取想要查找的书籍、图片和文献等。观众可以直接从查询结果中获取知识。而数字博物馆不仅仅要为公众提供藏品信息检索服务,而且更为重要的是其要为观众提供浏览和欣赏藏品的服务,营造学习环境,帮助他们了解藏品,获取其隐含的信息,掌握特定的知识。实现层面上,数字博物馆不仅要进行多方位多层次的实体信息展示,包括图片、视频、三维模型等,而且还要提供翔实的解读资料帮助观众理解,同时还要提供考古发掘、历史研究和保存修复等方面的成果,以进一步帮助观众完善其对藏品的认知体系。

5.展示形式不同

从单个藏品的展示出发,由于图书、文献的内容需要通过"翻阅"才能让观众了解其"面貌",因此数字图书馆大都通过制作电子版文件来实现展示,这可以让观众通过在线"翻阅"进行阅览。虽然这种方式比较直接,但是有时一本书所含的文字量非常庞大,要想把整本书的每一页、每一个文字进行转换是一件极为费时费力的事情,因此,对于大部分的图书而言,往往只是部分内容被转换。观众能够浏览到的内容多是书中的片断。而数字博物馆的藏品,绝大多数都为内容完整的数字信息,在表现形式上,不仅有实物的照片、还有实物的视频以及实物的立体模型等,同时还可能有通过软件合成或制作的动画及其他媒体形式。这些多样化的资源类型,使得数字博物馆的展示手段异常丰富,藏品静态的、动态的、整体的、片面的形式都可以被呈现出来。特别是由于虚拟现实技术的支撑,可以进一步将单个藏品的使用情景、制造过程和发掘过程等模拟再现出来,这能为观众带来更为生动、全面的感知体验。此外,这些不同形式的数字资源,也被用于制作在线互动游戏和网络讲堂等,其在被利用和展示的同时,能为观众教育的实施提供很好的资源支持,有效地提升了数字博物馆开展教育活动的水平。

名词解析

· 机读目录:英文名为 Machine-readable Catalogue,简称 MARC,是利用计算机识读和处理的目录。它是文献编目内容(数据)经过计算机处理,以代码形式记载在一定载体上而形成的一种目录。机读目录是图书馆书目数据处理自动化的基础。它可以用来辅助图书馆的文献采集、编目、流通等工作;编制和生产目录卡片、联合目录及新书通报;开展书目信息检索和参考咨询服务;还可以进行地区间和国际的书目信息交换,实现资源共享。

· 史密森学会:英文名为 Smithsonian Institution,是美国一系列博物馆和研究机构的集合组织。学会成立于 1846 年,源于英国科学家詹姆士·史密森(James Smithson)价值 50.8 万美元的捐赠。学会总部位于美国首都华盛顿特区,拥有 19 个博物馆、9 个研究中心、1 个美术馆、1 个国家动物园以及 1.365 亿件艺术品和标本。它是美国唯一一所由美国政府资助、半官方性质的第三部门博物馆机构。该机构下属的诸多博物馆除圣诞节外,全年对公众免费开放。学会的使命是"增加和传播知识"。

· 数据库:英文名为 Database,被看作是一个长期存储在计算机内的、有组织的、可共享的、统一管理的数据集合,具体是按一定的数据结构来存储和管理数据的计算机软件系统。

第三章

数字博物馆的发展

数字博物馆自 20 世纪 90 年代产生开始,建设发展至今,已有二十多年的历史。总体上,国外发展较迅速和全面,有很多引人注目的建设项目值得推广。国内虽然起步晚,但也取得了许多令人瞩目的成就。对国内外典型项目进行梳理和分析,将有助于进一步了解其各自的作用和特点,为整体数字博物馆建设提供借鉴。对于公众而言,了解数字博物馆的主要途径是网站。通过数字博物馆的网站,公众可以了解数字馆藏、展览情况、基础服务和教育活动等信息。通过对国内外一些数字博物馆的网站进行比较和分析,将有助于解决数字博物馆建设中的相关问题。

第一节　国外数字博物馆的发展

一、20 世纪 90 年代

这一时期,国际组织、美国和欧洲部分国家都认识到了运用数字化手段存储和管理藏品信息的必要性,运用互联网技术实现馆际联系、实现博物馆与观众联系的重要性。数字博物馆建设已经开始被提上日程。

1.国际组织

1992 年,联合国教科文组织开始推动"世界记忆"项目(Memory of the World Program)[①],作为联合国教科文组织于 1972 年发起的"世界遗产名录"的延续。它定位于保存全世界各族人民的共同记忆,对保护各民族传统

---

　　① 周庆山.博物馆数字化信息资源建设的问题与发展策略初探.北京市科学技术协会信息中心,北京数字科普协会合编.数字博物馆研究与实践 2009.北京:中国传媒大学出版社,2010.

文化特性、促进本民族的文化发展具有重要的作用和意义。"世界记忆"积极探索利用信息技术保存和保护手稿、文献以及口述历史等,建立了"失去的记忆""濒危的记忆""当代活动"3 个数据库。其主要目的在于保存和利用具有世界意义的文献遗产,开发以文化遗产为基础的各种产品并进行广泛传播,从而提高世界各国人民对这些文献遗产的认识。① 世界各地的人们都可以通过"世界记忆"的网站访问相关内容(如图 3-1 所示)。

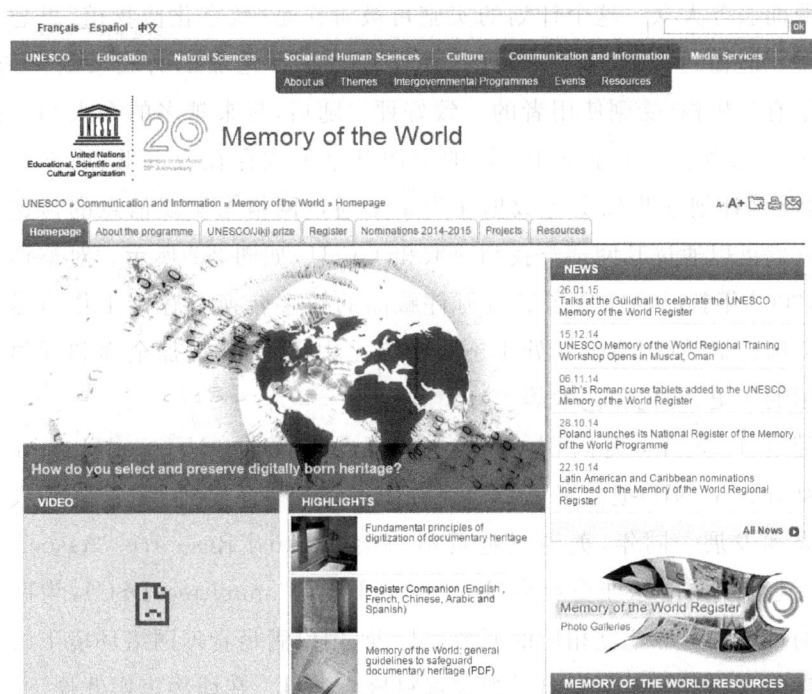

图 3-1　"世界记忆"的网站主页(2015-01-28 访问)

1995 年 2 月 25—26 日,欧盟在布鲁塞尔召开了七国集团"信息社会部长级会议",提出了信息化社会的"全球信息目录计划"、"电子图书馆"、"电子博物馆和艺术画廊"、"跨文化教育和培训计划"等 11 项示范计划。该会议被视为西方主要发达国家在社会信息化进程中的一个重要里程碑。会议将全球数字图书馆计划与数字博物馆计划等确立为全球信息化的重要组成部分。

① 详情参见世界记忆的网站:http://www.unesco.org/new/en/communication-and-information/flagship-project-activities/memory-of-the-world/.

其中的"电子博物馆和艺术画廊"指的就是数字博物馆，它包含了自动化登记、数字化管理、信息共享等内容，使得数字博物馆的建设更加明确。

2.美国

1990 年，美国国会图书馆启动"美国记忆"（American Memory）计划，拟将国会图书馆及其他机构的文献、手稿、照片、录音、影像等藏品进行系统的数字化处理和存储，并编辑制作成系列的专题作品，将其作为教育和终身学习资源而服务大众。这个计划的实施可被看作是"数字化博物馆"思想的早期实践。起初的 1990—1994 年间，该计划将数字化加工的成果制作成 CD 分发给有关机构，受到使用者的一致好评。随后，越来越多的个人和部门都提出了资源需求。由于基于 CD 的资源共享形式存在效率低、成本高的缺点，因此该计划逐步以资源数据库为基础通过网络来实现信息的传递和共享。人们可以通过其网站查找和获取相关信息，如图 3-2 所示。对整体计划而言，2000 年就已经完成了五百万件藏品的数字转换和存储工作。尽管如此，"美国记忆"资源库依然处于不断扩充之中，以期能更加全面和详尽地反映美国的历史、文化和艺术等。[①]

随后 1993 年，美国国家信息基础设施建设（National Information Infrastructure，NII）把数字化博物馆和图书馆列为重要的组成部分，大力进行研究和发展。同年，美国视觉资料协会（Virtual Resources Association，VRA）建立了数据标准委员会（Data Standards Committee，DSC），为网络环境下的可视化资源建立相应的元数据标准，用以满足管理网络环境下视觉资料的需要，并于 1996 年推出了视觉资料核心类目。在博物馆实践层面，许多博物馆已建立起自己的网站，提供展览介绍、藏品信息、教育资料等内容，其目的在于吸引更多的观众参观实体博物馆，如旧金山探索馆[②]（如图 3-3 所示）、波士顿科学博物馆、明尼苏达科学博物馆、俄勒冈科学和工业博物馆、加州科学博物馆等。

1995 年，美国正式建成博物馆互联网系统，将诸多博物馆的馆藏信息数

---

① 刘燕权，韩志萍.美国记忆——美国历史资源数字图书馆.数字图书馆论坛.2009(7).66-70.详情参见美国记忆网站:http://memory.loc.gov/ammem/index.html.

② 旧金山探索馆的网站是世界上第一个科学博物馆的网站，于 1993 年建立，每年约有 2000 万人访问，超过年访问旧金山探索馆人数的三十倍。探索馆在线网站已经成为世界上访问人数最多的博物馆网站之一。详情参见 http://www.exploratorium.edu/.

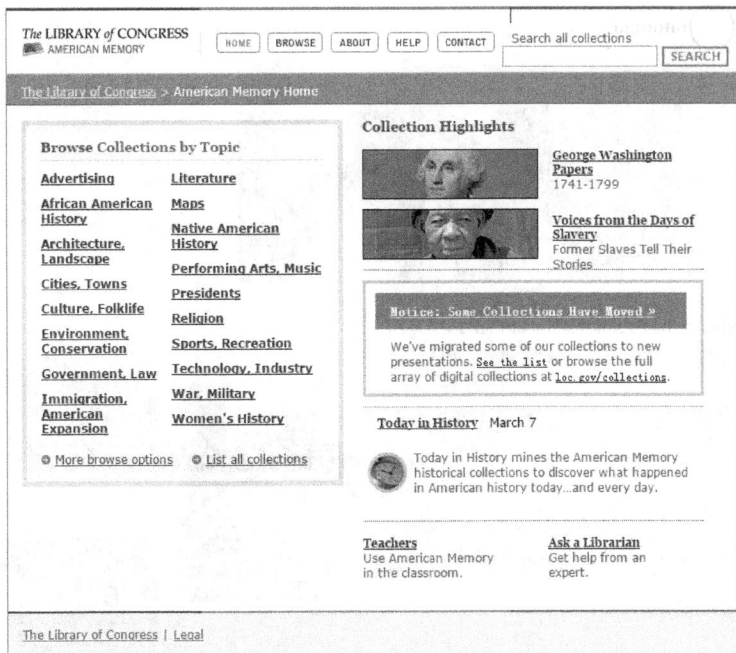

图 3-2　"美国记忆"的网站主页(2015-03-07 访问)

据库纳入网络传播系统,使得博物馆藏品的信息突破了时空的限制。从此,
美国的数字博物馆建设正式超越了博物馆上网的初始阶段而走向成熟发展
的道路。[①]

1996 年,美国加州大学伯克利建筑学院和国际学术机构虚拟系统与多
媒体协会(International Society on Virtual System and Multimedia,VSMM)
联合建立了"虚拟遗产网络"(Virtual Heritage Network,VHN),旨在推动信
息技术在自然遗产和文化遗产的教育、解说、保护和保存工作中的应用。该
网络因在文化遗产数字化领域的贡献得到了联合国教科文组织的认可,并承
担了该组织多个重大项目,被看作文化遗产数字化领域中的"样板工程"。这
个网络平台的宗旨在于研究和推广新技术,以及探讨技术在文化遗产的保护
和传播方面的作用。

1997 年,美国研究图书馆组织(Research Libraries Group,RLG)发起了

---

①　张浩达,张欣,杨建宁.对国外部分数字博物馆现状的研究.数字图书馆论坛,2010(1-2):105-113.

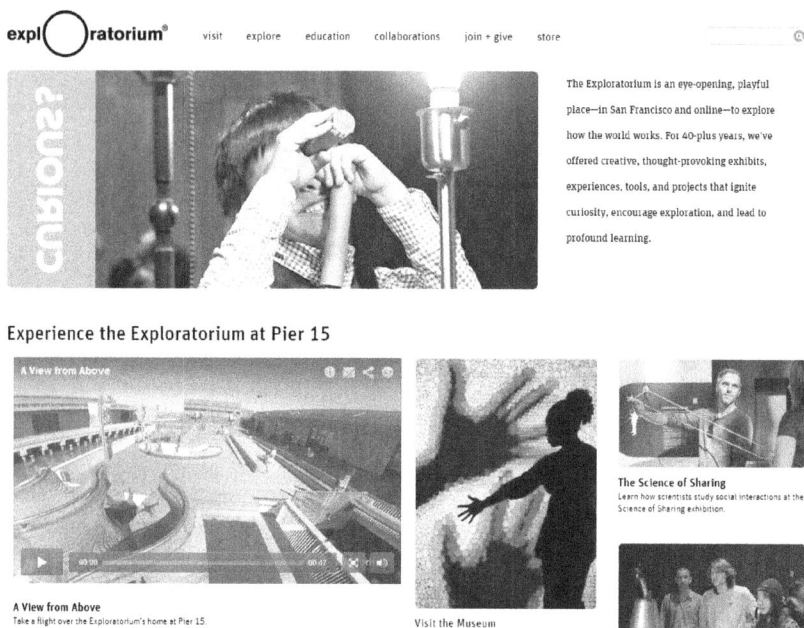

图 3-3　旧金山探索馆网站主页(2015-03-07 访问)

REACH 项目,主要研究现有的博物馆藏品管理系统,提取应用于研究的藏品信息,并探索如何组织博物馆信息以提供有效的在线资源服务。项目确定了具有 20 个元素的元素集[①],涉及藏品类型、创作时间、发现地和材料等。

3. 欧洲

欧洲的一些著名博物馆和文化机构,如卢浮宫博物馆、大英博物馆、伦敦国家画廊、梵蒂冈教廷博物馆等,都于 20 世纪 90 年代中期前后开始实施自己的数字化建设。1994 年,大英博物馆建立了多媒体馆藏数据库,并允许公众通过互联网进行远程访问,观赏博物馆内精美的藏品。1995 年 3 月,法国国家图书馆完成了该馆图书和艺术精品的数字化存储工程。同年 5 月,法、日、美、英、加、德、意七国的国家图书馆在法国成立了 G7 全球数字图书馆集团,建立了一个大型的有关人类文化的虚拟馆藏,通过网络为世界范围内的广大公众服务。1995 年 7 月 14 日,法国巴黎卢浮宫博物馆网站正式启用,网

---

① 元素集的主要内容参见 http://www.oclc.org/research/activities/museumresources/reach.html.[2014-02-19].

站提供了英、法、日等多国语言版本①,图 3-4 显示的是中文版的网站界面。

图 3-4　卢浮宫网站中文版主页(2014-12-06 访问)

4. 其他国家

加拿大于 1972 年成立了国家资产目录计划(National Inventory Program,NIP),这是加拿大遗产信息网络(Canadian Heritage Information Network,CHIN)的起源,目的在于建立加拿大国家文化遗产目录,涉及人文艺术藏品、自然科学藏品和考古遗址资料等,从而方便共享馆藏资源,指导研究应用,发展资源管理等。1995 年 10 月,CHIN 将所有的成果与服务转移到互联网上,建立有专门的网站(如图 3-5 所示),使其资源能更好地为民众和社会服务。同年,CHIN 推出了第一个虚拟展示项目"法国与加拿大的圣诞传统",在网上建立了"加拿大博物馆与艺术馆的索引"等。②

日本国立国会图书馆于 1994 年启动了数字图书馆项目,1998 年 2 月数字图书馆推进委员会对项目建设进行了整体讨论,提出了题为《构建知识、情报、文化的新基础——为自由创造的情报社会》的报告书。1995 年,IBM 东京研究

---

①　法国卢浮宫网站的中文版:http://www.louvre.fr/zh。
②　详情参见加拿大遗产信息网络网站:http://www.rcip-chin.gc.ca/index-eng.jsp。

图 3-5　加拿大遗产信息网络网站主页(2015-03-07 访问)

所与日本民族学博物馆合作实施了日本最著名的数字博物馆计划"全球数字博物馆"(Global Digital Museum)计划,该计划以博物馆教育为重点,其内容主要是提供网络上的藏品资料检索、浏览和编辑等。

二、21 世纪初

进入 21 世纪,数字博物馆建设有了飞跃式的发展。在范围上,进行数字博物馆建设的区域和国家不断增加;在技术上,更加成熟、先进的技术被应用于数字博物馆的资源管理、虚拟展示和在线交流等环节。经过前期的初探和经验积累,博物馆界及相关学术研究机构的关注点已从数字博物馆建设的基础问题转换到复杂和全面的体系建设方面,陆续出现了许多成功案例。

1.国际组织

2001 年 7 月 6 日第二十届国际博协代表大会在西班牙巴塞罗那修改通

过了国际博协章程第二条,给出了博物馆的现行定义①,并在定义的补充说明中将保存生活风俗遗产(Living Heritage)和数字创造行为(Digital Creative Activity)等有形和无形遗产资源的文化中心和机构首次纳入博物馆的范畴。这使得更多人开始意识到要将数字化成果与博物馆相联系。

2009 年 4 月 21 日,位于法国巴黎的联合国教科文组织在其总部正式启用由美国国会图书馆主导开发的"世界数字图书馆"(The World Digital Library)。它是联合国教科文组织与全球 32 个公共团体合作的产物,整合了世界各国图书馆、档案馆和博物馆的主要资源,通过互联网向全世界用户免费提供丰富多彩的人类文化艺术作品,包括图书、地图、手抄本、影片与照片等各种类型的珍贵资料。该图书馆网站的主服务器设在美国华盛顿。网站提供中文、英文、法文、葡萄牙文、阿拉伯文、俄文和西班牙文七种语言版本。"世界数字图书馆"的建立进一步促进了全世界各地区之间的文化交流。②

2.美国

21 世纪初在美国,一方面有新的数字博物馆不断涌现,另一方面早期建成的数字博物馆也在进一步拓展和完善,不断扩大自身的影响力、提高用户的关注度。2010 年 10 月,美国 Adobe 公司新推出了 Adobe 数字媒体博物馆(The Adobe Museum of Digital Media,AMDM),专门存放和展示数字化媒体艺术品,反映数字媒体对文化和社会的影响。其藏品涉及数码影像、Midi 音乐、动画等。③ 该博物馆的建筑是一个完全数字化的产物,按照真实建筑的要求进行设计,由建筑师 Filippo Innocenti 和数字产品专家 Piero Frescobaldi 共同完成,如图 3-6 所示。

2011 年 2 月 1 日,谷歌与世界各地博物馆合作推出谷歌艺术计划(Google Art Project)④。该计划是谷歌文化学院三大项目之一,主要利用谷

---

① 现行的博物馆定义是"博物馆是一个以研究、教育、欣赏为目的而征集、保护、研究、传播和展出人类及人类环境的物证的,为社会及其发展服务的,向大众开放的,非营利的永久性(固定性)机构。"
② 详情参见世界数字图书馆网站:http://www.wdl.org/.
③ 详情参见 Adobe 数字媒体博物馆网站:http://www.adobemuseum.com/.
④ 详情参见谷歌艺术计划网站:http://www.googleartproject.com/.

图 3-6　Adobe 数字媒体博物馆的建筑

歌街景技术[①]拍摄博物馆内部实景,并且用精度高达 70 亿像素的设备拍摄馆内历史名画,供全球用户欣赏。计划推出时,来自 9 个国家的 17 个博物馆的 1000 件藏品上线。2012 年 4 月,谷歌宣布在全球范围内开展"艺术计划",并公布了线上博物馆数量已增加到 151 个、涵盖的国家和地区达 40 个、艺术品数量超过 3 万件,其门类也由单一的绘画作品拓展至纺织品、玻璃制品和陶瓷制品等。加入计划的博物馆有纽约大都会艺术博物馆、泰特美术馆、白宫、法国凡尔赛宫、英国国家美术馆和伊斯兰艺术博物馆等。"艺术计划"支持包括英语、法语、日语和葡萄牙语在内的 18 种语言。2012 年,"艺术计划"进入中国,陆续有 7 家机构加入,包括北京金台艺术馆、北京尤伦斯当代艺术中心、湖南省博物馆、金沙遗址博物馆、香港文化博物馆、香港艺术馆和台北"故宫博物院"。

　　许多早期建成的数字博物馆在不断进行改善性工作,如旧金山探索馆作为最早建立网站的博物馆之一,不断追求目标人群的精细化服务,在 2010 年的网站改版中将目标人群细分为 8 类,为不同人群量身定做科普内容。

---

　　①　即利用街景车进行 360 度实景拍摄。街景车装有信息采集设备和自动处理软件。街景车只要以一定速度开过,就会准确采集周围的图像。图像经过后期的处理和加工,就可以产生具有三维视觉效果的景象。

3.欧洲

2000 年欧盟委员会开始致力于文化遗产的数字化工程和创建网络虚拟博物馆的工作,并在其后的五年间,在各成员国之间积极寻求文化遗产网络的合作共建。2007 年 9 月,"欧洲虚拟博物馆"(Europeana)项目以绝大多数的投票得到了欧洲议会的支持。2008 年 11 月 20 日,"欧洲虚拟博物馆"正式对公众开放,它以实体博物馆为依托,资料来自欧盟 27 个成员,纵跨欧洲 2000 多年的人文历史,内容涉及文学、历史、艺术、电影和音乐等多个领域,集数字图书馆、博物馆和档案馆于一体。[①] 网站界面亲和度高、互动性强,受到了世界各地参观者的喜爱,如图 3-7 所示。

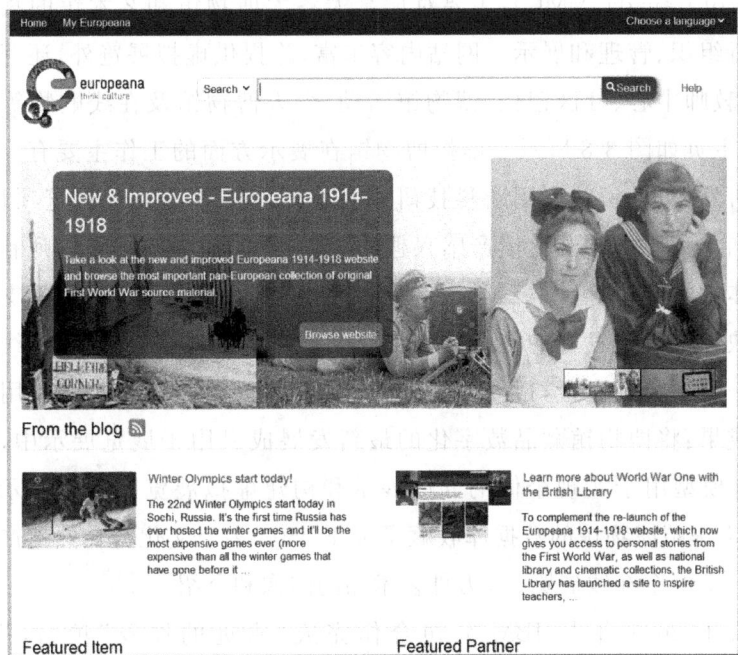

图 3-7 欧洲虚拟博物馆网站主页(2015-01-20 访问)

2002 年,卢浮宫馆长亨利·卢瓦雷特宣布开始数字博物馆改造计划,提出要努力成为世界上拥有最完备教育功能的虚拟博物馆。卢浮宫选择了三方资助人:里昂信贷(Le Credit Lyonnais),5 年内出资 400 万欧元;全球管理

---

① 详情参见欧洲虚拟博物馆网站:http://www.europeana.eu/.

咨询业巨头埃森哲(Accenture),投入100万欧元并全程保证项目运行;软件公司 Blue Martini,出资100万欧元提供全新技术支持。2004年7月7日,新网站正式被推出。卢浮宫把3.5万件馆内公开展示的藏品以及13万件库藏绘画的数字资源放在网站上供用户访问浏览,并提供了法语、英语、西班牙语和日语四种版本的三维虚拟参观项目。2005年,卢浮宫网站开通电子商务功能。①

4.其他国家

加拿大的遗产信息网络 CHIN 于2000年推出博物馆学习网(Learning with Museums),向教育机构、教师和学生推出各个博物馆的在线教育资源。2001年,CHIN 与各大博物馆合作建立了加拿大虚拟博物馆(Virtual Museum of Canada,VMC),主要对加拿大各大博物馆和艺术馆的藏品数字资源进行组织、管理和展示。网站内容丰富,除提供虚拟展览外,还开设了趣味游戏、教师中心、社区记忆、博物馆活动、个人博物馆及在线购物等特色栏目,网站主页如图3-8所示。虚拟博物馆在展示方面的工作主要有三类。第一类是研发虚拟展览:利用新科技研发富有创新特色的在线展览项目,吸引更多对加拿大历史和文化遗产感兴趣的观众,并同时为中小学教师和学生研发多媒体学习资料等。第二类是支持社区和博物馆制作在线展览:支持社区制作反映人文历史发展的在线展览,向小型博物馆提供用以开发在线展示的软件和一定数额的资金,帮助博物馆制作在线展览等。第三类是利用最新的数字化成果:将博物馆藏品数字化的最新发展成果用于展览展示中,如将藏品的三维模型用于实现个体的立体展示和构建虚拟展览的全景展示等。目前,加拿大虚拟博物馆的数据库收藏了关于2500多个文化与自然遗产胜地的专题介绍、550个在线展览、73万件艺术品的图像和介绍②③。

埃及于2004年与 IBM 公司合作完成"永远的埃及"项目,提出"A Museum Inside Walls,A Museum Outside Walls,and A Museum Without Walls"的概念,用图像、视频、声音、动画和虚拟现实来展示埃及五千年的历史和文化。整个项目以古文物为主题,将数字资源按照时间、地点、人物和事件进行组织。

---

① 曾焱.卢浮宫的虚拟与现实.中国文化报,2009-2-12(6).
② 张海云.加拿大虚拟博物馆的运作策略.中国文化报,2011-11-19(3).
③ 详情参见加拿大虚拟博物馆网站:http://www.museevirtuel-virtualmuseum.ca.

图 3-8　加拿大虚拟博物馆网站(2015-01-20 访问)

第二节　国内数字博物馆的发展

　　数字博物馆在我国大陆起步较晚,虽然博物馆的信息化工作早在二十年前就开始进行,但是真正着手数字博物馆建设起于 20 世纪 90 年代末,随后在短短的十年时间里发展迅速,出现了不少示范案例。基本在同一时间段内,台湾也开始投入数字博物馆的建设,出现了几个重要工程,产生了广泛的影响。

一、台湾

　　1998 年,台湾"科学委员会"开始实施"数位博物馆"计划[①],其目的在于

―――――――――

①　详情参见数位博物馆专案计划介绍:http://wiki.teldap.tw/index.php/数位博物馆专案计划.

整合博物馆资源,建设一个具有本土特色的博物馆,用于拓展网络教育的内涵。其内容涉及在网络上开发有意义、高品质的主体系统,建立数位博物馆合作发展机制与环境等。作为此计划的先行实践,1998年台湾自然科学博物馆与台湾"暨南大学"合作,将馆藏的蝴蝶标本及其生态照片进行数字化处理,并建立了"蝴蝶生态面面观"的主题网站以方便宣传和教育。此外,1998年台湾研究院语言所、史语所、民族所和台史所联合将平埔资料数字化并建立了"平埔文化资讯网",主要展示台湾少数民族平埔族群的生活、历史和文化。网站主要包含:数位博物馆、数位图书馆、学园、文化园区、平埔论坛和虚拟办公室。随后许多博物馆都争相拿出自己的主题提案参与"数位博物馆"计划。如台北"故宫博物院"以"故宫文物之美系列一、二"加入此计划,分别建立了"明代珐琅工艺""宋代书画册页之美"等主题网站,以充分展示器物、书画、文献等藏品的魅力。"数位博物馆"计划的实施推动了台湾地区各大博物馆、教育机构的信息化建设,特别是博物馆的藏品数字化工作和网站建设工作。

2001年,台湾"科学技术委员会"开展"台湾典藏数位化专案计划",台湾自然博物馆、台北"故宫博物院"等以及相关典藏机构参与。2002年,大范围开展"数位典藏计划",将台湾的藏品进行数字化处理,并建立资料库,通过网络向公众开放。该计划设置了16个专题小组,包括动物、植物、人类学、考古、器物和建筑等。[①] 通过小组的设置可分享经验、相互学习,共同讨论和解决技术问题。2008年,科学技术委员会将以前的计划进行合并,形成了一个完整的"数位典藏与数位学习科技计划",旨在呈现台湾多样性藏品,深化数位学习。除此之外,2001—2007年,台北"故宫博物院"的"数位故宫"项目也得到了迅猛的发展,不仅参加了"数位典藏"计划,而且于2001年配合台湾相关部门的工作实施了"故宫文物数位博物馆与价值应用计划",大力建设主题网站,开发基于影像、动画等多媒体形式的展览内容。2003—2007年又实施了"故宫文物数位学习"计划。至此,台北"故宫博物院"数位化工作已经在典藏、应用和教育三方面展开,通过网站向观众提供服务。为了给台湾博物馆界从事数字化工作的人员提供学习交流的平台,以及推广台湾地区博物馆的

---

① 详情参见数位典藏科技计划介绍:http://wiki.teldap.tw/index.php/数位典藏科技计划.

科技应用成果,2007 年博物馆计算机网络协会台湾分会(MCN Taiwan Chapter)成立。

二、大陆

1999 年初,互联网方兴未艾,中科院计算机网络信息中心基于中科院数据库信息资源,采用 Web 技术和多媒体技术建立了虚拟博物馆群——中国科普博览,其目的在于宣传科学知识,提高全民科学文化素质。[①] 同年 10 月 25 日中国科普博览首先发布了 4 个虚拟博物馆。随后的几年,中国科普博览不断创新和发展,将虚拟博物馆从 4 个扩展到 70 多个,初步形成了以"万物之理、生命奥秘、地球故事、星宇迷尘、科技之光、文明星火"六大展区为主的虚拟博物馆群,内容覆盖了自然科学和社会科学等领域,由于其知识性、科学性、趣味性,获得了公众的好评。截至 2009 年中国科普博览成立 10 周年之际,该网站累计访问量约 6000 万人次。中国科普博览是中国最早的虚拟博物馆群,其建设经验一直被广泛交流和学习。

1998 年,北京故宫博物院开始了信息化工作。2000 年 6 月,故宫博物院与日本凸版印刷株式会社签订合作书,开展"故宫文化遗产数字化应用研究",合作书涉及对故宫文化遗产进行数字化应用研究的方针、组织机构和相关设施设备等具体内容。2001 年 7 月,数字故宫网站开通(如图 3-9 所示),具有简、繁体中文以及英文、日文 4 个版本,共有"故宫博物院概说""紫禁城游览""藏品精粹""网上博物苑""紫禁城宫殿""专家论坛""故宫藏书"等 14 个板块,网页内容包括图片 4000 余张、文字 600 多万。[②] 2003 年,完全以计算机实时 3D 建模技术渲染制作的《紫禁城·天子的宫殿》完成,用户可以在线选择参观,并可参与互动交流。随后陆续对《紫禁城·天子的宫殿》进行完善,分别完成了《三大殿》(2005 年)、《养心殿》(2009 年)、《倦勤殿》(2010 年)。

1999 年 4 月,敦煌研究院与美国梅隆基金会、美国西北大学合作,对莫高窟开始壁画数字化处理,这一事件标志着敦煌数字化的开始。一方面将敦煌莫高窟的洞窟、壁画、彩塑等进行数字化采集和加工,建立资源数据库,并

---

① 详情参见中国科普博览网站:http://www.kepu.net.cn/gb/index.html.
② 详情参见北京故宫博物院网站:http://www.dpm.org.cn/.

图 3-9　北京故宫博物院网站主页(2015-01-20 访问)

利用互联网向公众提供服务。另一方面,将分散在世界各地的敦煌文献、研究成果、相关资料等进行数字化处理,并进行资源整合。经过与国内外科研机构的十几年合作,敦煌研究院已建立成内容丰富、资料充实、展示多样的"数字敦煌"。

2000 年,国家文物局成立了信息化领导小组,领导全国文物保护事业信息化工作。2001 年 12 月,国家文物局下发了关于发布《博物馆藏品信息指标体系规范(试行)》和《博物馆藏品二维影像技术规范(试行)》的通知。同年,财政部与国家文物局联合启动了"文物调查及数据库管理系统建设项目",旨在借助数字化手段进行文物调查。截至 2011 年,"文物调查及数据库管理系统建设项目"共完成全国 31 个省市 2636 个文物收藏单位 1660275件/套馆藏珍贵文物和 1370000 件馆藏一般文物的数据采集工作,拍摄照片3869025 张,录入文本信息 3.05 亿字,数据总量达 15.16TB,成功摸清了全国馆藏珍贵文物的家底情况,为国家掌握文化资源、有效保护和合理利用文化资源提供了有力的数据支撑。

2001 年底,国家"21 世纪教育振兴行动计划"启动了"现代远程教育网上公共资源建设——大学数字博物馆建设工程"项目。该项目旨在通过收集、保护、展示大学博物馆中各种重要文物、标本,建设数字典藏系统,开展现代化教学、科研及科普教育,推动我国高等院校网上公共资源建设。由教育部科技司牵头主管,成立了总体专家组提供业务指导并组织项目实施,重点支持 18 所大学博物馆的数字化建设,如北京大学地质博物馆、中山大学生物博物馆等,涉及地球科学、生命科学、人文学科与艺术和工程技术多个领域。2009 年,该项目按《大学数字博物馆 IPv6 升级项目元数据标准》重新整理大学数字博物馆建设的展品资源,并迁移至大学数字博物馆 IPv6 门户(如图 3-10 所示)。截至 2012 年 5 月 31 日,大学数字博物馆 IPv6 门户上的展品资源已有 99401 件,其中包括地球科学类展品 8365 件、人文艺术类展品 20623 件、生命科学类展品 59918 件、工程技术类展品 10495 件;建设展项资源 3279 项,其中包括地球科学类展项 513 项、人文艺术类展项 1287 项、生命科学类展项 991 项、工程技术类展项 488 项。[①]

图 3-10　大学数字博物馆 IPv6 门户中的院校分馆界面(2014-12-06 访问)

2005 年,为了集成现有数字化科普资源,发挥网络科普更大效能,经国家科技基础条件平台领导机构确定,中国科学技术协会作为牵头部门,国家教育部和中国科学院作为参加部门,共同承担"中国数字科技馆"项目。目的在于把分散的、各种形式的可利用科普资源进行优化、集成和数字化入库,搭建为全社会提供科普资源共享服务的平台。"中国数字科技馆"汇集了丰富

---

① 大学数字博物馆(DMCU)建设情况.中国教育和科研计算机网.[2014-03-06].http://www.edu.cn/gx_6480/20120904/t20120904_838742.shtml.

的图片、动漫、音像、报告、展品等数字化科普资源,为社会各界的科普创作和科普工作提供资源共享服务。① 2006 年 12 月 20 日,"中国数字科技馆"在网上正式运行。2007 年 11 月,"中国数字科技馆"获得了"2007 世界信息峰会"(World Summit Award 2007,WSA2007)颁发的"最佳电子科学奖"。

2006 年,由北京市文物局、北京市信息化工作办公室、北京市科学技术协会主办的"北京数字博物馆"网站正式开通,网站汇集了北京 157 家有实体的科普场馆,分别归入自然科学馆、社会科学馆、综合博物馆、趣味动漫馆等门类中。此外,还将没有实体博物馆对应的数字博物馆纳入其中,归为虚拟博物馆类,包括科学与艺术数字博物馆、北京中医药数字博物馆和北京民俗数字博物馆等。

2012 年 1 月 4 日,百度百科在与中国国家博物馆、中国古动物博物馆、中国地质博物馆、北京天文馆、湖南省博物馆和陕西历史博物馆等 8 家知名博物馆合作的基础上,推出了百度百科数字博物馆。该数字博物馆整合了各博物馆的数字资源,通过文字、图像、解说音频、动画、虚拟现实等多种方式进行展示,极大丰富了用户的感官体验。百度百科在博物馆页面元素统一化、模板化和浏览器的通用性、页面加载速度等方面做了积极的优化和改进,极大地提升了用户的使用体验。

除了政府主导、区域整合形式下的数字博物馆项目外,各地方博物馆以及各机构也陆续推出大量的数字博物馆项目,以下列出一些代表性的事件。

• 第一个中医药数字博物馆:2003 年 9 月 23 日北京市中医管理局开通"北京中医药数字博物馆"。

• 第一个非物质文化遗产数字博物馆(国家级门户):2006 年 6 月 9 日中国非物质文化遗产保护中心开通"中国非物质文化遗产数字博物馆"。

• 第一个少数民族数字博物馆:2008 年 7 月 23 日中国非物质文化遗产保护中心开通"羌族文化数字博物馆"。

• 第一个奥运数字博物馆(中国境内):2008 年 5 月 15 日北京奥组委开通"北京 08 数字博物馆"。

• 第一个数字铁路博物馆:2008 年 11 月 8 日北京交通大学开通"数字

---

① 详情参见中国数字科技馆网站:http://www.cdstm.cn/.

铁路博物馆"。

　　• 第一个旅游数字博物馆：2009 年 5 月 20 日海南省开通"海南旅游数
字博物馆"。

第三节　国内外数字博物馆网站之异同

　　数字博物馆与外界的联系主要体现在网站上，通过网站公众可以了解数
字馆藏、展览情况、基础服务、教育活动等信息。因此，网站成为公众了解数
字博物馆的重要途径，网站的内容、主题、形式和组织结构成为影响公众对数
字博物馆进行评价的重要因素。

　　为了了解国内外数字博物馆建设的基本情况，本书将以网站为出发点进
行比较分析。分别选择 8 家具有国家代表性或地区代表性的博物馆，它们是
美国大都会艺术博物馆（以下简称大都会）、法国卢浮宫（以下简称卢浮宫）、
英国大英博物馆（以下简称大英）、加拿大皇家安大略博物馆（以下简称安大
略）、台北"故宫博物院"（以下简称台北"故宫"）、北京故宫博物院（以下简称
北京故宫）、中国国家博物馆（以下简称国博）和上海博物馆（以下简称上博）。
整体比较分析的数据来源于截至 2014 年 4 月之前的网站内容。

　　8 家博物馆网站分别提供了多种语言服务，其情况如表 3-1 所示：

表 3-1　语言版本统计表

语言 博物馆	英语	法语	德语	西班牙语	意大利语	葡萄牙语	俄语	中文	日语	韩语	阿拉伯语
大都会	✓	✓	✓	✓	✓	✓	✓	✓	✓	✓	
卢浮宫	✓	✓						✓	✓		
大英	✓	✓	✓	✓	✓		✓	✓	✓	✓	✓
安大略	✓	✓									
台北"故宫"	✓	✓	✓	✓			✓	✓	✓	✓	✓
北京故宫	✓							✓			
国博	✓	✓		✓				✓	✓		
上博	✓							✓			

从上表可以看出,大都会、大英、台北"故宫"和国博均提供了 8 种以上语言版本,与世界交流更为广泛,侧面反映了博物馆的世界影响力。

网站首页的主菜单是整个网站的"主脉络",可以帮助参观者迅速了解网站布局、把握网站主体内容,及时定位要获取的信息。从使用网站的角度讲,网站的主菜单是反映网站专业性和可用性的重要方面,其结构越清晰、主题越明确,越能第一时间吸引参观者的目光。考虑到各网站语言版本的差异性,统一对 8 家博物馆网站英语版首页的导航菜单进行了梳理,其各菜单项情况如表 3-2 所示。

表 3-2　英语版首页导航菜单情况表

菜单项序号 / 博物馆	No. 1	No. 2	No. 3	No. 4	No. 5	No. 6	No. 7	No. 8	No. 9	No. 10	No. 11
大都会	参观	展览	藏品	活动	学习	研究	赠予和加入	关于博物馆	微博	商店	
卢浮宫	规划你的参观	活动和参观	展览和活动	藏品和卢浮宫	艺术学习						
大英	参观	正在展出	探索	研究	学习	关于我们	会员制	支持我们	频道	微博	商店
安大略	参观我们	展览和展厅	活动和节目	藏品和研究	教育	加入我们	支持我们				
台北"故宫"	参观故宫	藏品	学习	管理	关于博物馆						
北京故宫	规划你的参观	展览	馆长推荐	博物馆路线	故宫资讯	虚拟参观	学术资源	下载			
国博	首页	关于我们	展览	参观	藏品	研究	频道				
上博	首页	参观信息	上博资讯	历史	展示	藏品精选	特展	在线浏览	下载		

从上表可以看出,各网站虽然在导航菜单的组成上有所差别,但都基本包含了参观、展览、藏品和教育(学习)等项目。虽然菜单项名称上有所差异,但内容上基本一致。在菜单项数量上,卢浮宫和台北"故宫"的菜单项最少,只有 5 项,而大英博物馆的项目数最多,达到 11 项,次之是有 10 项的大都

会。此外,大都会和大英博物馆都在主菜单中包含了"商店"这一项,方便参观者了解其各类纪念品等。

为了便于比较,特将展览、藏品检索、藏品展示、教育和交流互动五个方面的内容作为分析的对象,分别设置了具体比较内容和相应的指标项。

一、展览方面

展览方面主要比较内容和情况如下:

(1)提供展览信息(过去展览、当前展览和未来展览):8家博物馆均提供了关于过去、当前和未来三个时间段的展览信息。

(2)展览的查询:除卢浮宫未见有明显的按关键字查询的设置,其余博物馆均提供了按关键字查询,主要围绕时间、地点和主题而展开,其中大都会、台北"故宫"和上博提供了两种及两种以上的关键字查询设置。

(3)提供展览背景信息:8家博物馆均提供了关于相应展览的背景知识,以方便参观者对展览有一个较为全面的了解。

(4)为实体参观提供导览或指南:8家博物馆均提供了不同程度的参观导览或参观指南,以方便参观者提前规划自己的参观时间和参观路线。

(5)提供了部分或全部场馆的虚拟场景:大都会为部分画廊提供了虚拟场景,并依次按编号组织排列以方便参观者查找[1];卢浮宫提供了部分展馆的虚拟场景,如阿波罗画廊、卢浮宫的城壕遗址和埃及馆等[2];安大略专门设有线上的虚拟博物馆,如 The Burgess Shale 加拿大虚拟博物馆[3];台北"故宫"也专门设有虚拟博物馆,再现了馆内外场景[4],如图 3-11 所示;北京故宫与 IBM 联合开发了虚拟紫禁城,不仅再现了文物、建筑和花园景观等,而且还设置了一些人物形象增强趣味性;国博与微软合作开发了在线展厅,分为古代书法、近现代油画等多个主题[5];上博则提供了少数展馆的虚拟场景信息,如陶瓷馆三维网上场景[6]。

---

① 详情参见大都会博物馆的艺术画廊:http://www.metmuseum.org/collection/galleries.
② 详情参见卢浮宫博物馆的线上虚拟参观:http://www.louvre.fr/visites-en-ligne? nrppage=10.
③ 详情参见安大略博物馆的在线展览:http://www.rom.on.ca/en/exhibitions-galleries/exhibitions/online-exhibits.
④ 详情参见台北"故宫"的虚拟现实博物馆:http://www.npm.gov.tw/vrmuseum/.
⑤ 详情参见国博的在线展厅:http://www.chnmuseum.cn/vrmuseum-ms/index.htm.
⑥ 详情参见上博的三维场景:http://www.shanghaimuseum.net/cn/sjys/sjys.jsp.

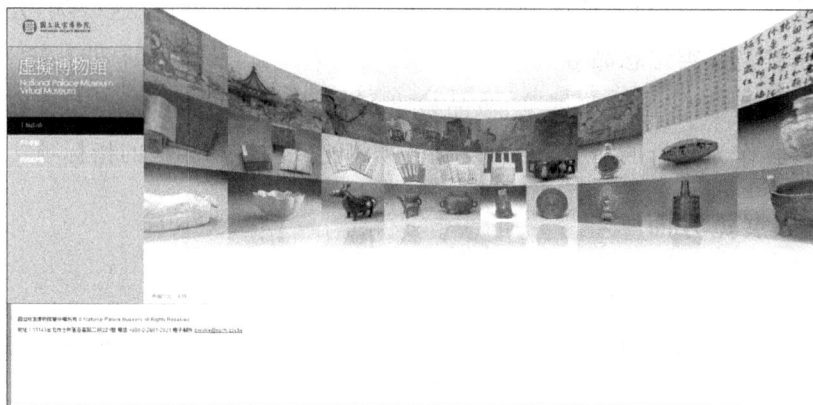

图 3-11　台北"故宫"网站上的虚拟博物馆（2014-02-10 访问）

二、检索方面

藏品是博物馆网站的重要资源，如何让观众能够在短时间内获取有效的藏品信息是各大博物馆需要关注的问题。除了藏品数据库的自身管理保障外，还应该为参观者提供多样化的检索手段，因此针对 8 大博物馆网站进行了检索手段的统计，结果如表 3-3 所示。

表 3-3　藏品检索手段统计表

检索手段 / 博物馆	以类别（型）为关键字检索	以时间为关键字检索	以藏品地域为关键字检索	以在展位置为关键字检索	复合式检索（设置多个关键字）	设置有精品检索
大都会	√	√	√	√	√	√
卢浮宫	√	√	√	√	√	√
大英	√	√	√	√	√	√
台北"故宫"	√	√		√	√	√
北京故宫				√		√
国博	√	√			√	√
上博	√	√				√

注：因皇家安大略的网站上未见有明确的藏品检索设置，所以在统计时没有将其列入其中。

从上表可以看出，各大博物馆网站均提供了以类型和以时间为关键字的查询，并均有关于馆藏精品的检索设置。除上博外，其他 6 家博物馆均设有复合式检索。大都会的复合式检索不仅支持关键字输入，而且还可以让参观者直接点击图像实现多检索条件的组合。大英提供了关于生产者(作者)、时间、材料和风格等 13 项主题词任意组合的高级检索方式，如图 3-12 所示。北京故宫则根据藏品类型的差异分别设置了不同的复合式检索，如对于古籍采用了分类、名称、时代和版本的相互组合方式。

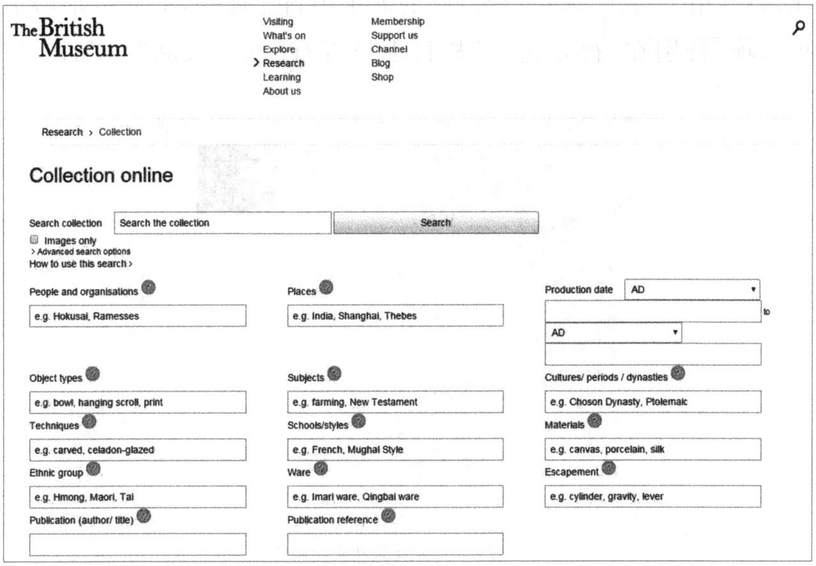

图 3-12　大英博物馆藏品检索界面(2014-03-10 访问)

三、藏品展示方面

藏品展示是博物馆网站最为核心和精彩的部分，内容丰富、形式多样的展示成为观众了解博物馆藏品的有效途径。与在实体博物馆的藏品展示不同，网上展示更加体现人性化的需求，它不局限于单一视角和单一空间，为藏品提供了多种展示可能。在常规展示形式方面，各大博物馆网站均提供了藏品的二维图像形式并附以藏品基本信息描述。其中，网站常以多视图的形式弥补单一视图的不足，从不同角度展示藏品。此外，基于二维图像形式，各博物馆网站还为观众提供了整体放大/缩小或局部放大/缩小的操作，观众通过点击或滚动鼠标，可根据自身需求进行有选择的重点、聚焦欣赏。为了更加全面、详实地体现藏品空间形态和立体信息，一些博物馆网站也陆续推出了藏品三维立体展示。其中,在大都会博物馆网站的 82ND&FIFTH[①] 的栏目中,部分藏品有高清的三维立体展示。观众只需要通过拖动鼠标就可以实现对三维藏品的旋转操作。台北"故宫"网站则专门设置了"文物 3D 赏析"栏目,观众不仅可以欣赏到藏品的三维形态,而且可以根据自己的需求对藏品进行旋转和缩放操作。北京故宫则将紫禁城内的各建筑及部分文物进行 3D 模型化,将其用于构建"虚拟紫禁城"的展示项目。此外,上博也推出了三维立体展示项,特别在"视觉艺术"栏目中设置有"三维藏品"[②](如图 3-13 所

图 3-13　上博的三维藏品展示(2014-02-12 访问)

示),观众可以在这里欣赏到部分藏品的三维立体形态,并可对其进行任意角度的旋转。为了进一步提供藏品的背景信息、研究信息等,8 家博物馆的网站都围绕一些藏品或展览推出了相应的音频或视频内容。在大都会的网站上专门设有"METMEDIA"[③]栏目,可供观众选择下载关于藏品或展览的音频或视频信息,帮助观众提升对藏品或展览的认识。这些音频或视频多来自作者或研究人员的介绍或报告等。大英博物馆网站设有"Channel"栏目,提供关于展览、藏品和事件等的相关视频、音频信息,内容来自专家解读、学者研究、观众体验等多个方面。北京故宫也配置了视频、音频信息,如在宫殿的

---

① 详情参见大都会博物馆的 82ND&FIFTH 展览:http://82nd-and-fifth.metmuseum.org/.
② 详情参见上博的三维展示:http://www.shanghaimuseum.net/cn/sjys/sjys_swcp_2.jsp.
③ 详情参见大都会网站上的 metmedia:http://www.metmuseum.org/metmedia.

展示介绍页面,设有视频链接按钮以呈现视频讲解内容。[①] 上博网站在"视觉艺术"栏目中设置有"视频点播"项,提供关于展览或藏品的视频信息,内容主要来自文博知识解读、专家讲坛和重大活动等。除安大略、上博之外,其余6家博物馆网站均在藏品展示页设有分享、推荐功能,大都会、卢浮宫、大英和台北"故宫"主要是推荐到 Facebook,Twitter,Tumblr,Pinterest 等社交网站,北京故宫和国博主要是推荐到新浪微博、腾讯微博、人人网、豆瓣等社交网站。

四、教育方面

8家博物馆网站均推出了发挥教育职能的一系列措施,具体从以下方面进行比较。

1.提供资料方面

各大博物馆纷纷提供了藏品资料或相关研究文献资料的浏览或下载功能。其中大都会博物馆网站的"MetPublications"是大都会博物馆出版项目,提供了大都会长期以来出版的展览目录、藏品目录和研究文献、书籍等资料,观众不仅可以在线阅读这些内容,而且可以免费下载其 PDF 格式供线下使用。此外,大都会博物馆还设有图像资源库[②],存贮了关于藏品、展览、事件、人物等的图像资料,可用于满足个人或集体的欣赏、学习和研究需求。大英博物馆通过在线出版物、在线图书和档案库等向观众提供学习资料。台北"故宫"主要设有典藏资料库、OpenData 资料开放平台、图书文献馆、故宫期刊和出版品。其中,典藏资料库提供了关于先秦铜器纹饰资料、书画典藏资料、器物典藏资料、善本古籍资料和家族谱牒文献资料的查询检索;OpenData 资料开放平台提供文物元数据下载;图书文献馆则提供了关于历朝善本古籍、清代档案文献、艺术及文史哲类的书刊资料信息,供观众检索查询;故宫期刊和出版品则提供了历年来台北"故宫"出版的期刊和图书介绍信息,有相关目录可查询。北京故宫则在数字资料馆中设有关于建筑、藏品、出版和在线阅读等内容。建筑和藏品的相关图像资料可进行免费下载。出版

---

① 详情参见北京故宫关于承乾宫的介绍界面:http://www. dpm. org. cn/shtml/116/@/17718. html.

② 详情参见大都会的图像资源库:http://www. metmuseum. org/research/image-resources.

提供了博物院近年来的各类出版书目信息。在线阅读提供了《故宫博物院院刊》《紫禁城》和《故宫博物院年鉴》的在线版本,同时还提供了在建筑、文物和古籍方面的研究文献的电子稿,供观众下载阅读。

2.提供讲座信息和在线活动方面

各大博物馆均提供了相关讲座信息,涉及藏品解读、专题研究、探索发现等方面的内容。观众可以了解讲座的题目、内容、时间、地点和主讲人的信息。其中,国博设有"国博讲堂"栏目[①],提供了往期讲座视频供观众在线收看。为了扩充活动空间,丰富活动内容,扩展活动形式,大都会、大英、卢浮宫、安大略和台北"故宫"均提供了一些在线活动。这些活动主要以在线游戏、在线问答、在线课堂等形式开展。如大都会"METMEDIA"中的 APP 和游戏中心提供了许多在线游戏活动项目,帮助观众加深对藏品或相关知识的了解。[②] 大英博物馆则提供了一些探索类的游戏节目。[③] 而安大略博物馆在教育栏目下专门有在线活动这一项,主要以线上问答、线上探索等形式展开。[④] 台北"故宫"在学习资源栏目中设有"故宫 e 学园",主要提供各种主题的在线课堂。[⑤]

3.教育对象的划分方面

各大博物馆均考虑了观众的差异性,因此在网站设置方面也开辟了针对不同参观对象的教育栏目。以在首页主菜单项或下设子栏目中明确出现与人群类别命名的情况为标准,对各博物馆网站进行了统计,其情况如表 3-4 所示。

表 3-4　教育对象的人群划分统计表

人群 博物馆	儿　童	青少年	成年人	老年人	残疾人	亲子家庭	大学生	教育人员（学校）
大都会	√	√	√		√	√	√	√
卢浮宫								

① 详情参见国博的"国博讲堂":http://www.chnmuseum.cn/tabid/1763/Default.aspx.
② 详情参见大都会的 METMEDIA:http://www.metmuseum.org/metmedia/interactives/.
③ 详情参见大英的在线游戏节目:http://www.britishmuseum.org/explore/young_explorers/play.aspx.
④ 详情参见安大略的在线活动:http://www.rom.on.ca/en/education/online-activities/homes-past-archaeology-iroquoian-longhouse/iroquoian-longhouse-post.
⑤ 详情参见台北"故宫"的 e 学园:http://tech2.npm.edu.tw/elearning/index.htm.

续表

人群 博物馆	儿童	青少年	成年人	老年人	残疾人	亲子 家庭	大学生	教育人员 （学校）
大英	√	√	√			√	√	√
安大略	√		√			√		
台北"故宫"	√	√	√				√	√
北京故宫								
国博		√						
上博	√	√						

注：国外博物馆主要参看英文版网页，台北"故宫"和大陆的博物馆主要参看的是中文版网页。

大都会首页的"学习"菜单项完全按照人群类别划分下属 6 个一级栏目（如图 3-14 所示）。其中将亲子家庭归为"儿童"这一栏目，在这一栏目下同时提供了针对儿童和亲子家庭的相关参观信息和活动信息。值得注意的是，大都会专门开辟了残障人士栏目，为盲人、聋哑人、学习障碍和痴呆患者等提供相应的学习活动。[①]

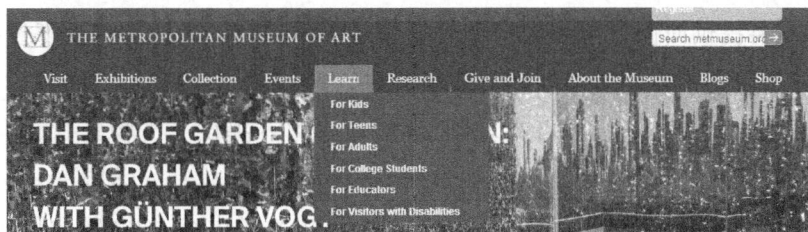

图 3-14　大都会的人群类别划分（2014-01-20 访问）

卢浮宫首页"教育"菜单项中没有出现直接与不同人群对应的子栏目项，但针对儿童以及专业研究人员所提供的学习活动渗透在了其他栏目中。

大英博物馆首页在"学习"菜单项中则以"学校和教师""家庭学习""成人学习""在线儿童学习"命名各一级栏目，其中"学校和教师"栏目中，又以学生年龄段进行划分，囊括了儿童和青少年。而大学生则被归为"成人学习"部分，如图 3-15 所示。

---

① 详情参见大都会为残障人群设置的内容：http://www. metmuseum. org/learn/for-visitors-with-disabilities.

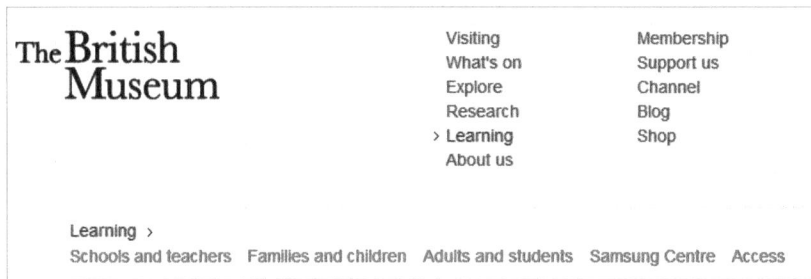

图 3-15　大英的人群类别划分（2014-01-20 访问）

安大略首页"教育"菜单项中设有"学校参观"和"成人学习"两个一级栏目，为学校和成人提供相关参观和学习信息和指导。此外，在"活动和节目"菜单项中设有"儿童活动"和"成人节目"两个一级栏目，为其提供相关的学习活动信息。其中的"儿童活动"子栏目下设有专门的"亲子家庭活动"这一项。

台北"故宫"在首页附菜单中有关于一般参观者、学生和教师、研究人员的划分，直接为他们提供了获取信息的便捷通道，信息内容涉及参观、学习、活动、资料查询等诸多方面。此外，在"学习"菜单项中设有"儿童园地"一级栏目，主要提供面向儿童和亲子家庭的学习资源和教育活动。其他下设一级栏目虽然未直接以人群类别进行命名，但从内容安排上涉及了不同人群。如"故宫教学百宝箱"一级栏目为教师、学校或学习者提供了文物素材、教材资料和教案资料等，教学对象涉及小学、初中和高中。"故宫 e 学园"一级栏目则向更广的人群以及相关单位、机构提供了网上教学内容，如文物的修护、中国玉器、中国国画学习等。"图书文献馆"一级栏目则为专业研究人员以及研究单位提供了图书、文献、影像等资料。

北京故宫在首页主菜单中未设有专门关于教育或学习的菜单项，在已有的菜单项中，各子菜单也未专门设有与人群类别名称直接相关的栏目项。但针对性的信息可以在一些子栏目中获取，如在"学术资源"中为大专院校及研究机构或个人提供关于藏品、建筑、古籍和出版等方面的信息和资料。

国博网站首页有"公共教育"菜单项，其下设一级栏目未见有直接以人群类别命名的栏目。但在一级栏目"系列活动"中，有明确提出"少年"这一群体的"阳光少年"子栏目，从中可以获取针对青少年的各类讲座、培训和实践活动的信息。除此之外，其他栏目的内容也体现了分人群的考虑，如在一级栏目"体验区介绍"中明确指出教育体验区从美术、音乐、戏剧、科学四个门类开发了五十余种体验项目,这些活动在内容设计上以青少年观众为核心同时兼顾其他年龄段观众的兴趣爱好。

上博网站首页有"教育学习"菜单项,下设一级栏目"选择合适自己的最佳参观路线"中明确标有小学、中学和高中的学生阶段划分(如图 3-16 所示),从而针对性地为他们提供最为合适的资源和参观路线。此外,在首页的"活动预约"菜单项中,下设一级栏目:"中小学假期活动""专题讲座"和"专题导览",分别面向儿童、青少年、大众提供了活动、讲座和专题参观信息。

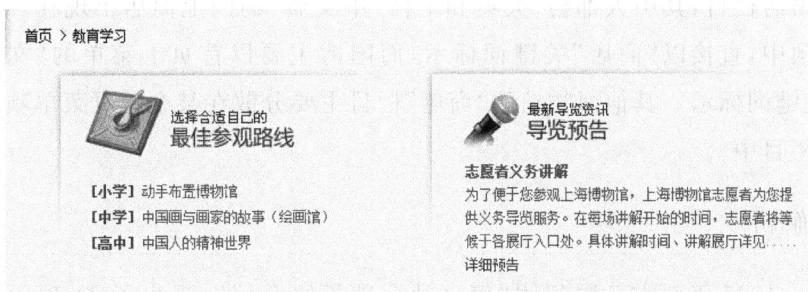

图 3-16　上博的"教育学习"栏目(2014-02-21 访问)

经过比较可以看出,只有大都会考虑将残障人士作为一类群体平行列出,并做了细致的划分,为不同情况的残障人士提供参观指导和活动信息。总体上,大都会和大英对于大众群体类别的指示性更强,划分更为细致,不仅考虑到年龄差异,也考虑到了群体和个人的差异。对于观众而言,可以通过清晰的栏目名称,快速定位和获取满足自身需要的信息。与大都会和大英相比较,其他博物馆对人群划分的情况则不够直观和明确,虽然其也陆续提供了与群体差异相关的学习资料和学习活动,设在首页的不同菜单项下的一级栏目中,但观众从标题上很难立刻判断出该栏目所针对的群体,往往需要进一步访问栏目内容来确定。因此,观众用于定位信息的时间较长,加之一些内容分布零散,观众也很难在短时间内获取到关于参观、讲座、培训、网上课堂等多方面的信息。

五、交流互动方面

各博物馆网站均提供了观众留言或发表建议和想法的渠道,大都会、大英、卢浮宫和台北"故宫"提供了电子邮件交流的方式,而安大略不仅提供了电子邮件方式还允许观众通过电话、邮寄信件的方式与馆方进行交流。北京故宫则提供了在线留言的方式,国博和上博也均提供了电子邮件的方式。大都会、大英和安大略博物馆均在网上提供了访问官方微博的链接。北京故宫和国博提供了访问官方新浪微博和腾讯微博的链接。大都会、卢浮宫、大英、安大略、台北"故宫"和北京故宫的网站上有"博物馆会员"相关内容,观众可以了解会员制介绍、会员的义务和权力,以及如何成为博物馆会员等信息。除北京故宫未开设网上商店以外,其他 7 家博物馆在网站上均开设了网上商店或书店栏目,其中大都会、大英和上博(中文版)的网上商店出现在首页的菜单项中,直接以"商店"关键词标示,而国博主要以首页上菜单的"文创产业"关键词标示。其他博物馆的"商店"栏目主要分散在某个首页菜单项下的一级栏目中。

名词解析

• 1995 年西方 7 国集团"信息社会部长级会议":提出了 11 项示范计划,分别为(1)全球信息目录计划,由欧盟与日本负责;(2)全球宽带交互网络计划,由加拿大、德国、日本和英国负责;(3)教育和培训计划,由法国和德国负责;(4)电子图书馆计划,由日本和法国负责;(5)电子博物馆和艺术画廊计划,由意大利和法国负责;(6)环境和自然资源管理计划,由美国负责;(7)全球紧急情况管理计划,由加拿大负责;(8)全球卫生应用计划,由法国、德国和意大利负责;(9)政府"入网"计划,由英国和加拿大负责;(10)中小规模商业的全球市场计划,由欧盟、日本和美国负责;(11)海事信息系统计划,由欧盟与加拿大负责。

• 世界信息峰会大奖:2003 年开始与联合国"信息社会世界高峰会议"同期举办,由联合国工业发展组织以及联合国全球咨询和通信技术发展联盟发起。设置大奖的目的在于在全球各地挑选及推广在内容及应用方面都表现卓越的电子产品及项目,以缩短信息科技与普通百姓生活的距离。奖项涉及 8 个方面:电子政府与机构、电子健康与环境、电子学习与教育、电子娱乐与游戏、电子文化与传统遗产、电子科学与科技、电子商务与贸易和电子共融与参与。

第四章

新形势下博物馆专业的调整与应对策略研究

由于技术的不断更新和渗透以及数字博物馆的出现和迅猛发展,使得博物馆处理基本事务的方式和流程也发生了根本性的变化,而这些变化对博物馆工作人员也产生了极大的影响,本章将主要从他们的能力变化和任务变化两个方面进行探讨、分析。面对这些变化,博物馆界也采取了很多相应的措施,本章将梳理包括国际博物馆协会和美国博物馆协会在内的一些组织所做出的努力和应对,以了解他们在推进博物馆数字化建设进程中所起到的作用,并分析在博物馆专业人才培养方面,特别是在博物馆专业学位培养和培训拓展方面不同组织所采取的应对措施。

第一节　博物馆专业所面临的挑战

随着计算机在博物馆中的普及,以及多媒体和网络技术的不断渗透和广泛应用,博物馆处理事务的方式已经发生了本质性的变化。从最开始的 20 世纪 60 年代,博物馆工作人员使用计算机对藏品信息进行登记和管理开始,藏品登记人员的工作已经开始从和纸笔打交道转移到与机器打交道。而随着计算机硬件及软件的发展,在 21 世纪,计算机已经成为人们重要的工作伙伴。相继出现的数据库技术、网络技术和数字化采集技术给博物馆的日常工作带来了新变化。数据库技术的出现使得登记员不再只停留于信息的记录和存储,而开始着手对信息进行系统化的组织和管理,并为不同使用者提供并发服务。工作人员利用多媒体数据库可以对图像、声音和视频等多媒体数据进行管理;进一步扩充了计算机用于处理博物馆事务的范围。一些专业软件的出现,如财务管理软件、人事管理软件等,使得博物馆内部事务的方式和流程也发生了根本性的改变,早先博物馆工作人员关于计算机只能用于藏品登记和管理的想法已经被彻底颠覆。网络技术为博物馆提供了更多的机遇，博物馆从实体阵营开始着手于创建各自的网络阵营，信息传播范围更为广泛。数字化采集技术使得博物馆可以获取高清超分辨率的藏品 2D 图像信息和 3D 模型信息，使得藏品展示和信息传播不再受限于空间和时间。博物馆不仅可将藏品数字化信息用于实体馆内的展项，丰富其形式和内容，而且还可将其最大限度地用于网上博物馆的建设。这些技术的涌入和所带来的变化，使得博物馆专业人员都意识到了其所面临的挑战，开始关注应该掌握的知识和技能。

自 20 世纪 60 年代起，博物馆专业人员就已经开始接受培训或再培训以掌握新技术和技能来满足工作的需要。随着业务操作方式和操作流的变化，博物馆工作人员的职能也发生了扩展，如藏品登记人员要进行藏品信息管理，财务人员要进行财务系统的管理，展览策划人员开始进行网络空间的虚拟展览策划等。新设备、新技术的引入进一步加快了这些新职能的出现，影响其不断变化和发展。具体细化博物馆的各个部门，其工作人员的职能主要扩展为：

1. 馆长

能够对藏品进行分类和编目，会使用自动化的藏品管理系统，可以规划和实施展览，同时具备组织不同团队进行协同工作的能力等。

2. 博物馆教育部人员

通常博物馆教育部人员的职责是负责观众数据的收集和分析，及时收集反馈意见和建议；规划和组织各种普及性教育和专业性教育活动，涉及讲座、报告会、小剧场、讨论会等多种形式；能够为教育活动准备各种材料，如编写小册子、制作影像资料等。由于计算机技术、多媒体技术和网络技术的出现，迫使教育人员需要通过计算机编写文档，利用统计分析软件处理和分析观众数据；能够充分使用声音、图像、视频和动画等形式呈现教育资源，开展教育活动；会利用网络空间规划网上教育活动，拓展网路宣传；能够利用博客、播客、RSS 订阅等对活动进行推广，实现观众互动，获取更多更全面的观众意见反馈；能够开发和制作网络教学资源，包括教学素材、教学课件、教学视频等，有组织和有计划地开展网络教学。

3.博物馆外联部人员

通常外联部人员的职责是有计划地举办对外文物展览;加强与其他博物馆、学术机构、文化团体等的联系;组织和安排外事参观工作。在新的环境下,外联部人员不仅需要继续发挥好传统媒体的优势,也要会利用网络媒体开展对外宣传工作;会使用电子邮件完成日常联络工作;能够开展网络环境下的馆际信息交流和专题合作等。

4.博物馆藏品管理部人员

通常藏品管理部人员的职责是以征集和保管藏品为主,对文物进行鉴定、评估和定级等;对藏品进行登记、编目和建档等;对藏品的出入库情况进行记录;完成对藏品的日常保养和管理;实现对藏品文字、图片、声音和影像资料的管理;为其他部门提供藏品信息、文献资料等的咨询服务。在新的环境下,藏品管理部人员需要会使用计算机完成藏品登记任务,能够了解数据和数据库管理系统的相关内容,为藏品的保存和管理制订出长效方案;能够选择合适的数据库管理系统软件,建立藏品数据库管理系统,懂得维护数据的安全、完整和一致;针对藏品信息载体的多样性,能够建立对图片、声音和视频等进行组织和管理的多媒体资源管理系统;能够基于网络和各种管理系统为博物馆其他部门提供咨询服务;能够为展览提供所需藏品的基础信息和多媒体资源;能够利用现有的报表生成软件,如 Crystal Reports①,将藏品信息用于制作满足不同需求的电子报表。

5.博物馆展览部人员

通常博物馆展览部人员以馆藏藏品为对象,进行展览策划,确定主题和内容,进行形式设计,组织制作与布展工作。从展览的初期规划到展览的后期实施等都需要展览部人员的投入。他们还需要对展品和展示设备及装置等进行管理和日常维护,并参与基于展览的各项活动的开展。在新的环境下,展览部人员需要利用藏品多媒体资源库帮助充实展览内容、丰富展览形式;能够了解多媒体互动装置的特点,善于使用多媒体互动装置进行信息传达;能够利用数字资源设计和制作服务于展览的平台,如电子导览屏、语音

---

① 中文名为水晶报表,是一款专门用于设计和制作报表的软件,它提供了创建复杂或专用的报表所需的整套工具,目前是业内最为强大和完善的报表制作软件。

导、视频导等。除实体博物馆的空间,展览人员还应该能够策划和设计在线展览。这些在线展览可以是对实体展览的进一步宣传和补充,也可也是脱离实体展览的专题展、特色展等,将更多的藏品进行网上推送。此外,展览人员能够通过开发一些应用软件,利用移动媒体推送展览;能够针对观众参观中的实际问题,利用网络和移动媒体向观众提供解决方案,如参观路线规划、参观时间安排和展厅总览等。

6.博物馆藏品研究人员

通常藏品研究人员的职责是开展对藏品及相关主题的学术研究,撰写论文和编著书籍等。其传统工作方式要多次接触到藏品实物,增加了藏品受损的风险。在新的环境下,数字化技术的出现使得藏品有了 2D 和 3D 的数字化记录形式。它们能够显示出藏品实体的大小、形状、结构、颜色、纹饰和图案等,具有可复制性、可移动性,可以脱离实体被广泛使用。因此藏品研究人员应该了解利用数字化技术和信息技术开展研究工作的意义,能够利用藏品多媒体资源库、资料文献数据库等开展或辅助开展研究工作;能够掌握利用 2D 和 3D 的数字资源开展和辅助开展研究工作的方法;能够利用网络与其他博物馆或学术机构的研究人员开展交流和合作。

7.博物馆文保人员

通常文保人员的职责是负责藏品的保护、修复和复制等工作,同时管理和维护与藏品保护相关的设备和设施,以及对存放环境进行监测,撰写关于藏品保护和修复的技术文档,并对其进行管理,能与馆外学术机构和科研单位开展学术交流和合作。新的环境下,文保人员要能通过藏品数据库的信息获取基本资料;能够利用新的科技手段,如原子吸收光谱分析法、X 射线荧光分析法、X 射线衍射分析、电子显微微区分析和放射性碳素测定法等对藏品进行成分分析、结构分析、表面分析、微区分析和年代测定等;能够通过计算机进行技术文档的撰写、存贮和管理;能够利用无线传感器对藏品的保存环境和展品的陈展环境进行温度、湿度、二氧化碳浓度、有害气体含量和可吸入颗粒物等监测;能够利用网络实现与其他学术机构和科研单位的交流,进行网络视频研讨等。

8.博物馆保卫部人员

保卫部人员的主要职责是落实"防火、防盗、防爆炸、防破坏",保障博物馆建筑、设备、设施、藏品、资金和人员等的安全,负责消防、安保工作。新的环境下,保卫部人员需要从"以人力为主"的保卫模式转变为"以设备、系统为主"的监控和防范模式,需要掌握和使用各类监控设备和系统,如建筑楼宇智能控制系统、库房安防监控系统等,并能对相关设备进行维护和管理,能够预防、控制和处理各种情况。

可以看出,信息技术和网络技术对博物馆已有部门工作人员的工作都产生了实质性的影响。然而对于整个博物馆信息系统建设、管理和维护,以及网站的建设和维护不是已有的任何一个部门可以解决的。因此在新的形势下,一个新的部门在博物馆中出现,即信息部或网络信息部。它主要负责整个博物馆信息化建设,规划和组织整个博物馆信息工作,实现全馆办公自动化;整合藏品数据库管理系统、人事管理系统、财务管理系统等建立博物馆信息管理系统,对其进行维护;建立和维护博物馆内部的局域网以及与互联网的连接通道;建立面向公众的博物馆网站,保障网站的安全与稳定。此外,信息部还负责硬件设施的购买和装配、软件的购买和安装等,以及对硬件的维修和软件的更新,并负责对其他部门人员进行操作技能培训等。

第二节　博物馆界的新动向

国际博物馆协会人员培训委员会(International Council of Museums-International Committee for the Training of Personnel,ICOM-ICTOP)于1970年颁布了国际博协基本教学大纲,用于指导在大学或博物馆中开设的博物馆专业培训课程。此大纲在1979年进行过修改。1996年,国际博协人员培训委员会为了应对博物馆界的变化成立了专门的工作组,用于分析专业发展的需求和培训模式变化的影响[1],并且建议修改教学大纲。工作组致力于了解和分析当前博物馆工作的组织方式,未来的变化,博物馆专业培训当前所面临的问题,新环境中博物馆工作人员有效工作所应具备的知识、技能和能力等方面的内容,并形成具有指导意义的方案。1998年1月,一份《国际博协博物馆专业培训教学大纲》出台,被放在ICTOP/ICOM的网站上以

---

① ICOM-ICTOP. ICOM Curricula Guidelines for Museum Professional Development.[2014-03-28]. http://museumstudies.si.edu/ICOM-ICTOP/dev.htm.

接受公众的评判。在 9 个月的公示时间里，来自各方面的意见和建议汇聚在一起，为工作人员对草案进行进一步的修改提供了参考。国际博协执行委员会于 2000 年 6 月将修改版正式命名为《博物馆专业发展的课程指南》。该指南强调了博物馆专业当今的学习需求和未来可能的变化。它扩充了专业培训的概念，将关注博物馆学理论知识和技术技能的内容模型转变为强调理解博物馆和工作人员角色和责任的过程模型。该指南现已提供了英语、法语和西班牙语的版本。[①] 整个课程指南主要强调五大方面的能力（如图 4-1 所示）：一般工作能力、博物馆学专业能力、管理能力、公众规划能力（Public Programming）以及管理和维护信息、藏品的能力。在一般工作能力中涉及对信息技术的要求，主要将电子邮件、网站、多媒体和数据库管理作为最主要的方面。

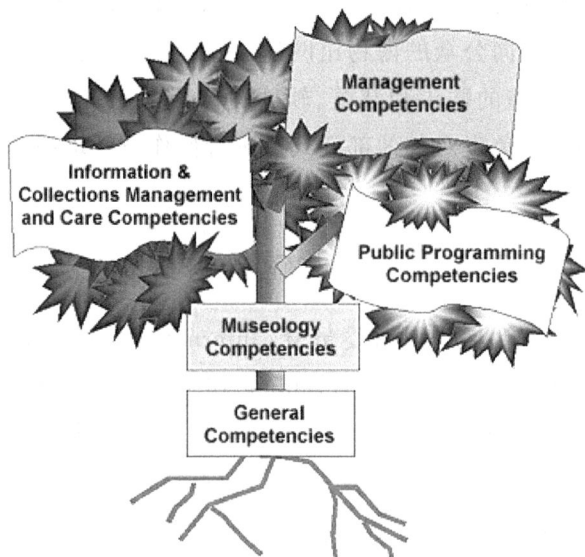

图 4-1 《博物馆专业发展的课程指南》示意图

博物馆专业人员可以通过已经设置的各种程度的学位教育或学历教育获得相应的能力。对美国超过 80 个与博物馆相关的学术培训项目的调查表明，一些博物馆的学习项目已经将技术培训内容作为培训的一部分。其中一

---

① ICOM-ICTOP. About the ICOM Curricula Guidelines. [2014-03-28]. http://museumstudies.si.edu/ICOM-ICTOP/about.htm.

些项目特别将技术相关的课程列为博物馆学习课程,其他一些项目则采用跨专业进行学习的形式,学生可到计算机科学系、信息管理系、传媒系和经管系等进行学习。作为学习课程的一部分,许多项目还要求学生在博物馆实习进行亲身体验,以学习专业技能和了解博物馆文化。

除了正式教育和实习体验外,国际、国内和与博物馆相关的组织也提供了工作坊、会议和研讨会等各种学习和交流的形式。其中一些组织特别关注技术相关的问题以及博物馆面临的挑战。这些组织主要有:

1. 美国博物馆协会(American Association of Museums,AAM)

AAM 的媒体与技术专业委员会关注博物馆和媒体技术之间相关内容,帮助人们使用媒体和技术来解决博物馆中的各种问题,包括从为服务展览的媒体资源的制作到标准的定义,从数据库的建立到维护等众多方面。这个组织的主要活动包括四个方面:(1)向会员或博物馆专业人员提供关于媒体和技术方面的政策、趋势、问题和活动的咨询;(2)在每年的联盟会议上组织程序会议和创意市场(Marketplace of Ideas),让与会者讨论和参与各种创新应用;(3)主办一年一度的缪斯奖的评选,以奖励在博物馆多媒体项目和互动项目中表现出色的作品;(4)在博物馆、媒体和技术之间建立桥梁,探索大家共同关注的话题。其中缪斯奖下设 14 个类别,主要有语音导和播客、游戏和增强现实、手机应用、解说互动装置和在线展示等。在 2014 年的获奖项目中,水晶桥美国艺术博物馆的“这片土地的音乐体验”项目获得了语音导和播客类的金奖,台北自然科学博物馆的“探索和学习组”项目获得了该类的铜奖;芝加哥科学与工业博物馆的“芝加哥未来的能源”项目获得了游戏和增强现实类的金奖;纽约植物园的“野生药材”项目获得了手机应用类金奖;美国新墨西哥州的自然历史和科学博物馆的“星星的殿堂”项目获得了解说互动装置类金奖。[①]

2. 博物馆计算机网络(Museum Computer Network,MCN)

MCN 于 1967 年在纽约成立,[②]核心目的是通过支持使用数字技术改变博物馆信息的组织、管理和传播方式以及观众教育方式的专业人员,以促进

---

① American Alliance of Museums. Media & Technology Network. [2014-04-02]. http://aam-us. org/resources/professional-networks/media-technology.

② Museum Computer Network. [2014-04-02]. http://www.mcn.edu/.

创新和追求卓越项目。该组织的网站提供会员咨询、会员申请和加入等信息，提供博物馆各种资源等。网站专门设有电子邮件讨论群，进行会议、活动等消息的发布，为会员提供咨询服务，定期发送技术文章和相关报告。在每年举办的会议上，该组织通过研讨会、专题报告会以及现场演示等形式探讨博物馆最新的技术发展。此外，它还下设以不同议题进行划分的各种兴趣组，包括数字媒体、元数据标准、藏品管理、网站开发和信息技术等。

3.国际博物馆协会的视听、影像与声音新技术国际委员会（Audiovisual and Image and Sound New Technologies Committee，AVICOM）

AVICOM 成立于 1991 年 6 月①，其任务在于：（1）帮助博物馆及博物馆专业人员了解到在教育、信息、推广和商业活动方面，使用视听内容和新技术所带来的潜力；（2）建议视听技术被列入设备、操作和活动经费中；（3）研究关于图像、声音、视听资源（电影和视频）和多媒体等的法律和财务框架；（4）对藏品、技术、产品、数据库等进行调查；（5）探索针对所有视听资源的保护方法；（6）鼓励建立交流网络，并开展关于如何使用视听技术的研究。目前，该委员会的会员主要有博物馆的馆长、与视听多媒体内容或技术使用相关的博物馆工作人员和其他机构的人员等。此外，委员会每年举办国际文化遗产视听与多媒体艺术节（International Audiovisual Festival on Museums and Heritage，FIAMP），主要评选和奖励围绕博物馆藏品及各项活动而借助图像、声音和视频等技术开发的各种作品。作品形式上分为两大类：影音作品和多媒体作品。其中第二类主要包括互动媒体和网站等。2010 年的艺术节在上海举办，苏州博物馆的影音作品"苏州博物馆的新建筑"获得特奖，故宫博物院网站获得网站类金奖，中国数字科技馆的在线项目"中国古代桥梁博物馆"获得在线展示类金奖。

4.美国博物馆和图书馆服务研究所（Institute of Museum and Library Services，IMLS）②

IMLS 是一个独立机构，通过资助美国国内的博物馆与图书馆，培育具有开创性的终身学习计划，同时鼓励图书馆和博物馆在公众获取文化遗产知

---

① Audiovisual and Image and Sound New Technologies Committee. [2014-04-02]. http://network. icom. museum/avicom/.

② Institute of Museum and Library Services. [2014-04-02]. http://www. imls. gov/.

识和终身学习方面的创新发展。每年举办的 WebWise 会议目的在于推出杰出的数字化项目,并讨论数字化保存、展示及商业模型等议题。参会者可在网络上浏览提交的展示成果。

5.博客 Musematic①

由博物馆计算机网络和媒体与技术委员会共同建立,主要是讨论博物馆信息学和技术领域的最新话题和进展,分为数字媒体、评估、协作、教育、信息管理、移动解说和研究等类别。

6.档案和博物馆信息(Archives and Museum Informatics)咨询公司②

该公司承担文化遗产领域,特别是博物馆方面的信息咨询和教育培训活动,主办国际文化遗产信息学会议,探讨数字资源的管理、观众是如何在网上学习等内容。此外,每年举办的博物馆和网站(Museums and the Web,MW)会议③主要针对博物馆、艺术馆以及档案图书馆等的网站建设、维护和使用展开讨论,并组织和评选优秀网站作品。以"博物馆网站使用者"的视角对博物馆网站的各项内容和服务进行评选,主要分为在线展览、教育、研究、在线交流或服务、创新或实验等。

7.加拿大遗产信息网络(Canadian Heritage Information Network,CHIN)

CHIN 是加拿大文化遗产部下属的一个机构④,主要致力于加拿大文化遗产的信息化工作,不仅提供数字化资源,也为文化遗产机构提供专业化的技术服务和信息咨询服务,帮助他们实施数字化工作、加强资源管理、开展网络传播、创建资源共享等。其中,博物馆是最重要的服务对象。机构主要帮助博物馆解决藏品的数字化、藏品信息组织和管理、藏品的数字化展览展示和虚拟博物馆建设等。此外,还帮助各博物馆进行网络升级,改善博物馆网络资源的利用,建立线上联盟等。同时为了帮助博物馆自身的发展,机构还特别举办有关信息、数字化和网络等方面的讨论会和培训等,并提供免费教

---

① Media and Technology Committee, Archives and Museum Informatics. [2014-04-08]. http://www.musematic.net.

② Archives and Museum Informatics. [2014-04-10]. http://www.archimuse.com/.

③ Archives & Museum Informatics. [2014-04-01]. http://www.museumsandtheweb.com/conferences/.

④ Canadian Heritage Information Network. [2014-03-30]. http://www.rcip-chin.gc.ca/.

学资源。机构的网站上，提供了各种资源信息，包括机构介绍、历史、每年的会议及研讨会和博物馆学习资源等，同时还提供了一个进入"加拿大虚拟博物馆"(Virtual Museum of Canada)的链接。

8.欧洲文化遗产网络(European Cultural Heritage Network，ECHN)①

ECHN 于 2002 年由德国发起建立，致力于推进欧洲文化遗产的数字化进程。其目标在于连接各研究机构，为各图书馆、档案馆、博物馆、其他文化机构及学术研究机构的工作寻找合作伙伴，加强各机构间的通信和信息化，在更广泛的领域传播知识和推送优秀案例，构建起"研究世界"和"学习世界"之间的桥梁。网站上提供了关于提升研究、支持通信、传播信息和增强公众意识等方面的帮助。

9.中国博物馆协会数字化专业委员会

该委员会于 2003 年 11 月 28 日在北京成立②，拟定了"中国博物馆协会数字化专业委员会章程"。它是中国博物馆学会下的二级学术团体，其宗旨是：团结和动员博物馆工作者以及一切热心博物馆事业的社会力量，倡导创新、求实、协作的精神，努力推动博物馆的数字化建设。其主要任务是：(1)组织研究博物馆数字化的发展战略与标准规范，为博物馆数字化建设提供咨询服务，为政府的规划与决策提出建议；(2)开展博物馆数字化的理论与工程实践的研究、探讨和交流，评测、介绍与推广博物馆数字化科研成果、产品与技术；(3)组织学术研究，开展国内外交流，编辑、出版博物馆数字化学术论著与资料，促进学科发展；(4)承担文物行政部门和文物、博物馆单位委托的有关数字化工作的任务；(5)开展对会员和博物馆工作者的继续教育和培训工作，普及博物馆数字化基本知识，表彰、奖励在博物馆数字化工作中取得优秀成绩的会员和博物馆工作者。

第三节　博物馆专业人才培养应对策略研究

将信息和网络等相关概念和技术放到博物馆专业人才的培养内容中是

---

① European Cultural Heritage Network. [2014-04-10]. http://db. re. fh-koeln. de/.
② 中国博物馆协会博物馆数字化专业委员会. [2014-04-10]. http://www. digitalmuseum. org. cn/.

非常重要的,因为它不仅会影响专业人才的适应性,而且还会影响博物馆未来的生存。虽然20世纪90年代博物馆已经开始出现专门从事博物馆信息学的专业人员,他们掌握计算机技术、多媒体技术和网络技术等,能够组织、管理和利用博物馆中的信息资源,但实际人员数量并不多,远远不及博物馆的实际需求。因此,博物馆专业人才的培养开始了自身的调整。一些大学专门设置了博物馆信息学相关的课程,用以培养这方面的人才。如美国加州大学洛杉矶分校的信息研究系开设的博物馆信息学课程,主要讲解博物馆的信息组织和检索、博物馆事务处理的信息需求和参观者的信息需求。弗洛里达州立大学博物馆学专业专门为研究生开设了博物馆信息学课程,主要讲授技术革新如何影响博物馆、博物馆中的信息技术的本质是什么、现代信息系统如何塑造博物馆环境等。[①] 伊利诺伊大学厄巴纳—香槟分校也开设了博物馆信息学课程[②],主要讲解博物馆信息的组织、获取,探寻信息技术和博物馆之间的关系,具体内容涉及信息存储和管理系统、数据共享、数字版权、虚拟博物馆、交互展示等。加利福尼亚大学的教育和信息研究研究生院在信息研究专业设有博物馆信息学课程,主要讲解博物馆中工作人员和参观者的信息需求和行为、对藏品进行登记和建档的理论和技术、组织和管理藏品记录方法以及创建数据库的理论和方法。哈佛进修学校在博物馆学专业中开设了一门"用技术支撑非营利性任务"(Using Technology to Support the Nonprofit Mission)的课程[③],主要讲解博物馆信息系统,基于任务的数据库和网站的使用,社交媒体如何应用于宣传、教育和处理博物馆与公众的关系等。印第安纳大学与普渡大学印第安纳波里斯联合分校博物馆专业的本科生课程专门讲授视觉通信、藏品的信息管理、网络的传播应用等。[④] 我国复旦大学的文物与博物馆学系在博物馆方向的专业教学中加入了博物馆信息化、信息博物馆学研究等课程,主要讲解博物馆信息的特点、信息的管理以及

---

① Paul F. Marty. LIS 5590: Museum Informatics. ［2014-04-12］. http://marty.ci.fsu.edu/lis5590/.

② Richard J. Urban, PhD. LIS490MUL Museum Informatics (UIUC). ［2014-04-23］. http://chi.cci.fsu.edu/person/rurban/teaching/lis490mul-museum-informatics/.

③ Harvard Extension School. MUSE E-130/W Using Technology to Support the Nonprofit Mission. ［2014-04-23］. http://www.extension.harvard.edu/courses/using-technology-support-nonprofit-mission.

④ IUPUI. Museum Studies @ IUPUI. ［2014-04-23］. http://liberalarts.iupui.edu/mstd/.

利用等相关问题。浙江大学的文物与博物馆学系在博物馆方向的专业教学中加入了数字博物馆、文化遗产的数字化专题研究等课程，主要讲解数字博物馆的概念、信息管理特点、建设内容和相关技术，以及文化遗产数字化的保护、传播和利用等。一些教学资源相对紧张的博物馆学专业，对于人才的培养也开始考虑加入技术学习的内容，在博物馆学理论与实务研究的教学外提供了1～2门与技术相关的课程，以帮助学生掌握一些与信息组织、管理和网络开发等相关的技术。这些课程的实施往往通过学生选修计算机专业和信息管理专业等的相关课程来实现，如博物馆专业的学生可以选一门计算机科学系的网络课程来了解网络的理论知识和应用技术，以服务于博物馆的网络建设。一些博物馆学教育项目与校外的技术培训公司建立合作关系，让学生加入工作团队学习数据库技术、多媒体技术和网络技术等，并从中获得实践经验。以上跨系课程学习和与公司进行合作培养的模式都是良好的开端，能够为学生提供日常学习难以顾及的技能培养。然而，在这样的情形下，仍有一些问题值得考虑，如博物馆实际运营中出现的问题是否已经包含到了培训课程中、博物馆专业的学生是否可以从别的学科中扩展对博物馆外延的理解等。

因新技术、新媒体的涌入，博物馆的经营管理模式以及具体的事务都在朝更加精细化、更加专业化的方向发展。博物馆工作人员需要不断完善和调整自己的知识结构和实用技能才能适应博物馆发展中的变化，持续关注博物馆与科技、信息管理、网络和移动媒体等方面的话题。传统的集中完成博物馆学的专业学习后，继而开始从事博物馆的具体事务不再进行继续深造学习的方式已经不能满足这些需求。需要教育和培训机构为博物馆在职人员以及博物馆专业的学生提供终身学习的平台：在内容和形式上应该结合博物馆现行发展或未来发展情况、资源配置情况、实际馆内外需求等来制订和安排，在具体实现上需要聚合长期学习和短期学习、馆内学习和馆外学习、线下学习和线上学习、个体学习和集体学习等多种形式。一些培训机构正在增加教师的数量以拓展对博物馆在职人员或相关领域人员的培训，主要通过聘请机构外的专家、学者进行课程讲解。其他一些培训项目也开始将远程教育加入到培训体系中，利用网络扩大受教育面，利用网络视频会议组织师生交流和讨论。这种直接将网络技术引入到学习环境的学习模式不仅整合了学习资源,同时也为博物馆专业培训人员提供了共同合作的平台。除通过教育和培训来培养博物馆专业人才外,许多机构还为学习者,特别是在校学生或刚毕业的学生提供了实践机会。一方面鼓励他们利用现有的技术和手段实践自己的想法,另一方面这些机构与当地的博物馆合作,让学习者进馆实习,在博物馆工作人员的指导下直接接触博物馆的具体业务。学习者通过参与一些具体事务的处理,能够了解到第一手资料,有理论知识层面的内容,也有实用技术层面的内容。这种场馆内的实习,可以让学习者充分掌握现实需求状况,明确其中所需的知识和技能,使得学习针对性更强。

作为美国博物馆和研究机构的联合组织,史密森学会提供了博物馆专业人才培养的相关资料,包括美国本土学位培养的学校信息、国际教育项目和培训指南等,此外它还提供了博物馆学的参考书目和与博物馆相关的一些机构信息等。史密森学会每年还特意推出以 G. Brown Goode[①] 命名的史密森教育系列讲座,围绕特定的主题展开,如 2010 年的讲座主题是"Web 2.0 如何改变博物馆工作的实质"[②]和"公众科学"[③]。

2010 年 11 月 12 日,国际博协第 22 次全体会议通过《关于建立国际博物馆协会国际博物馆培训中心的决议》,即在中国建立国际博物馆协会国际博物馆培训中心(International Council of Museums-International Training Centre for Museum Studies,ICOM-ITC)[④]。2013 年 1 月,中国博物馆协会与故宫博物院签署国际博物馆协会国际博物馆培训中心委托合作框架协议,由故宫博物院负责培训中心的具体运行和管理。国际博物馆培训中心的目标是:研究并集合世界不同地区关于博物馆发展研究的学术动态;促进不同文化及区域博物馆情境中参与社区文化事务的模式;基于区域及国际合作促成

---

　　① George Brown Goode(1851—1896 年),最早提倡博物馆教育精神、并对博物馆界带来重大影响的美国学者。在 19 世纪末就曾提出"博物馆是大众教育的重要机构"。他呼吁改变传统的博物馆定位,提出"传统的博物馆应该被摒弃,必须从收纳古董的墓场,重组、转型成孕育思想的苗圃"。当代欧美国家的众多博物馆已向激发公众学习兴趣、引导公众热爱学习等方面进行角色转换,纷纷设立了公众教育部门。

　　② Smithsonian. How WEB 2.0 Is Changing the Nature of Museum Work. [2014-05-02]. http://museumstudies. si. edu/webcast_052110. html.

　　③ Smithsonian. "Citizen Science. [2014-05-02]. http://museumstudies. si. edu/webcast_091510. html.

　　④ ICOM International Training Centre for Museum Studies. [2014-05-19]. http://icom. museum/activities/icom-international-training-centre-for-museum-studies/.

能力建设项目,在推进博物馆现代化及专业化的过程中发挥作用;促使所有国际博物馆协会会员,特别是来自低经济指标国家的会员能够参与所有项目活动。[①] ICOM-ITC 每年举办春、秋两季培训班。2013 年秋季班和 2014 年春季班的培训主题分别是"博物馆管理"和"博物馆藏品",共招收了国内外学员 62 名,授课专家是来自中国、德国、荷兰、瑞士、日本、加拿大、南非、澳大利亚等地的博物馆专家。[②] 2014 年秋季班的培训主题是"博物馆教育与观众学习",共有 21 个国家的 36 名博物馆教育工作者参加。三期培训都收到了很好的效果,专家与学员相互交流,共同探讨博物馆当前发展状况及未来发展方向,为学员更好地开展工作提供了宝贵经验。

名词解析

• 原子吸收光谱分析法:是基于气态的基态原子外层电子对紫外光和可见光范围的相对应原子共振辐射线的吸收强度来定量被测元素含量的分析方法。适用于金属、陶瓷、玻璃等无机质地藏品试样的分析。

• X 射线荧光分析法:又称 X 射线次级发射光谱分析法,利用原级 X 射线光子或其他微观粒子激发待测物质中的原子,使之产生次级的特征 X 射线(X 光荧光)而进行物质成分分析和化学态研究的方法。目前它只能对物体表面 20 微米进行浅层分析,如瓷釉元素含量的测定、青铜器锈层元素成份的测定。

• X 射线衍射分析法:是利用晶体形成的 X 射线衍射,对物质进行内部原子在空间分布状况的结构分析方法。X 射线衍射分析是测定物质结构的重要方法,对金属、陶瓷等藏品和无机颜料结构的确定有效,能准确、快速地区分矿物和非晶物质。

• 电子显微微区分析:又称电子探针,用聚焦的电子流集中激发样品 1 微米大小的区域,引起原子激发并发射出 X 射线,通过对 X 射线波长和强度的定量测定,可获得物质化学成分的结果。此法可适用于陶器、石器和金属等的表层分析。

---

① 单霁翔.博物馆科学技术能力建设的实践与探索.南方文物,2013(2):8.

② 中国博物馆协会网站.关于举办国际博协培训中心 2014 年秋季培训班的通知. http://www. chinamuseum. org. cn/a/xichuigonggao/20140815/5460. html. [2014-11-10].

　　• 放射性碳素测定法：利用死亡生物体中碳-14 不断衰变的原理进行断代的技术，主要用于测定藏品中木器、竹器、牙骨、贝壳、纸张、纺织品、生物标本等含碳有机物的年代。一般适用范围在 5 万年以内。

　　• 国际博物馆协会人员培训委员会（International Council of Museums-International Committee for the Training of Personnel，ICOM-ICTOP）：1969年成立，目的在于为所有工作在博物馆和相关领域的人员及学生提供各种教育和培训，使其达到合适的标准。自成立以来，其已经为博物馆界的人员发展和机构建设方面提供了许多帮助。

第五章

数字博物馆体系结构研究

    博物馆是一个信息综合体，而数字博物馆则是一个庞大的信息系统，对于博物馆实施公众教育的职能，主要体现在如何利用信息系统为公众提供好服务。因此，作为信息系统的数字博物馆，不仅需要组织和管理信息、进行信息展示和宣传，还需要充分利用信息资源，为满足公众需求提供多样化的服务。然而对于信息系统而言，其总体描述由系统体系结构来实现，主要反映信息系统的要素、构成及相关关系。系统体系结构是否合理将直接影响系统功能的实现情况。因此对于数字博物馆这个信息系统的体系结构研究，将具有非常重要的现实意义，它是数字博物馆建设的一个关键环节。体系结构的适合与否直接关系到数字博物馆整体功能的发挥，换言之，其将直接影响到数字博物馆的藏品资源管理、组织、展示和宣传教育等各环节性能。

    对于系统体系结构的深刻理解，需要回溯到"体系结构"一词。"体系结构"主要指组件和组件之间的联系，1964 年由 G. Amdahl 首次提出，特别用来对计算机系统的整体结构（数据和控制的逻辑）进行分析和描述。随着时代的发展，体系结构一词的内涵和外延也得到了极大地丰富。如与网络技术密切结合，出现了网络体系结构，主要指通信系统的整体设计，为网络硬件、软件、协议、存取控制和拓扑提供标准；与各类软件系统等密切结合，出现了系统体系结构，主要用于描述系统内各模块及模块之间的关系。随着信息系统的飞速发展和不断扩充，体系结构的复杂度日益提升，其重要性越来越突显出来。根据信息系统开发的目的和作用以及使用范围不同，需要采用不同的体系结构加以支撑。

第一节 基本体系结构

总体而言,信息系统的基本体系结构主要分为以下几种模式:

1. 集中式

集中式体系结构,主要是指"计算"在一个大型的中央系统进行集中处理,客户机作为终端,只有输入输出功能,数据全部存储在中央系统,由数据库管理系统进行管理,所有任务都在主机上进行处理。集中式数据存储的主要特点是把所有数据保存在一个地方,不同用户之间的数据不能交换和共享。这样的系统包括个人计算机系统,也包括运行在大型主机上的高性能系统。对于后者,所有的软件和数据都安装在主机上,用户可以通过终端来使用系统资源。由于其简单直观、易于管理、机器利用率高,因而在计算机发展初期得到了广泛的应用。该结构的主要问题是,为了能满足多用户的需求,主机必须具有很高的性能和先进的配置,于是系统整体价格昂贵、结构封闭,不利于升级换代及灵活配置;对于并发性多进程的管理,算法复杂棘手,不易达到最优化,甚至还可能造成系统死锁;系统可靠性、容错性令人担忧,一旦主机出现故障,整个信息系统就会瘫痪,严重影响所有依赖于主机的工作。早期博物馆中只用计算机对藏品进行登记和存储的系统就属于这一类型,面向的用户单一,只有藏品管理员和藏品登记人员。系统只在一个部门的一台计算机上运行。

2. 文件服务器模式

文件服务器模式主要面向数据共享,通过局域网将不同的计算机与文件服务器相连而形成的一种结构。其中不同的计算机是工作站,主要负责具体的应用处理和数据处理。文件服务器主要存储用于共享的文件,负责向各工作站提供文件服务,如打印服务和电子邮件服务等。文件服务器可以是一台通用计算机,也可以是一台专门提供文件服务的专用计算机。文件服务器具有分时系统文件管理的全部功能,可对网络用户的访问进行并发控制,并采取一定的保密措施。文件服务器模式存在的问题是:工作站受到文件服务器的制约,由于所有共享数据都存储在文件服务器上,不仅增加了网络传输的负担,而且文件服务器无形之中成为了整个系统的瓶颈,当数据量、用户数增加时,性能就会严重下降,难以有效地平衡工作站与服务器的负荷。博物馆在信息化建设之初,由于技术和设备的限制,会使用文件服务器模式提供博物馆内部的文件共享服务、文件打印服务和电子邮件服务等,以方便开展博物馆的日常办公业务。

3.客户/服务器模式(Client/Server,C/S)

客户/服务器模式有客户机和服务器两端之分。对于应用程序的处理和数据的处理由客户机和服务器共同完成,降低了系统的通信开销。将一个应用程序分成若干个部分,由客户机和服务器分别执行、协同工作。通常在服务器上配置的是一个数据库系统,如 ORACLE、SQL Sever。由客户机负责向服务器发出"应用或数据请求",由服务器根据请求的内容,完成应用处理和数据操纵,然后将处理结果返回给客户机。客户/服务器使整个系统的结构便宜且简单,系统的计算能力分散但并不减弱,既充分利用了资源,又减少了系统的冲突和开销,是基于网络的分布式应用的初级模式。网络的主要作用是通信和资源共享且在分布式应用中用来支持应用进程的协同工作,其主要目的是获得较高的性能和较强的容错能力。在这个模式中,客户机主要是由用户直接使用的本地计算机来充当的,安装特定的客户端软件,其软件的特点是:在需要对服务器进行访问时,能够主动发出请求,并能接受从服务器端返回的结果;能在本地计算机上运行返回结果,或对返回结果进行再计算。而服务器是由专门用来提供服务的高档计算机来充当的,需要安装服务端软件,其软件特点是:能够同时处理多客户的请求,能够随时与任意一个客户端进行自动通信。

客户/服务器模式存在的问题是,对于多地的"实时"数据同步,需要建立多地间的实时通信连接,保证数据库服务器在线运行;网络管理人员要同时维护和管理服务器和多地的客户端,需要更多的资金以及更高的技术水平来维持。其次,在特定的应用中无论是客户端还是服务器端,都需要特定的软件支持。由于没能提供用户真正期望的开放环境,需要针对不同的操作系统开发不同版本的软件,加之产品更新换代的速度非常快,所以不太适用大规模用户同时使用,成本代价高。然而对于各中小型博物馆而言,其信息系统主要面向于本馆自身的业务应用和服务,所以暂不存在"多地"的问题。此外,博物馆内部的操作系统相对统一,不需要花费精力解决版本差异的问题。

因此,在相对简单、统一的环境下,客户/服务器模式是许多博物馆的理想选择,通常将藏品数据存储在服务器端,操作的用户界面在客户端。比如博物馆文物病害人机交互系统,可对典型文物病害的演变进行监控。客户端对文物图像进行采集传输到服务端,服务端通过机器学习算法和图像分析算法精准获取和分析病害的表观形貌特征,及时发现和准确度量文物病害的演变状况,并把预警信息发送到客户端,客户端将信息提供给文物保护人员。

4. 浏览器/服务器模式(Browser/Server,B/S)

随着互联网技术的兴起和发展,人们对于数据的共享不再局限于局域网范围内,希望能够在更广范围甚至世界范围内进行。浏览器/服务器模式正是顺应这样的需求而产生的,它是对客户/服务器模式进一步改进、升级的结果。这种模式统一了客户端,将系统功能实现的核心部分集中到服务器上,简化了系统的开发、维护和使用。在这种模式下,客户端只需要安装一个浏览器(Browser)如 Internet Explorer、Chrome 和 Firefox 等,服务器端需要安装一个数据库软件如 Oracle 和 SQL Server 等。客户端的浏览器通过 URL 访问 Web 服务器,Web 服务器请求数据库服务器,并将获得的结果以HTML 形式返回客户端浏览器。一般可以将这个模式分为三层:数据层、处理层和表示层。其中,数据层主要是指数据库服务器,承担数据处理需求,主要接受 Web 服务器发来的数据操作请求,并对请求内容进行相应的处理,如对数据进行查询、统计、增加、删除或修改等,将数据处理的结果再返给 Web 服务器。处理层主要是指 Web 服务器,主要承担具体业务处理逻辑,并对页面进行存储和管理。它接收来自客户浏览器的任务请求,并针对请求实现相应的业务处理,如果是与数据相关的内容,则进一步向数据库服务器发出请求。表示层主要是指浏览器,主要以 HTML 的格式对结果进行显示或者接受用户的请求,没有任何业务处理能力。浏览器/服务器模式最大的优点就是用户可以在任何地方进行操作而不用安装任何专门的软件,只要有一台能上网的电脑就能使用,客户端零维护。在此模式下,由于所有的客户端都是浏览器,所以无论用户的规模有多大,都不会增加系统管理员的负担,他只需要管理服务器就行。对于异地情况,只需要把服务器连接到专用网络中从而实现远程管理和维护。这样的发展模式,使软件升级和系统维护变得简单而容易,不会受到规模大小的影响,节省了人力、物力和财力。但该模式的潜在问题也正与它的优势相关,由于所有的处理事务全部由服务器来承担,因此一旦服务器出现问题,将会对整个系统带来致命的影响,所以保障服务器的安全性、稳定性是至关重要的任务。

通常从以下方面对浏览器/服务器模式(B/S)与客户/服务器模式(C/S)进行比较。

(1)网络基础方面:C/S 在局域网环境下效率更高,但当置于互联网环境中时,容易被防火墙等阻隔而无法工作。相比之下,B/S 在互联网环境下更有优势,不容易被阻断。

(2)软、硬件环境方面:C/S 一般建立在专用网络上,局域网之间再通过专门服务器提供连接和数据交换服务,客户端和服务器端都需要安装专门的软件,受到操作系统的影响而不同;B/S 建立在广域网之上,不需要专门的网络硬件环境,只需要安装操作系统和浏览器而不需要其他特定软件,但是在安全性上存在隐患。

(3)安全要求方面:C/S 一般面向固定用户群,对信息安全的控制能力很强;B/S 建立在广域网之上,面向未知的用户群,对安全的控制能力相对较弱。

(4)程序架构方面:C/S 程序更加注重流程,对权限进行多层次校验;B/S 对安全以及访问速度的多重考虑,建立在需要更加优化的基础之上。SUN 和 IBM 推的 JavaBean 构件技术等,使 B/S 更加成熟。

(5)软件重用方面:C/S 程序有整体性考虑,构件的重用性不如在 B/S 要求下的构件的重用性好;B/S 要求构件具有相对独立的功能,对构件重用较好。

(6)系统维护方面:C/S 必须整体考察,对于问题处理和系统升级较难;B/S 构件相对独立、模块功能划分明确,客户端基本是零维护,因此系统维护开销较小。

(7)处理需求方面:C/S 面向的用户群固定,只能处理在相同区域,安全要求高的需求;B/S 建立在广域网上,可面向不同的用户群,能处理不同区域的、无特定安全要求的需求。

(8)用户接口方面:C/S 多建立在 Window 平台上;B/S 建立在浏览器上。

随着博物馆与外界联系的不断加强,互联网接入成为许多博物馆的必然选择,因此越来越多的博物馆开始采用浏览器/服务器模式以应对互联网环境下的各种需求。此外,20世纪90年代数字博物馆的产生,也使得更多的博物馆开始采用此模式以建立和完善自身数字博物馆的建设。

第二节　分布式结构

分布式是指将业务处理部署在不同机器或平台上,这些机器或平台通过网络连接进行共同工作。这样的结构模式就属于分布式结构。客户/服务器模式是一种简化版的分布式结构,浏览器/服务器模式则属于一种典型的分布式结构。随着信息量的增加信息的分布也越多,数字博物馆的建设必须考虑分布式环境下的信息利用与共享问题。计算机界对于分布式结构的研究不断成熟和深入,主要通过中间件(Middle ware)来屏蔽网络硬件平台的差异性和操作系统与网络协议的异构性,使应用软件能够顺利运行在不同平台上,从而顺利解决分布式环境下的信息资源的通信和处理等问题。中间件是一种独立的系统软件或服务程序,分布式应用软件借助这种软件在不同的技术之间共享资源。中间件位于客户/服务器的操作系统之上,管理计算资源和网络通信,是客户机和服务器进行交互的中介。中间件在使用时,往往是一组中间件集成在一起,构成一个平台(如图5-1所示)。

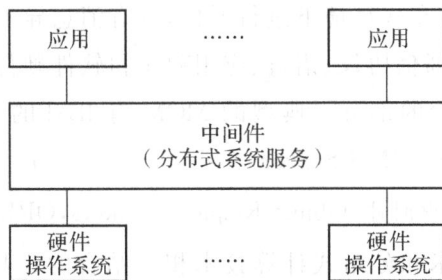

图 5-1　分布式结构示意图

在中间件的作用下,客户机与一个抽象的服务器进行交互,而不需要了解所需服务提供的位置、同步、数据格式转换、传输等实现细节问题。中间件是实现分布式系统位置独立、平台独立和编程语言独立的有力保障,它能够在负载平衡、连接管理和调度方面发挥很大的作用,使应用的性能大幅提升。

中间件软件已经与操作系统、数据库并列为三大基础软件。中间件所包括的范围十分广泛，针对不同的应用需求涌现出多种各具特色的中间件。但至今中间件还没有一个比较精确的定义，因此，在不同的角度或不同的层次上，对其分类也会有所不同。比较典型的中间件类型有远程过程调用中间件、面向消息的中间件、对象请求代理中间件、数据访问中间件和事物处理中间件。

1. 远程过程调用中间件（Remote Procedure Call，RPC）

RPC 是一种广泛使用的分布式应用程序处理方法。一个应用程序使用RPC 来"远程"执行一个位于不同地址空间的过程，从效果上看和执行本地调用相同。事实上，一个 RPC 应用分为两个部分：服务器和客户机。服务器提供一个或多个远程过程；客户机向服务器发出远程调用请求。服务器和客户机可以位于同一台计算机，也可以位于不同的计算机，甚至可以运行在不同的操作系统之上。客户机和服务器之间的网络通信和数据转换通过代理程序（Stub 与 Skeleton）完成，从而屏蔽了不同的操作系统和网络协议。RPC为客户机/服务器的分布计算提供了有力的支持。

2. 面向消息的中间件（Message-oriented Middleware，MOM）

MOM 利用高效可靠的消息传递机制进行独立于平台的数据交流，可基于数据通信与分布式系统进行集成。简单意义上讲其功能是将信息以消息的形式，从一个应用程序传送到另一个或多个应用程序。主要借助消息传递和消息排队模型在分布式环境下进行通信，具有消息异步接收和消息可靠接收的特点，支持多种通信协议、语言、应用程序和软件硬件平台。它是中间件产品中唯一不可缺少的部分。典型的 MOM 有 IBM 的 MQSeries、Oracle 的AQ、BEA 的 WebLogic JMS Server。

3. 对象请求代理中间件（Object Request Brokers，ORB）

ORB 是对象技术和分布式计算技术相互结合的产物，它提供了一个通信框架，可以在异构分布计算环境中透明地传递对象请求。它定义了异构环境下对象透明地发送请求和接收响应的基本机制，是建立对象之间客户机/服务器关系的中间件。ORB 使得对象可以透明地向其他对象发出请求或接受其他对象的响应，这些对象可以位于本地机器也可以位于远程机器。ORB拦截请求调用，并负责找到可以实现请求的对象、传送参数、调用相应的方法、返回结果等。客户对象并不知道服务器对象通信、激活或存储的机制，也不必知道服务器对象位于何处、使用何种语言实现、使用什么操作系统或其他不属于对象接口的系统组成部分。根据实际场合,ORB 上的对象可以是客户机,也可以是服务器,甚至两种角色都充当。当它发出一个请求时,它处于客户机角色;当它在接收请求时,它就处于服务器角色。大部分的对象都是既扮演客户机又扮演服务器。此外,值得注意的是,由于是 ORB 负责对象请求的传送和服务器的管理,客户机和服务器并不直接相连,因此 ORB 可以支持更加复杂的结构。典型产品有 OMG 的 CORBA、Microsoft 的 COM、IBM 的 SOM 和 Sun 的 RMI 等。

4. 数据访问中间件(Database Access Middleware,DAM)

DAM 主要连接应用程序和数据库,此中间件允许用户通过定义好的API[①]访问另一台计算机上的资源。它的使用解决了异质平台、异质环境、异质数据库的统一方位、统一存取问题。典型的例子是开放数据库互联(Open Database Connectivity,ODBC)。只需要在 ODBC 中添加一个数据源,就可以直接在应用程序中使用,不需要知道数据库的实现细节。

5. 事务处理中间件(Transaction Processing Monitor,TPM)

TPM 最开始被用在大型机上,提供支持大规模事务处理的运行环境。随着分布式计算的发展,中间件为了保证分布式应用的速度和可靠性,有了进一步发展。总体而言,它位于客户机和服务器之间,进行事务管理与协调、负载平衡、失败恢复等,以提高系统的整体性能。它相当于事务处理应用程序的操作系统,主要进行进程管理,如启动 server 进程和为其分配任务等;进行事务管理,如保障事务处理的一致性、独立性和持久性等;进行通信管理,如为客户机和服务器提供请求响应、会话、排队和广播等。典型产品如 BEA 的 Tuxedo。

第三节　面向服务的体系结构

面向服务的体系结构(Service-oriented Architecture,SOA)于 1996 年由 Gartner Group 第一次明确提出,这在当时只是一个美好的愿景。然而随着

---

① API 全名 Applicatton Programming Interface,指应用程序编程接口。

Web 技术和 Web Service 技术的逐渐发展成熟，SOA 开始受到更多研究人员的关注以及专业厂商的支持，得到了逐步的发展和成熟，已经成为主流方向之一。SOA 是互联网环境下一种新型的软件系统架构，其核心是一个由若干个 Web 服务组成的构件，它首先将各种应用程序的不同功能单元定义为服务，这些服务使用预先定义好的接口和契约进行沟通。接口的定义独立于实现服务的硬件平台、操作系统和编程语言，从而保证了构建在不同系统上的服务可以以统一、通用的方式进行交互。此外，事先定义好的各个基本服务还可以进一步组合，形成新的功能和服务，并可按照业务流程建立规则来构架和生成相应的业务处理系统。SOA 的最终目标是在 SOI（Service Oriented Integrate，面向服务集成）领域实现跨系统、跨平台的企业应用及业务的整合。SOA 的基本元素是服务，SOA 会指定服务提供者、服务消费者、服务注册表、服务条款、服务代理和服务契约等来说明如何提供和使用服务。SOA 是一种粗粒度、松耦合的服务架构，主要有以下几个特征：

（1）服务的封装（Encapsulation）：将服务封装成用于业务流程的可重用组件的应用程序函数。它提供信息或简化业务数据从一个有效的、一致的状态向另一个状态的转变，封装、隐藏了复杂性。

（2）服务的重用（Reuse）：服务可以用于不同的上下文中，独立于底层实现。

（3）服务的互操作（Interoperability）：服务之间通过既定的通信协议进行互操作。

（4）服务是自治的（Autonomous）功能实体：服务是由组件组成的组合模块，是自包含和模块化的。

（5）服务之间松耦合（Loosly Coupled）：服务请求者到服务提供者的绑定与服务之间是松耦合的。即服务请求者不知道提供者实现的技术细节，比如程序设计语言、部署平台。服务请求者往往通过消息调用操作请求消息和响应，而不是通过使用 API 等。

（6）服务位置透明（Location Transparency）：服务的消费者不必关心服务位于什么地方。也就是说，用户完全不必知道响应自己需求的服务的位置，甚至不必知道具体是哪个服务参与了响应。

SOA 的主要操作对象：

(1)服务提供者：主要是发布自己的服务，是一个可寻址的服务实体，在注册中心注册，接收请求者的请求，请求者可以在注册中心查找相应服务并绑定使用。

(2)服务请求者：主要是请求服务并调用绑定服务。请求者主要有应用程序、程序模块或者是另外一个服务。服务请求者先对注册中心提供的各种服务进行查询，并根据各种条件选择相应服务，随后绑定该服务，使用该服务提供的功能。

(3)服务注册中心：主要是注册已经发布的服务，对其进行分类，并提供检索服务。所有发布的服务都在此描述和注册，注册中心的每个服务是可寻址的，且都有相应的接口。服务提供者向注册中心发布服务相关描述，服务请求者从服务注册中心获得相关描述，并进行绑定和使用。

根据三位主要操作者的责任和义务，SOA 的操作主要分为发布操作、查找操作和绑定操作。发布操作主要是发布服务的描述，以使请求使用者可以发现它；查找操作即对服务注册中心进行查询，以期定位到满足需求的服务；绑定操作发生在定位服务之后，服务使用者根据服务描述的信息来调用服务。

广义上讲，实现 SOA 的技术有多种，如 COM、CORBA 和 Web 服务等，然而使用最为广泛的还是 Web 服务技术。Web 服务是一个平台独立的、低耦合的、自包含的、基于可编程的 Web 的应用程序，可使用开放的 XML(标准通用标记语言下的一个子集)标准来描述、发布、发现、协调和配置这些应用程序，用于开发分布式的互操作的应用程序。Web 服务采用了 SOA 的体系结构，也是通过服务提供者、服务请求者和服务注册中心等实现实体之间的通信来完成服务调用。Web 服务基于开放式的 Internet 标准，主要依赖的协议有：XML、SOAP、WSDL 和 UDDI 等。

(1)XML(Extensible Markup Language,XML)：为可扩展的文本标记的描述语言，用来标记数据、定义数据类型，是一种允许用户对自己的标记语言进行定义的源语言。XML 文档定义方式有：文档类型定义(DTD)和 XML Schema。DTD 定义了文档的整体结构以及文档的语法，应用广泛并有丰富工具支持。XML Schema 用于定义管理信息等更强大、更丰富的特征。XML 已成为服务架构数据存储和交换的一种重要标准。它具备二个特点，一是它表达的数据具备鲁棒性,以自描述方式描述应用系统的数据结构和数据;二是应用系统和数据相互独立,使得整个应用系统具有良好的系统扩展性能,同时使得系统与开发平台没有相关性。

(2)SOAP(Simple Object Access Protocol,SOAP):为简单对象访问协议。主要基于 XML 用于在分布式环境下交换信息的协议,SOAP 按照 HTTP 通信协议,遵从 XML 格式执行信息交换。SOAP 定义了远程对象调用的格式、参数类型和 XML 格式之间的映射等。它是一个与平台无关和厂商无关的标准,包括四个部分:SOAP 封装(Envelop),定义了一个描述消息中的内容是什么,是谁发送的,谁应当接受并处理它以及如何处理它们的框架;SOAP 编码规则(Encoding Rules),用于表示应用程序需要使用的数据类型的实例;SOAP RPC(RPC Representation)表示远程过程调用和应答的协定;SOAP 绑定(Binding),主要使用底层协议交换信息。

(3)WSDL(Web Services Description Language,WSDL):为 Web 服务描述语言,是用 XML 来描述 Web 服务的标准,是 Web 服务的接口定义语言。可描述 Web 服务的三个基本属性:服务所提供的操作(方法)和服务交互的数据格式以及必要协议、服务位于何处。WSDL 实质是描述各个 Web 服务调用规则、公开的操作和服务、具体传输机制以及服务的具体位置。

(4)UDDI(Universal Description Discovery and Integration,UDDI):为统一描述、发现和集成规范,主要定义并描述 Web 服务发布和发现的方法,UDDI 规定实现服务 SOAP 之间的注册和服务发现的编程接口规范。为 Web 服务提供三个重要的技术支持:①标准、透明、专门描述 Web 服务的机制;②调用 Web 服务的机制;③访问 Web 服务注册中心的机制。

在 SOA 中,还需要一个中间层,能够实现不同服务之间的智能化管理。企业服务总线(Enterprise Service Bus,ESB)充当了这个角色,是 SOA 架构的一个支柱。ESB 是传统中间件技术与 XML、Web 服务等技术相互结合的产物,用于实现企业应用不同消息和信息的准确、高效和安全传递。让不同的应用服务协调运作,实现不同服务之间的通信与整合。ESB 的主要功能有:对各个服务之间消息监控与路由;解决各个服务组件之间通信;控制服务版本与部署;满足服务事件处理、数据转换与映射、事件查询与排序、安全或异常处理、协议转换、保证服务通信的质量。各系统通过 ESB 端点完成与其他应用系统的集成。应用系统可通过 ESB 端点提供的适配器,将自己系统的专用接口协议转换为总线使用的标准协议。各系统通过 ESB 端点,把服务注册到中心,从而使所有需要这些服务的系统可以通过 ESB 端点,在总线上找到该服务。服务使用者可以在 ESB 端点上对所需的服务进行调用、编排和数据转换。ESB 将根据用户的配置,完成服务的调用、转换和路由等。通过使用 ESB,可以在几乎不更改代码的情况下,以一种无缝的非侵入方式使已有的系统具有全新的服务接口,并能够在部署环境中支持任何标准。此外,ESB 与服务逻辑相分离,使得不同的应用程序可以同时使用同一服务,不需要在应用程序或者数据发生变化时改动服务代码。目前 ESB 的提供商有 IBM、微软、Oracle 等。

目前有很多博物馆已经在架构上实现了 SOA。其最大的优势在于能在保证现有系统正常使用的情况下,实现无缝升级。基于 SOA 结构,不同的博物馆之间可以进行信息传递,解决信息孤岛问题。以往每个博物馆管理系统自成体系,不同的博物馆系统之间无法信息共享、无法互联互通,从藏品信息管理和利用的角度来看,产生了局部化和片面化的问题,很难为使用者提供有效的服务。如某一研究人员或普通观众希望了解商代"牧正尊"的青铜器情况,就要在宝鸡青铜器博物院和陕西历史博物馆、国家博物馆等多个系统逐个进行查询,耗费了过多的人力和物力。而一旦采用 SOA,所有支持 SOA 的博物馆管理系统都可以实现互联互通,提供整体性的服务。因此,查询人员只需要输入"牧正尊"关键字一次,就可以在所有博物馆系统中进行统一搜索,完成信息的定位和汇集。此外,以前的系统无法对藏品进行语义标注和检索,给藏品管理带来了很大困难。但是利用 SOA 架构中的 XML 进行标注,所有的藏品图片都可以根据语义信息进行分类和检索,使用方便。

第四节　网格体系结构

Internet 和 Web 主要实现了计算机和网页的联通,提供邮件、浏览和信息下载的服务,然而进一步需要考虑如何使数据传输量更大、传输速度更快、传输起来更安全。网格关注的则是如何有效安全地管理和共享连接到 Internet 上的各种资源,包括计算资源、存储资源、通信资源、软件资源和信息资源等,为用户提供一体化的信息服务。它强调全面地共享资源、全面地应用服务。网格的根本特征不是它的规模,而是资源共享,消除资源孤岛。网格能够吸收各种计算资源,将其转化为一种随处可得、可靠的、标准的计算能力。网格一词来源于电力系统,然而正如人们使用电的情况一样,网格的最终目的是希望用户能够随意使用网格的资源和服务,而不需要考虑它来自哪个地方,用到哪些设备等。网格系统具有资源分布性、管理多重性、动态多样性、结构可扩展性等特点。而如何构造网格,这是由网格体系结构决定的,它不仅定义和描述了网格的基本组成部分和各部分的功能,而且还定义了网格各部分之间的关系以及集成方法。合理的网格结构才能够充分发挥网格的作用。目前主要有两个较为成熟的体系结构:五层沙漏结构和开放网格服务结构。

五层沙漏体系结构是以协议为中心的结构,自底向上分别是构造层、连接层、资源层、汇集层和应用层(如图 5-2 所示)。上层协议可调用下层协议的服务。五层沙漏体系结构使得虚拟组织的用户与资源之间可以进行资源使用的协商、建立共享关系,并且可以进一步管理和开发新的共享关系。

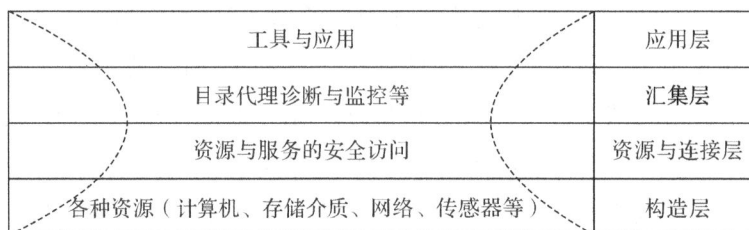

工具与应用		应用层
目录代理诊断与监控等		汇集层
资源与服务的安全访问		资源与连接层
各种资源(计算机、存储介质、网络、传感器等)		构造层

图 5-2　五层沙漏体系结构

(1)构造层:连接底层的本地资源和上层,主要是用来为上层访问本地资源提供统一接口。它的功能是向上提供网格中可供共享的资源,常用的资源包括处理能力、存储系统、目录、网格资源、分布式文件系统、分布式计算机池、计算机集群等。构造层所提供的功能越丰富,它可以支持的高级共享操作就越多。

(2)连接层:定义了核心网格事务处理所需的通信与认证协议,提供了加密的安全机制,用于识别用户和资源。通信协议使构造层资源间的数据交换成为可能。认证协议基于通信服务提供了确认用户和资源身份的安全机制。

(3)资源层:建立在连接层的通信和认证协议之上,定义了一些关于安全协商、使用共享功能计费、监控等方面的协议。资源层协议的实现调用了基础构造层的功能来访问和控制本地资源,资源层协议只关注单个资源。

(4)汇集层:建立在资源层和连接层形成的协议之上,将资源层提交的受控资源汇聚在一起,供虚拟组织的应用程序共享、调用。为了对来自应用的共享进行管理和控制,汇集层提供了目录服务、资源分配、日程安排、资源代理、资源监测诊断等多种功能。汇集层所定义的协议和服务不是同某一特定资源相关的,而是用来定义资源集合之间的交互。

(5)应用层:是网格用户的应用程序,通过各层的 API 调用相应的服务,再通过服务调用网格上的资源来完成任务。

开放网格服务体系结构是(Open Grid Services Architecture,OGSA)在原来的五层沙漏体系结构基础上,结合 Web Service 技术提出来的。OGSA 的目的就是要将 Grid 的一些功能融合到 Web Service 这个框架中。与前期网格不同的是,OGSA 是面向服务的结构,将所有事务都表示成一个 Grid 服务并采用统一的 WSDL 语言进行描述,计算资源、存储资源、网络、程序、数据等都是服务。OGSA 定义了一组接口和接口上的操作,利用这些接口的不同组合可以实现不同的网格服务。OGSA 的具体目标有对资源进行跨分布式异构平台管理、提供自治式资源管理解决方案、利用现有行业标准进行集成等。OGSA 是对 Web Service 服务的扩展,能够动态建立或删除临时服务实例,它具备 Web 服务的优良性能,能够从服务描述中自动产生客户端和服务端的代码,将服务描述和互操作的网络协议绑定在一起,此外,还能与最新的高级开放标准、服务和工具兼容等。在此环境中,一切都是服务,通过一组相对统一的核心接口,可以很容易地构造出具有层次结构、更高级别的服务,这些服务可以跨越不同的抽象层次。网格服务通过定义接口来完成不同的功能,OGSA 的主要接口类型有:

(1)Grid-Service 类:包括 FindServiceData 操作,即查询有关网络服务实例的多种信息,包括基本的内部信息、关于每个接口的信息以及与特定服务有关的信息;SetTerminationTime 操作,即设置并获取网格服务实例的终止时间;Detroy 操作,即对网格服务实例进项销毁。

(2)NotificationSource 类:包括 SubscribeToNotificationTopic 操作,即

根据感兴趣的消息类型和内容,向相关事件的通知发送者进行订阅;UnSubscribeToNotificationTopic 操作,即取消对通知的订阅。

(3)NotificationSink 类:包括 DeliverNotification 操作,即对消息进行异步发送。

(4)Registry 类:包括 RegisterService 操作,即对网格服务句柄的软状态进行注册;UnRegisterService 操作,即取消注册的网格服务句柄。

(5)Factory 类:包括 CreateService 操作,即负责网格服务实例的动态创建。

(6)HandleMap 类:包括 FindByHandle 操作,即返回与网格服务句柄相关的服务实例。

以上接口,只有 Grid-Service 类是必需的,其他接口类都是可选的。

采用网格体系结构,博物馆陈展系统的开发人员可以更好地聚焦于展陈本身,而不需关注实现展陈系统的网络实现如何、资源组织如何等问题,就如同人们在生活中用电一样,只关心如何用电,而不关心如何发电。

第五节　云计算体系结构

随着互联网用户的不断增加,以及社交网络、电子商务、虚拟社区等新一代大规模互联网应用的不断迅猛发展,更多的企业和用户试图寻找一种更加有效、廉价的系统解决方案。因此,2006 年 Google、Amazon 等公司提出了"云计算"[1](Cloud Computing)的构想。根据美国国家标准与技术研究院(National Institute of Standards and Technology,NIST)的定义,云计算是一种按使用量付费的模式,这种模式提供可用的、便捷的、按需的网络访问,进入可配置的计算资源共享池(资源包括网络、服务器、存储、应用软件、服务),这些资源能够被快速提供,只需投入很少的管理工作,或与服务供应商进行很少的交互。计算机资源服务化是云计算重要的表现形式,它为用户屏蔽了数据中心管理、大规模数据处理、应用程序部署等问题。云计算的核心思想是:通过虚拟化技术将相应的硬件资源和软件资源构建为虚拟化资源池,让

---

[1]　Mell P, Grance T. The NIST definition of cloud computing[J]. National Institute of Standards and Technology, 2009,53(6):50.

用户根据自身需要通过网络获取相应资源,并按实际使用量来付费,无需关心资源的管理问题。

云计算综合了分布式计算、并行计算、网格计算、网络存储技术、虚拟化技术和负载均衡等传统计算机技术。与网格计算相似,将资源进行汇集、整合,以服务的形式供给用户使用,用户可以按需获取,以使用量为付费计算标准。但与网格计算不同之处在于,云计算强调大规模资源池的分享,通过分享提高资源复用率,而网格计算则强调的是异构资源的共享;此外,云计算还会根据工作负荷动态分配资源。对于云计算的特点进行归纳,可以总结为以下几点:

(1)超大规模:云中具有成千上万台服务器,云可以赋予用户超强的计算能力。

(2)虚拟化:云计算支持用户在任意位置、使用各种终端获取应用服务。用户不需要知道服务所在的具体位置,以及应用管理和执行的细节等。

(3)高可靠性:云计算使用了数据多副本容错、计算节点同构可互换等措施来保障服务的高可靠性,使用云计算比使用本地计算机更加可靠。

(4)高可扩展性:云的规模可以动态地扩张或缩小,以满足应用和用户规模增长的需要为出发点。

(5)通用性:云计算不针对特定的应用,在云的支撑下可以应对多种多样的应用需求。

(6)按需服务:云以服务的形式为用户提供应用程序、数据、数据存储等资源,以满足用户需求为中心,自动分配资源,不需要系统管理员干预。

(7)廉价性:云的特殊容错措施可以采用极其廉价的节点来构成云,云的自动化集中式管理使用户无需负担数据管理成本,云的通用性使资源的利用率提高。

云计算是个强大的服务网络,可为每个企业或普通用户提供各种服务。通常云计算体系结构主要分为以下六个层面(如图5-3所示):

(1)用户交互界面(User Interaction Interface):用户与云进行交互的界面,用户在此发出服务请求。

(2)服务目录(Services Catalog):用户能够请求的所有服务的目录,在云用户获得权限后,可以根据需求进行选择或定制其中服务。

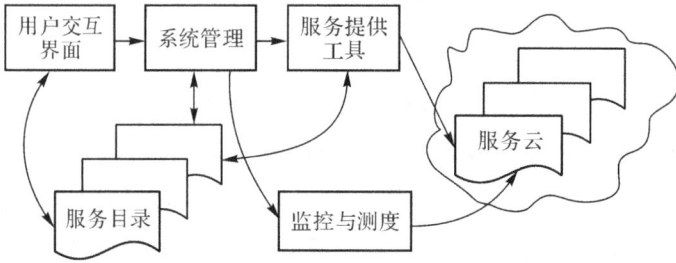

图 5-3　云计算体系结构

（3）系统管理（System Management）：管理云用户，同时对可用的资源和服务进行管理。

（4）服务提供工具（Provisioning Tool）：根据用户发来的服务请求，对相应资源和应用进行动态部署、配置和回收等。

（5）监控和测度（Monitoring and Metering）：监控和测度云系统资源的使用情况，及时做出反应，提交给中心服务器分析和统计。

（6）服务云（Servers）：服务的提供者，由系统管理的虚拟或物理的服务器，负责计算处理、数据存储处理、应用服务处理等。

根据云计算系统服务集合所提供的服务类型，整个云计算服务集合可以被划分为四个层次：应用层、平台层、基础设施层和虚拟化层（如图 5-4 所示）。这四个层次分别对应一个子服务集合。

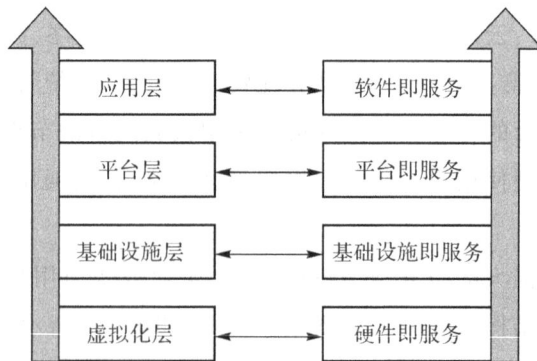

图 5-4　云计算服务层次

其中三大核心服务为基础设施即服务（Infrastructure as a Service，IaaS）、平台即服务（Platform as a Service，PaaS）、软件即服务（Software as a

Service,SaaS)。

（1）IaaS：主要向用户提供硬件基础设施服务，如提供服务器、操作系统、磁盘存储、数据库和/或信息资源。用户在使用该服务时，需要向其提供基础设施的配置信息，运行其上的程序代码以及其他相关的数据。为了优化硬件资源，IaaS 层引入了虚拟化技术。借助于 Xen、KVM、VMware 等虚拟化工具，可以提供可靠性高、可定制性强、规模可扩展的 IaaS 层服务。

（2）PaaS：以服务的形式为开发人员提供操作系统以及包括开发语言和工具（例如 Java,python,Net 等）在内的环境，或将收购的应用程序部署到供应商的云计算基础设施上去，用户只需上传程序代码和数据即可使用服务，而不必关注底层的网络、存储、操作系统的管理问题。

（3）SaaS：为用户提供软件及应用程序的服务。用户可以按照自己的需求直接使用，不需要关心软件的安装和升级等。提供商会负责系统的部署、升级和维护。提供商通常是按照用户所租用的软件模块来进行收费的，因此用户可以根据需求按需订购软件应用服务。

云平台下的博物馆数字化建设是大趋势。目前传统博物馆进行数字化建设最大的障碍是专业化人才、设施和经费的短缺，要建设一个高水平的数字化队伍需要一笔庞大的开支。因此，云计算体系结构成为解决这一问题的有效途径。专业的服务云可以帮助博物馆建立理想的数字化平台，博物馆只需要根据自身发展情况提出具体需求就可以。服务器、数据、网络优化等可以委托云平台的运营公司管理，典型代表如阿里云。

第六章

数字博物馆的数字资源建设研究

数字博物馆赖以生存的基础是资源,即数字资源。进行博物馆数字资源建设,首先需要分析数字资源的特点及类型,以便能够有效掌握各类数字资源及其来源和基本特征。其中与馆藏文物本体对应的数字资源来源于数字化采集工作,即将本体转化成为相应的文本、图像、视频或三维模型等数字媒体形式。由于采集对象不同、获取的媒体形式不同,采集人员需要使用不同的采集方法。研究不同采集方法的特点和适用性,将为采集人员提供指引和帮助。为了获取统一化、标准化的数据,需要对采集过程应该遵照的规范化标准进行梳理。对于数字资源,尤其是藏品数字资源在著录描述、组织检索、管理利用和整合共享等方面的规范化要求,需要元数据标准的支持。虽然针对数字博物馆的完全通用的元数据标准尚未形成,但是已经有一些相对成熟的元数据标准可资借鉴。因此,梳理和分析这些现有的元数据标准,了解其各自的特点和适用性,将有助于博物馆或相关研究人员对元数据标准更好地使用和完善。此外,对于整体数字资源的管理,将分析建立面向服务的数字资源管理体系。

第一节　什么是数字资源

一、数字博物馆资源的基本概念

数字资源也常被称为电子资源,是指以被计算机识别的"0"和"1"代码形式,即二进制代码,将文字、图像、音频、视频和动画等形式的信息存储在光、磁等非纸质载体上,以光、电信号的形式进行传输,并能通过计算机或其他外部设备再现出来的信息资源。数字资源往往需要数据库技术进行管理、计算机技术进行处理、通信技术进行传输和多媒体技术进行显现,将多个领域融合在一起。数字资源随着网络技术的发展,已渗透到人们的生活、娱乐、休闲、学习和工作的诸多层面,成为人们日常生活中打交道最多的资源形式。台式电脑、笔记本、手机和 iPad 等电子设备已成为存储、处理和发布数字资源的主要工具。数字博物馆中的数字资源内容涉及藏品及针对藏品开展研究而取得的相关成果等,主要是以数字藏品、数字文献资料等形式出现。这些数字资源不仅是数字博物馆开展展示、传播和实施各项教育活动的基础,而且也是实体博物馆用于展览和宣传的主要资料。

二、数字博物馆资源的特点

数字博物馆资源具有广义数字资源的特点:

1. 类型多样化

数字资源的信息类型非常多样,从陶瓷、书画、青铜器、玉器、织物,到墓葬、建筑、石刻、壁画等,此外,还有各种保护研究资料。从形式上分,既有文字、照片、图片等静态媒体信息,也有影音、视频、动画等动态多媒体信息。各种类型的信息往往相互交错,被博物馆联合用于展览展示、知识传播和公众教育。

2. 信息共享化

博物馆数字资源可被无差别、无限次地复制,不会影响到信息质量,可以保持信息内容的完整、一致,而数据源本身也不会受到任何损坏。此外,数字资源通过网络可以将其副本传输到网络可达的任意一个角落,可以实现跨省市、跨地区、跨国家,乃至全球范围的共享。

3. 存储介质化

博物馆数字资源的数量极其庞大,需要存储介质的支持,小到计算机系统中的几百 KB 的 ROM① 芯片,大到上百 TB 的磁盘阵列②系统,存储规模

---

① ROM 是只读内存(Read-Only Memory)的简称,是一种只能读出事先所存数据的固态半导体存储器。其特性是一旦储存资料就无法再将之改变或删除。

② 磁盘阵列英文名为 Redundant Array of Inexpensive Disks,是把多块独立的物理硬盘按不同的方式组合起来形成一个硬盘组(逻辑硬盘),从而提供更高的存储性能。相比于单个硬盘,磁盘阵列能够增强数据集成度,增强容错功能和增加处理量或容量。

取决于具体存储介质的基本存储量。

4.处理计算机化

博物馆数字资源的组织、索引、分类、编目和生成报表等工作都需要在计算机上进行，具体依托于数据库管理软件、办公软件、报表软件、统计分析软件等完成实际的任务。计算机是整合、加工和处理数字资源的实施平台。

5.传输网络化

除光盘、优盘、移动硬盘等移动存储设备可以实现少量数据的迁移外，大规模数据的传输还是要依赖于网络而进行。通过网络可以实现任意距离、任意区域、任意时间段上的传输，传输具体情况依赖于网络带宽、时延等。

除上述特点之外，博物馆数字资源同普通数字资源一样也具有安全性较低的特点。这主要由其先天性质决定。由于数字资源的产生、加工、处理、存贮和传播等都离不开数字化设备、计算机系统和网络系统，因此博物馆数字资源对各种设备或系统的软、硬件具有很大的依赖性，离开了适应使用的软硬件环境，用户将可能无法使用，甚至无法识别其中信息。此外，数字资源的存储安全性和传输可靠性也受到了计算机病毒和网路病毒等威胁，需要建立病毒检测和防御体系，能够时刻保障资源不被恶意的盗取、篡改和删除。即使如此，还需要警惕一些黑客的主动攻击和破坏，因此也应该建立起合适的反黑客措施，甚至需要建立充分的数据备份方案，能够在数据丢失、被破坏之后进行及时补救，尽量减少损失代价。

三、数字博物馆资源的分类

数字博物馆中的资源类型非常多样，对其分类可从以下几个角度入手：

1.按照资源的内容划分

(1)本体数字资源：本体数字资源是指直接由藏品本体获得的数据，如文物的照片、文物图片、文物的视频和文物的三维模型等，一般是数字化采集设备直接获得的第一手数据，是对藏品本体的直接外在感官内容，尤其是视觉内容的映射，如实反映了藏品本身的外显情况。

(2)描述数字资源：描述数字资源是对藏品本体的基本信息描述，主要以文字、图像的形式描述藏品的类别、名称、年代、质地、尺寸、重量、数量和出土地等信息，是经过专家初步解读的信息，为观众提供了解藏品基本信息的原始资料。

（3）解读数字资源：解读数字资源来源于对藏品本体及其相关内容的进一步研究和分析，是文物专家、学者相互协作的结果，进一步探明藏品的工艺水平、考古价值、历史意义和艺术成就等多方面的问题，是从一个点扩充到对一类藏品、一个事件、一个人物或一种现象的信息还原。

2.根据资源的加工程度划分

（1）一次数字资源：一次数字资源是直接反映原始藏品内容的资源，没有经过加工、处理和修饰等环节，是保持了藏品原始面貌的资源，主要来自数字化采集设备和一些测量工具。此外，对藏品进行物理、化学检测而获得的基础数据也属于一次数字资源。

（2）二次数字资源：二次数字资源是对一次数字资源加工和处理后的结果，如原始藏品图像内容的修补，文物三维模型的修复，视频信息的转码、压缩等，这些结果往往涉及保护、研究、展示策划等多个部门。此外，二次数字资源也包括一些藏品目录、报表，研究文献资料等。

（3）多次数字资源：多次数字资源是经过二次以上处理或整合的数字资源，为了满足特定需求而对二次数字资源进一步综合分析和加工整理，如基于藏品统计信息而生成的图表等，还有年度研究报告、展览信息汇总等。

3.根据资源的媒体形式划分

（1）文本型数字资源：文本型数字资源主要是以字母、数字、符号和汉字来表示信息，所占数字资源的比例最大，是传递复杂信息最常用、最准确的方法，也是博物馆工作人员最为常用的数字资源形式。文本型数字资源是一种跨平台、跨系统的通用文件存储格式和交流形式。文本型数字资源一方面来源于用汉字、字符和数字表示的藏品基本属性和解读信息的内容，如藏品编号、藏品等级、入藏时间、尺寸、重量、考古意义和文化价值等。另一方面来源于对各种书籍、文献、资料等文本型的文档进行扫描之后利用光学字符识别软件提取出的文本数据。典型的文本型数字资源格式包括 TXT、DOC、WPS、PDF 等。

（2）图像型数字资源：图像型数字资源主要是指数字化的图像资源，是对客观对象的直观表示，也是最主要的信息载体，它是对现实物体或画面的抽象浓缩和真实再现。数字图像主要来源于扫描仪、摄像机等采集设备捕捉实际的藏品画面而产生的图像,或是根据测量信息通过软件制作而成,如 Photoshop、CorelDraw 等。数字图像按照其组织形式划分,又分为位图和矢量图。位图也称为像素图,是由称作像素的单个点组成,每个像素都有一个特定的颜色信息,因此整个文件占用空间较大。位图适合表现藏品的细节信息,能很好地反映明暗变化、色彩变化,其图像效果逼真,常被用作展示性材料。矢量图是使用直线和曲线来描述的图形,这些图形元素是一些点、线、矩形、多边形、圆和弧线等,它们都是通过数学公式计算获得的。矢量图只能靠软件生成,与分辨率无关,占用空间较小。矢量图主要以图形化的信息表现藏品的器形、构造等,多被用于内部交流和保护、研究工作。位图和矢量图可以相互转换。位图常见的文件格式包括 JPG、GIF、PNG、BMP 等。矢量图常见的文件格式包括 SWF、SVG、WMF、EMF、EPS 等。

(3)音频型数字资源:音频型数字资源是指数字化的音频资源,需要利用数字化手段对声音进行录制、存放、编辑、压缩或播放,声音涉及语音、音乐、自然声响等。数字化的音频是对听得见的模拟信号采样后的结果,采样率越高,数据的存储量越大,分辨率越高,音频在播放时的质量越好。音频的质量只与录音的质量有关,而与播放音频的设备无关。为了使声音能够从音响设备上输出,数字信号必须重新转换为模拟信号。数字音频和一般磁带、广播、电视中的声音在存储和播放方面有着本质的区别。总体上数字化音频具有存储方便、易传输、存储和传输的过程中没有声音失真、编辑以及处理非常方便等特点。数字音频常用于记录社会、自然界的声音信息,如海啸声、火山喷发声、昆虫的鸣叫声、轮船鸣笛等。数字音频的文件不仅包含了主要的音频数据而且还包含了一些控制数据,如计时码和数据均衡等。典型的数字音频文件格式包括 WAV、MP3、WMA、OGG、RM/RA 等。很多文件格式在文件头部描述了采样速率、信道数量和压缩类型等信息。

(4)视频型数字资源:视频型数字资源是指以数字形式记录的视频,是对模拟视频信号进行数字转换后的产物。一方面,可将模拟视频通过视频采集卡转换为数字信号①,将转换后的信号采用数字压缩技术存入计算机磁盘中就成为数字视频。另一方面,可直接用数字视频采集设备记录外界信息来生

① 这个转换过程就是视频捕捉或采集过程。

成数字视频。数码摄像机就是最常用的数字视频采集设备。数字视频虽然数据量大,但方便长期存放,可以不失真的进行无数次复制,它主要以光盘和网络进行传播。数字视频常用于记录需要视觉和听觉共同感知的情景,如民间舞蹈、传统戏剧、曲艺、手工艺和节庆仪式等。典型的视频文件格式包括MPEG、AVI、WMV、RMVB、MOV、RA/RM/RAM、MP4、FLV 等。

(5)动画型数字资源:动画型数字资源是指数字动画形式的资源,突出相对时间、位置、方向和速度的变化,主要通过软件将图像"动"起来。动画分为二维动画、二维半动画和三维动画。其中二维半动画主要通过阴影、照明和透视效果产生深度信息,三维动画才是最为逼真的动画形式,它能表现现实世界中的任何对象、现象和过程,如人物、动画、建筑、植物以及活动场景、工艺加工流程、化学反应过程等。动画制作有简有繁,通常三维动画制作需要花费大量的精力来创建各个对象模型,涉及对象的外观和表面特征等。根据实物和相关研究资料,数字动画可用于模拟史前恐龙的模样和活动状况、模拟地震发生的过程、模拟火箭发射过程和模拟分子结构等,微观和宏观世界的模拟都可实现。典型的动画文件格式包括 SWF、GIF、MAX、FLA 等。在Macintosh 和 Windows 平台上最广泛使用的动画制作软件是 Adobe 公司的Flash。

4.根据资源的存储载体划分

(1)磁介质型数字资源:磁介质型数字资源主要以磁介质为载体来存储资源,常见的有软盘、硬盘、磁盘阵列、移动硬盘、优盘、磁带等形式。因为磁介质存储器使用磁性材料的物理极化特性,使得其在相当长的时间内能保持信息不变,被广泛用于藏品各类信息的存储。

(2)光介质型数字资源:光介质型数字资源主要以数字形式存储数据,用激光进行数据读取。常见的有 CD 光盘和 DVD 光盘,其中 CD 又分为 CD-ROM,CD-R,CD-RW 三种基本类型。CD-ROM 表示的是只读 CD,意味着用户只能访问事先已记录好的数据,而不能往里写入或擦除。CD-R 表示可写CD,用户只可以写一次,此后就只能读取,读取次数没有限制。CD-RW 表示的是可重复读写 CD,读取次数没有限制。DVD 是数字通用光盘,以 MPEG-2 为标准,拥有较大容量,可储存高分辨率全动态影视,也分一次性刻录的DVD＋/－R 和可重复刻录的 DVD＋/－RW。光盘容量大、体积小、重量轻且方便携带,常被用于资源传播,如对藏品目录的传送、藏品解说信息的发布等。

(3)磁光介质型数字资源:磁光介质型数字资源综合了磁性介质和光性介质的优势,是一种磁光盘①。与磁性介质不同,磁光盘不受磁场影响,稳定性更强。与光性介质不同,磁光盘可多次写入。但由于价格等原因,磁光盘未被大面积使用,但因其较好的安全性和稳定性,仍被一些大型博物馆和一些文化遗产研究单位所使用。

5.根据资源的获取形式划分

(1)本地型数字资源:本地型数字资源主要指从对应计算机或内部局域网获取资源,往往涉及博物馆内部部门的相关工作。如从管理藏品的计算机上获取某件藏品的记录,或者是获取馆藏的基本统计信息。此外,通过博物馆内部的局域网获得的一些开放性的藏品文字、图像、视频资料、相关研究成果和展览情况等也属于本地型数字资源。

(2)网络型数字资源:网络型数字资源主要指从外部互联网获取的资源。互联网不仅将博物馆馆际之间、博物馆与研究机构、博物馆与图书馆和档案馆、博物馆与学校等连接起来,而且也将博物馆与每位公众进行了连接,使得更多更丰富的信息产生了交流和共享。如博物馆通过网络获取图书馆中针对某一器物或器物类型研究的专题书籍或文献资料,从档案馆获取某一地方的历史照片、影片和档案信息,从古建研究所获取关于古建修缮方面的信息。此外,博物馆还可通过网络获取公众参与的藏品解读和藏品拍照等内容,从而将优秀的作品和专业学术的内容纳入博物馆本地资源库。

第二节　如何采集数字资源

博物馆数字资源的采集主要核心任务是对馆藏资源的数字化,即通过一定的硬件设备和软件资源将藏品转换成计算机能够识别和处理的二进制代码的过程。博物馆馆藏类型多样,从平面的书画作品到立体的青铜器、瓷器

---

① 磁光盘英文名为 Magneto-Optical Disc,简称 MO Disc,由磁对温度敏感的磁性材料制成,磁光盘利用热磁效应写入信息,利用磁光效应读出信息。其存贮密度约是磁带的 4000 倍,磁盘的 1000 倍。由于它存储容量大,又携带方便,因此在存储图形、图像文件、大型数据库文件方面起着重要的作用。

和化石等,从小的钱币到大的建筑、遗址、遗迹等,不仅涉及风雷电的产生还涉及宇宙的构成等。因此数字化工作是一个庞杂而繁复的过程,必须为各类型藏品找到合适的数字转换方法,从而建立起丰富、完善的藏品数字资源库。除这些实体藏品外,大量的博物馆研究成果和相关文献也需要数字化。针对藏品数字资源的采集,主要考虑采集手段和采集规范这两个方面的问题。

一、采集手段

根据藏品类型以及可获取的数字资源的媒体形式进行划分,主要可以采取以下手段。

1.古籍文献类

古籍文献是指书写或印刷于 1912 年以前具有中国古典装帧形式的书籍,包括历朝历代的刻本、写本、稿本和拓本等。古籍文献作为前人留下的精神财富和历史见证,内容和形式都是弥足珍贵的。它是一种非再生性的文化遗产,在长期流传的过程中,虫蛀、老化和霉蚀等自然损坏情况不可避免,加之环境污染的加剧,古籍酸化和老化程度也随之加快,古籍保存状况不容乐观。古籍文献数字化可以对此现状进行改善,主要从利用和保护古籍的目的出发,采用计算机技术将常见的语言文字或图形符号等转化为能被计算机识别的数字符号。古籍文献的数字化可以实现古籍文献文物价值和文化价值的剥离,不仅能够将古籍文献的本体形式进行永久的记录和保存,而且可以将提取出的所承载的内容向广大研究人员开放和使用,可以实现更好的本体保护和价值利用。对于古籍文献本体的数字化,即只是获取其图像信息,可以采用数码摄像机或平板激光扫描仪来实现,即用扫描仪等将古籍文献的文字(包括图表)以图像形式进行存储,保证了古籍文献的原始状态,版式完整保留,不会产生文字错误。而对于古籍文献内容的数字化,则需要经历两个阶段。第一个阶段为古籍文献的整理。由于古籍文献多繁体字,其中还不乏大量的异体字、通假字等,没有标点符号,行文格式繁琐,所以在古籍文献数字化之前要先开展必备的整理工作,需要古籍整理专业人员对古籍文献进行底本选择、编纂、校勘、标点、注释和今译等[1]。第二个阶段为古籍文献的输

---

[1]　常娥,黄建年,侯汉清.古籍智能整理与开发系统构建研究.情报资料工作.2009,4:43-47.

入,在此阶段主要有三种输入手段可供选择:

第一种为键盘输入。此种方式需要专门的人员将古籍文献的全文通过键盘输入到计算机中,可利用拼音、笔画、五笔等输入法帮助实现输入过程。在录入后,通常需要对文本进行校对,一般可采用计算机自动校对和人工辅助校对相结合的方式,以降低文字错误率。然而这种依赖于人工的输入方式在速度上远远不能满足海量古籍文献急需转换的需求。

第二种为光学字符识别(Optical Character Recognition,OCR)输入。OCR 是一种较为先进的自动化信息资源输入技术,先通过光学仪器,如影像扫描仪、传真机或任何摄影器材,将影像转入计算机,再通过检测暗、亮的模式确定其形状,然后用字符识别方法将形状翻译成计算机文字。从古籍文献的影像到结果输出,须经过影像输入、影像前处理、文字特征抽取、比对识别、人工校正、文字及版面信息输出。整个识别过程借助了图像处理、模式识别技术。这种方式自动识别和转换的速度快,再结合人工校错,可直接将古籍文献文字转化为对应的文本,不仅提高了输入效率而且节省了一定的人力和物力,是目前最普遍受欢迎和采用的方式。然而,计算机对文字的处理要通过编码来完成,国标字库(GB)仅收字 6763 个,国标扩展汉字字库(GBK)收字也只有 20902 个。与此相对的是庞大的汉字数量,《汉语大字典》收字近六万,《中华字海》收字达八万,古籍通用字约有四万,常用异体字约为两万[①]。显然,目前的计算机文字编码不能完全满足古籍文献输入的要求,还存在文字转换错误甚至不能转换的问题。

第三种为手写输入、语音输入等。随着智能输入技术的发展,以及各种输入终端设备的不断完善,手写输入及语音输入已逐渐步入人们的视野,并被广泛用于计算机和智能手机等平台上。手写输入是指将在手写设备上书写时产生的有序轨迹信息转化为汉字内码的过程,可以让使用者按照最自然、最方便的输入方式进行文字输入,可取代键盘或者鼠标。手写输入设备的种类较多,有电磁感应手写板、压感式手写板、触摸屏、触控板和超声波笔等。以上设备都可以接入计算机,使古籍文献录入人员直接录入文本内容。语音输入也称麦克风输入,依赖于录入者的语言,计算机上的语音识别软件

---

① 陈阳. 中文古籍数字化的成果与存在问题. 出版科学,2003,4,47-48.

将其语言内容转换成可识别的汉字。一般需要录入者对着与计算机相连的麦克风等语音输入设备发出文字的读音。语音输入也是一种最自然、最易用的输入方式。由于汉字的同音字多，在进行语音录入时，系统会提供一些同音字供选择，以实现准确定位。虽然手写输入和语音输入是最为自然和便捷的手段，但由于其需要人工逐字的书写或拼读，不如光学字符识别的速度快，很难满足古籍文献的大批量输入的需求。此外，特别是对于语音输入而言，依赖于录入者对文字的正确发音，因此需要专业从事古文字研究的人来识读古籍文献中的大量生僻字、异体字和通假字等，由于受到了专业限制，并不是人人可以承担语音输入工作。这些状况使得语音输入的方式很难被大范围使用。

　　2. 书画类

　　博物馆的书画类藏品是对书法和绘画藏品的统称，主要是指历代著名书法家或画家的作品，具体涉及手卷、碑帖、拓本、国画、油画、水彩画、水粉画和漆画等。这类藏品具有极高的艺术研究价值，是人类历史发展的重要佐证材料。然而，书画类藏品本身多以纸张、丝织品或棉纺织品等纤维质地构成，长期保存面临着诸多困难。首先天然纤维质地的特性容易招致害虫，使其成为害虫的主要食物。其次，天然纤维的易吸湿性，使得其表面容易滋生霉菌，特别是对于纸质材料而言，因为纸张中含有木质素，木质素属酸性物质，会因空气接触、光线照射和环境湿气而造成纸张氧化而发生变黄变脆。此外，空气中的有害物质和灰尘也会破坏书画作品的保存，如有害物质二氧化硫会对藏品产生腐蚀作用，空气中的灰尘不仅会改变有机纤维质地的藏品颜色，还可能在藏品表面形成很难去除的污垢层。同时灰尘中的许多微生物孢子，特别是霉菌孢子会滋生破坏藏品。所有这些因素使得书画藏品的现状保存不容乐观，长时间作用使其外观产生了显著的影响。因此急需对书画类藏品进行及时记录，并采取更加有效和严格的保护手段。数字化的方法，不仅可以解决记录问题，同时利用先进的图像处理技术可使观众在不接触藏品的同时能够领略到藏品的艺术魅力，能有效平衡保护和欣赏之间的矛盾。对于书画作品的数字化采集，主要是获取其外在数字图像（Digital Image）信息，因此可以借助扫描仪或数码相机来实现。

　　扫描仪是利用光电技术和数字处理技术，以扫描方式将图形或图像信息转换为数字信号的装置。扫描仪通常被用于计算机外部仪器设备，通过捕获图像并将之转换成计算机可以显示、编辑、存储和输出的数字化内容。扫描仪工作时发出的强光照射到扫描对象上，没有被吸收的光线将被反射到光感应器上，光感应器接收到这些信号后，将这些信号传送到模数转换器（模拟信号向数字信号的转换部件），模数转换器再将其转换成计算机能读取的信号，然后通过驱动程序转换成显示器上能看到的正确图像。可以看出，扫描仪的核心部件是光感应器和模数转换器。扫描仪的主要技术指标有分辨率、灰度级、色彩数、扫描速度和扫描幅面。目前可用于书画类藏品扫描的扫描仪主要有两种类型：平板式和滚筒式。

（1）平板式：平板式扫描仪也称平台式扫描仪，主要是使用电荷耦合器件（Charge Coupled Device，CCD）或接触式图像感应装置（Contact Image Sensor，CIS）作为光感应器。此类扫描仪光学分辨率在 300—8000dpi 之间，色彩位数从 24 位到 48 位，扫描幅面一般为 A4 或者 A3。

（2）滚筒式：滚筒式扫描仪由电子分色机发展而来的，其感测技术是光电倍增管（Photo Multiplier Tube，PMT），被认为是高精度的彩色作品的最佳选择。滚筒式扫描仪采用旋转扫描对象，滚筒逐点采样的扫描方式，其滚筒旋转速度很高，因此可以将很强的光汇聚于扫描对象上的采样点周围而不会使原稿受损。此外它扫描的密度范围较大，能够分辨出图像更细微的层次变化和颜色变化，其光学分辨率通常要高于平板式，其扫描幅面可达 A0。

基于以上基础类型，扫描仪在方便使用上也做了许多改进，目前许多扫描仪都可实现自动进纸和连续扫描功能。此外，为了更加适应于特定藏品的扫描，许多厂商也可以根据客户要求，搭建针对性强的扫描平台，因此出现了许多不同的扫描仪型号。由于大幅书画藏品可能需要分多次扫描完成，加之扫描过程中其他因素的出现，如画面倾斜、出现阴影黑边等情况，所以通常需要对扫描的结果进行简单的编辑和处理，如进行倾斜纠正、阴影黑边裁剪和空白页检测删除等，并对多幅分散图像进行拼接。

数码相机（Digital Camera）是利用电子传感器把光学影像转换成电子数据的照相机，不同于传统照相机通过光线引起底片上的化学变化来记录图像。早在 1981 年 8 月，日本索尼公司推出模拟式的 Mavica 电子静态视频相机，这可以说是数码相机的雏形；直到 1995 年，卡西欧公司推出 QV-10 相机,数码相机才彻底告别了模拟数字化方式,真正的数码相机时代也从此开始。在数码相机中,光感应式电荷耦合元件(CCD)或互补金属氧化物半导体(Complementary Metal Oxide Semiconductor,CMOS)被用来取代传统相机底片的化学感光功能。数码相机的工作原理是:当按下快门,镜头将光线会聚到感光器件 CCD 或 CMOS,把光信号转变为电信号。在采用了 CCD 的数码相机体系中,由于 CCD 输出的是模拟信号,因此需要使用一个模拟信号向数字信号转换的模数转换器(Analog to Digital Converter,ADC)来进行数字化处理。在采用 CMOS 的数码相机体系中,由于 CMOS 器件采用了数字化传输接口,因此不需要采用模数转换器件。通过微处理器(Micro Processor Unit,MPU)读出 CCD/CMOS 的数据信息,对数字信号进行压缩、转化和相应的处理,再转换成特定的图像格式,最后,图像以文件的形式被存储在存储器中[①]。数码相机主要由光学镜头、光电转换器件(COMS/CCD)、模/数转换器(A/D)、微处理器(MPU)、内置存储器、液晶屏幕(LCD)、可移动存储器、接口(计算机/电视机接口)等部分组成。其中光学镜头是数码相机的眼睛,其主要功能就是将光线聚焦到 CCD 或 CMOS 上,镜头的质量越高,拍摄出的画面越清晰。镜头也有变焦镜头、定焦镜头等之分,主要的性能指标有焦距、视场角、相对口径、分辨率、畸变率等。总体上,在衡量数码相机的性能时,可以从以下几个方面考虑:像素数、摄影元件尺寸、变焦倍率和镜头亮度等。目前较常见的数码照相机可区分为卡片相机、单反相机、长焦相机。卡片数码相机在业界内没有明确的概念,仅指那些小巧的外形、相对较轻的机身以及超薄时尚的相机。单反数码相机指的是单镜头反光数码相机,"单镜头"是指摄影曝光光路和取景光路共用一个镜头,单反相机有个很大的特点就是可以交换使用不同规格的镜头,这是普通数码相机不能比拟的。长焦数码相机指的是具有较大光学变焦倍数的机型,能拍摄较远景物的相机,通常光学变焦倍数越大,能拍摄的景物就越远。长焦数码相机的镜头其实和望远镜的原理类似,即通过镜头内部镜片的移动改变焦距。长焦相机特别适合拍摄远处的景物。数码相机与传统胶卷相机相比,具有存储量大、可重复拍摄、即拍即得、输出方便、易操作等特点,所以备受用户的欢迎。对于书画类藏品

---

①　侯雨石、陈永飞、何玉青、张忠廉.数码相机原理与系统设计研究.光学技术,2002,28(5):452.

的拍摄,要求拍摄出的图像清晰度高、色彩还原准确纯正、画面变形要小,因此通常使用单反相机,一般选用 50～85 的焦距,相机需要固定在三脚架上进行拍摄。对于要拍摄的书画藏品而言,外观要尽量平整,最好是经装裱过或是简单处理过。对于大幅的作品,可以采用分块拍摄再接片的方法,以避免出现变形和光照不均。

3.器物类

器物涵盖的藏品范围最广,质地不一,种类众多,有石器、陶器、铜器、铁器、金银器、玉器、瓷器和漆器等多种类型,反映了不同历史时期人类社会生产和社会生活的各个方面,是最有力的见证物。器物类型的复杂多样性也决定了其保存环境的复杂多变,每一类器物都有其脆弱易破坏的一面。如漆器、骨质文物以及象牙制品等有机类器物容易受微生物侵蚀,从而降低了器物本身的力学性能和抗腐蚀能力。漆器等木制品,主要由纤维素、半纤维素、木质素组成。纤维内含较多的亲水基因,易导致木材的膨胀、收缩,而且半纤维素的化学稳定也小。由于温度、湿度、气体和光线等的突变,使水分迅速流失而使器物产生变形、起翘、皱褶和开裂。骨质文物以及象牙,容易出现破裂、糟朽、粉化等现象,此外,当遇热和受潮时,也容易发生翘曲。骨蛋白及填充于骨内的油脂类物质,很容易受到氧化和水解,易受到细菌的侵蚀和破坏。大量无机类器物也同样面临着诸多不利的因素。彩陶表面的颜料容易与附着土粘在一起剥落或在干燥过程中粉化掉色。铁器容易受氧气和水分的作用而产生锈蚀。瓷器属易碎品,震动、挤压、碰撞都会使瓷器破损,此外,加之人为的操作不当,也会造成瓷器的损毁。银器的防腐蚀性较差,潮湿的环境以及空气中的硫化氢和硫化物都会使银器表面氧化,使其色泽由白亮转变为灰或黑色。这些器物类的长久保存面临着巨大困难,因此也迫切需要数字化技术帮助解决保护和利用问题,在器物随时间而发生改变的情况下,利用数字化技术尽快记录下器物的外在形态、色彩、纹饰和构图等信息。通常器物类藏品的数字化采集主要分为二维数字图像(Digital Image)和三维模型(3D Model)形式。关于二维图像的采集,主要通过数码相机获取器物的数字图像信息。为了通过数字图像的形式表现出器物的三维空间形态,通常需要多角度拍摄,获取器物的正视图、俯视图、左视图和右视图等,同时还需要加拍顶部、底部、局部纹饰特写、造型特写、立面 360 度、有冲口或残损处加拍特写等。在同一角度上,也会多拍几张,以防止偶尔拍虚的情况。对扁担、钱币等扁平形器物,一般拍摄正反两面,如有边沿上的特殊信息,加拍边沿图像。器物藏品拍摄同样要真实地反应文物原貌,不能使文物变形,不能使拍摄出的画面增大或缩小原器物的真实比例。此外针对不同的器物,在拍摄时应注意拍摄整体的完整性,如对于三足器物,要求三足全部显示出来,不能有所遗漏或遮挡。

器物的三维模型主要是指器物多边形表示形式,反映了三维几何空间形态信息。获取器物藏品的三维模型的手段有三种,一是软件建模,二是图像建模,三是三维激光扫描仪建模。

(1)软件建模:软件建模主要是利用三维模型建模软件 3DMAX、Maya、UG 及 AutoCAD 等建立器物的三维模型,基于立方体、球体、锥体等基本几何元素,进行一系列几何操作,如平移、旋转、拉伸以及布尔运算等来构建复杂的模型。这种建模方式往往需要工作人员先获取器物的空间测量数据和纹理信息等,再以此为依据进行建模。这种方法的缺点是工作量大、效率低。并且,由于建模过程极大地依赖于建模人员的专业知识与经验,其精度无法保证。

(2)图像建模:图像建模主要是利用器物的二维图像恢复其三维几何结构,图像的精度直接决定重建效果,整个过程与人类视觉重现过程相似。根据图像的数量来分,可分为单幅图像和多幅序列图像两种。单幅图像是利用对比度、灰度等图像特征确定光照的反射,再由此进一步确定图像的深度,从而确定物体的形体信息。一般说来,主要是通过纹理、轮廓、阴影三方面恢复形体信息。多幅序列图像主要借助多幅图像信息,根据光度立体学法、立体视觉法或光流法来确定光照、反射等不变量,进而建立形体信息。这种直接使用真实照片进行物体的三维几何重建方法,具有逼真、易用、低成本的优势。该方法的重点和难点是特征点的匹配,一直是科学研究界不断攻克的问题。

(3)三维扫描仪建模:主要是利用三维激光扫描仪(3D Laser Scanner)完成对实际物体三维建模,能快速方便地将真实世界的立体空间信息、色彩信息等转换为计算机能直接处理的数字信号。它与传统的平面扫描仪和摄像机相比有很大不同,它可以获得器物藏品表面每个采样点的三维空间坐标,以及每个采样点的颜色信息。扫描的结果是一个包含每个采样点的三维空间坐标和颜色的数字模型文件,可直接用于三维模型软件进行编辑和处理。这种建模方式主要依赖于三维扫描仪。三维扫描仪是一种科学仪器,用来侦测并分析现实世界中物体或环境的形状(几何构造)与外观数据(如颜色、表面反照率等性质),大体分为接触式和非接触式两种类型。对于藏品的扫描通常需要在尽量保护藏品的情况下进行,所以基本上都选用非接触式扫描仪。非接触式三维扫描仪又分为光栅三维扫描仪(也称拍照式三维描仪)和激光扫描仪。光栅三维扫描仪采用可见光将特定的光栅条纹投影到测量工作表面,借助两个高分辨率 CCD 数码相机对光栅干涉条纹进行拍照,利用光学拍照定位技术和光栅测量原理,可在极短时间内获得复杂物体表面每个像素点的三维坐标。系统能对信息进行全自动拼接,具有高效率、高精度、高寿命和高解析度等优点,特别适用于扫描复杂自由曲面物体,以及柔软、易变形的物体,但对反光物体敏感。此外在获取表面三维数据的同时,能迅速地获取纹理信息,真实感更强。三维激光扫描仪利用激光测距的原理,通过记录被测物体表面大量的密集点的三维坐标、反射率和纹理等信息,快速建立出被测目标的三维模型及线、面、体等图件数据。它具有非接触性、快速、穿透性好、实时、高密度、高精度和自动化等特性,特别满足藏品三维模型高精度、快速采集的要求。三维激光扫描仪按照载体的不同,可分为机载、车载、地面和手持型四类。按照测量方式的不同,分为可分为脉冲式、相位式和三角测距式。脉冲式的距离最长,但精度随距离的增加而降低。相位式适合于中程测量,具有较高的测量精度,通过两个间接测量得到距离值。三角测量测程最短,但是其精度最高,适合近距离、室内的测量[①]。因此对于中小型器物,可采用相位式或三角测距式扫描仪实现三维模型的采集。对于亭台、古桥、庙宇等建筑的三维模型采集则适合采用脉冲式扫描仪。然而三维激光扫描仪不适用于表面脆弱或易变质的物体。

4.其他

除古籍文献类、书画类和器物类的藏品之外,电影、纪录片、音乐、录音等影像、视听类对象也是博物馆的藏品,如中国电影博物馆中的电影资料、音乐

---

① 张启福,孙现申.三维激光扫描仪测量方法与前景展望.北京测绘.2011,1:40.

博物馆中的乐曲资料、自然博物馆中的有关动物的野外录像资料以及各种昆虫鸣叫的录音等。除此之外，在涉及非遗类文化遗产的博物馆往往会有关于某项仪式、节庆活动、工艺制作等方面的现场录像资料。以上这些信息，在存储上多以磁带、胶片等介质保存，长时间存放会造成带基老化、磁带打卷儿、磁粉脱落而影响质量。所以为了方便这类藏品的持久保存和保持质量的稳定，也需要采用数字化的技术，将其转换成数字化的声音、视频资料。对于磁带介质，主要是将模拟的音频、视频信号转换为数字信号，这就是模数转换的过程，主要通过采样、量化和编码来实现。对于音频信息，需要磁带播放机、带有声卡的计算机、音频转录线以及能转换、编辑音频的软件，如 Gold Wave、MP3 Sound Recorder 等，将数字化的结果存储为 MP3 或是 WAV 的格式。对于视频信息，需要视频资料播放设备、带视频捕捉卡的计算机、视频线和视频识别、捕捉、处理软件，如 Virtual Dub 等，将数字化结果存储为 AVI 或 MPEG 等格式。对于胶片介质，数字化的方法有两种，一种是直接通过扫描仪扫描胶片得到数字文件，另一种是胶转磁后对磁带进行采集得到数字文件。直接扫描可以得到图片序列帧，可以得到线性方式记录的 TIFF 格式，或者是 Log 方式记录的 DPX 等格式，得到的图像质量好，细节丰富。扫描方式一般速度较慢。典型的胶片扫描仪有 Domino，Cineon，IMAGICA 的 Imager 3000V，Oxbery 的 Cine Scan 等，一般扫描速度是 2K 分辨率用 15 秒左右的时间。胶转磁是将胶片等模拟图像信号转换为磁带录像电信号，基本原理是利用电视电影机将胶片图像转换成视频电子信号，再利用磁带录像机将视频电子信号记录于录像磁带上，这种方式可以得到标清或者高清的磁带。常见的电视电影机有放映机—摄像机组型、飞点扫描型和电荷耦合器件扫描型三种，而胶转磁设备有汤姆逊（THOMSON）Spirit Data Cine。对于胶转磁之后的磁带进行直接采样就可获得数字化的文件。除了实际的转换工作之外，还需要对视频、音频信息进行基本修复，恢复色差、饱和度、去除划痕、删减空白等。一般有两种方式，一种是直接在线修复，通过自动模式或交互模式工具，修复胶片或视频图像出现的多种问题，包括划痕、霉斑、噪点、污垢、闪动和抖动等；另一种是将影片数字化变成文件之后，再对数字文件进行影像修复。对于音频信息，可利用音频处理软件来实现均衡、动态处理、降噪处理、转换成双声道立体声等①。对于视频信息,可利用视频处理软件进行亮度、灰度、对比度等的调整,消除噪声,以及利用前后画面的相似性与相同性,去除划伤和霉斑、污点等。

对于已存储的影像类藏品的数字化采集可以采用上述方法进行转换。对于要记录和存储的影像信息则可以采用视频数字化设备进行现场录制,直接产生数字化的文件。数码摄像机是最重要的视频数字化设备,即通过感光元件将光信号转变成电流,再将模拟电信号转变成数字信号,由专门的芯片进行处理和过滤后得到最终的动态画面信息。数码摄像机的优点是体积小、清晰度高、方便使用。它既可以拍摄动态的影像,也可以像数码照相机一样拍摄静态二维图像。数码摄像机按用途分,有广播级机型、专业级机型和消费级机型。广播级机型主要用于电视领域,图像质量高,性能全面,但价格较高,体积也比较大,它们的清晰度最高,信噪比最大,图像质量最好。专业级机型应用在广播电视以外的专业电视领域,如电化教育等,图像质量低于广播用摄像机。消费级机型主要是适合家庭使用的摄像机,应用在图像质量要求不高的非专业场合,适合家庭娱乐等,这类摄像机体积小重量轻,便于携带,操作简单,价格便宜。数码摄像机的存贮介质有磁带、光盘、硬盘和存储卡之分。数码摄像机的技术指标有电荷耦合器件(CCD)的尺寸、水平分解力、最小照度、扫描制式、信噪比等。博物馆在实际使用中可以根据录制对象的特点、要播放的场所、实际经济情况来决定选用那种摄像机。

除了藏品实体的数字化采集,在实际博物馆的藏品的数字化工作还包括将藏品的登记信息,如藏品的名称、等级、尺寸、重量、年代、现状和来源等文字信息录入到计算机中,以及对藏品所蕴含的历史价值、艺术价值、科学价值和文化价值的文字信息的数字化转化。一般都通过人工输入的方式进行,这需要工作人员熟悉计算机的基本操作,掌握一种快速输入法通过键盘完成录入工作。录入人员必须遵循真实性原则、完整性原则,严格按照术语规范和操作规程进行。理论上参与录入的人员越多,转换的速度越快。然而在实际操作中,为了减少录入中的错误,保证数据的真实性、科学性和规范性,通常采用单人录入、多人校对的方式,将主要精力投入到对信息的校对上。多人

---

① 曾志刚.影片数字化与数字影像修复.北京电影学院学报,2005(5):33.

校对往往会弥补单人校对因疲劳而产生的错误,以提高录入数据的准确性。校对人员需要具备专业知识,能够迅速地排查录入数据中的标点符号错误、用词错误、语句错误等。

二、采集规范

数字博物馆的建设实际是一系列标准化建设,以方便信息管理、存储、共享、传输和服务等。作为数字博物馆建设的重心,即藏品资源的数字化也应遵照标准化、规范化的准则。制定统一的采集、处理、存储等标准,提高藏品信息的兼容性及共享性,为藏品信息的统一、科学管理提供基础。对于藏品的影像数据的采集,国家文物局出台了《博物馆藏品二维影像技术规范(试行)》,规定了传统影像的技术要求和数码影像的技术要求以及基本的数值化方式,增加了相关的影像数值化方面的一些名词。对于数码影像,主要规定了二维图像藏品数码影像采用 RGB 真彩色[1]模式的位图表示、藏品数码影像每个原色的灰度等级不低于 64 级、藏品间接数值化采集数码影像时所用扫描设备的光学分辨率不小于 600dpi 等方面的内容。[2] 以《博物馆藏品二维影像技术规范(试行)》为基础,为了配合全国的"文物调查及数据库管理系统建设"工作,2008 年国家文物局颁布了《博物馆藏品二维影像技术规范(内部使用)》,借鉴了《博物馆藏品二维影像技术规范(试行)》、《馆藏文物档案影像采集样本》、台湾大学图书馆《台湾古拓碑》典藏数字化影像制作规范、台湾大学图书馆《淡新档案》典藏数字化影像制作规范而制定的[3]。主要分为馆藏文物二维影像的扫描规范和拍摄规范。与《博物馆藏品二维影像技术规范(试行)》相比主要变化是,增加了二维影像扫描的技术规范,增加了二维影像拍摄环境、设备及技术要求的规定类目。在藏品登录信息的标准化、规范化方面也有特定的要求,国家文物局颁布了《博物馆藏品信息指标体系规范(试行)》(文物博发[2001]81 号)和《博物馆藏品信息指标著录规范》,以规范博

---

① 真彩色是指图像中的每个像素值都分成 R、G、B 三个基色分量,每个基色分量直接决定其基色的强度,这样产生的色彩称为真彩色,其中每个分量用 8 位二进制数表示,总共有 24 位,因此也被称为 24 位色。

② 国家文物局网站.博物馆藏品信息指标体系规范(试行)[2014-06-08]. http://www.sach.gov.cn/art/2012/12/11/art_659_7075.html.

③ 国家文物局网站.博物馆藏品二维影像技术规范(内部使用)[2014-06-10]. http://www.sach.gov.cn/art/2008/7/8/art_90_2814.html.

物馆藏品信息采集著录行为,方便信息处理与交换。为了方便声音、视频信息的分类和著录,2008 年国家文物局又颁布了《博物馆藏品声像信息指标规范(试行)》,主要结合文物数据采集工作的实践,以满足有关声像数据采集著录的具体要求而编制,是对《博物馆藏品信息指标体系规范(试行)》做了必要的补充,相当于《博物馆藏品信息指标体系规范(试行)》的 C03 部分,与《博物馆藏品信息指标体系规范(试行)》C03 部分的一致性程度为非等效。与 C03部分相比主要变化是:对指标要素的划分做了增删和修订,对指标要素的描述做了变更,对指标要素的编码方法做了变更[①]。

第三节　相关元数据标准之分析

藏品数字资源的著录描述、组织检索、管理利用和整合共享都需要元数据的支持。元数据最先作为计算机科学领域的专用术语出现在美国国家航空与航天局 1987 年发布的《目录交换格式》(Directory Interchange Format,DIF)[②]。元数据(Metadata)是描述数据的数据,更为确切地讲是描述流程、信息和对象的数据。这些描述涉及技术属性(例如结构和行为)、业务定义(包括字典和分类法)以及操作特征(如活动指标和使用历史)。元数据同时面向文字、图像、声音和视频等多媒体信息,为其提供规范以及描述、检索和管理的方法。

元数据标准是元数据研究存在的基础。元数据标准按功能分,大致可分为数据内容标准、数据结构标准、数据保存标准、数据交换标准和数据访问标准等。目前已经有许多元数据标准,不仅包括通用的元数据标准,还包括各个领域根据自身的特点而制定的不同侧重的元数据标准。在通用元数据标准方面,都柏林核心集(Dublin Core Element Set,DC)是目前世界上使用范围最广、影响力最大的通用元数据标准,于 1995 年 3 月由联机计算机图书馆中心(Online Computer library Center,OCLC)和美国国家超级计算应用中心(National Center for Supercomputing Applications,NCSA)联合在美国俄

---

① 国家文物局网站.博物馆藏品声像信息指标规范(试行)[2014-06-11] http://www. sach. gov. cn/art/2008/7/8/art_90_2815. html.

② 详情参见 DIF 介绍:http://gcmd. gsfc. nasa. gov/add/difguide/whatisadif. html.

亥俄州的都柏林镇召开的第一届元数据研讨会上产生①。其目的在于如何用 1 个简单的元数据记录来描述种类繁多的电子信息,使非图书馆专业人员也能够了解和使用这种著录格式,达到有效地描述和检索网上资源。首次会议设定了 13 个核心元素,即都柏林核心(Dublin Core,DC),是在网络环境中帮助发现文件类对象(Document-like Object)所需要的最小元数据集。这 13 个核心元素为主题(Subject)、题名(Title)、作者(Author)、出版者(Publisher)、相关责任者(Other Agent)、出版日期(Date)、对象类型(Object Type)、格式(Form)、标识(Identifier)、关联(Relation)、来源(Source)、语种(Language)、覆盖范围(Coverage)。随后在第三届会议上又增加了 2 个元素:描述(Description)和权限(Rights),形成了由 15 个元素构成的核心元素集②。由于 DC 已能较好地解决网络资源的发现、控制和管理问题,加之它的通用性、可选择性、可修饰性、灵活性和可扩展性,已经被博物馆、教育、商业和科学研究等多个领域所广泛采用。元数据标准的建设将有利于对藏品数字资源进行组织、管理、发现、识别、选择、定位、开发、利用和评价,有助于实现藏品数字资源的虚拟展现、集成整合与长期保存。其标准性、通用性与开放性将进一步规范数字博物馆系统建设,形成网络化、标准化和国际化的数字博物馆体系,保证数字博物馆可持续的发展。目前针对数字博物馆的完全通用的元数据标准还没有形成,但是已经有一些成熟的元数据标准可用来借鉴。

一、CDWA

CDWA(Categories for the Description of Works of Art)元数据标准③是由盖蒂基金会(J. Paul Getty Trust)及美国大学艺术学会(College Art Association)联合资助的艺术信息处理工作组(Art Information Task Force,AITF)定义的,于 1996 年发布。CDWA 力图建立艺术作品及其可视资源和文献资源的描述标准,包括描述艺术品物理形态、图像及与时空、人物、历史

---

① 韩珏.都柏林核心(Dublin Core)元数据发展简史(上).图书馆杂志,1999,4:30.
② 韩珏.都柏林核心(Dublin Core)元数据发展简史(下).图书馆杂志,1999,5:19.
③ CDWA Lite〔2014-07-01〕. http://www. getty. edu/research/publications/electronic_publications/cdwa/cdwalite. pdf.

文化等方面的上下文关系等。CDWA 元数据方案共设 27 个核心元素,如表 6-1 所示,每个核心元素又含有一层或多层子元素。CDWA 元数据既有描述艺术品物质外形特征和内容特征的元素,又有关于艺术品的保存、管理以及编目信息方面的元素。CDWA 中有很多元素都反映了艺术品特有的特点,如 Orientation/Arrangement(方位/布置)、Inscriptions/Marks(题铭/标志)、Style/Periods/Groups/Movements(风格/时期/流派/乐章)、Critical Opinions(评论)。CDWA 元数据的描述重点在于"可移动"对象及其图像,包括来自不同时期和地理范围的油画、雕刻、陶艺、金属制品、家具、设计、表演艺术等。①

表 6-1 CDWA 元数据

序 号	核心元素名称	元素说明
1	对象/作品(Object/Work-Type)	著录对象/作品
2	分类(Classification)	规范的艺术品分类
3	展示/安排(Orientation/Arrangement)	展示艺术作品的方法
4	题名(Title)	艺术作品的题名
5	状态(State)	多种形式创作作品之间的关系
6	版本(Edition)	版本或版次
7	尺度(Measurement)	作品的尺度
8	材料和技术(Materials and Techniques)	创作的材料和技术
9	制作(Facture)	作品的制作方法
10	物理描述(Physical Description)	物理外形描述
11	题字/标记(Inscriptions/Marks)	题字或标记
12	状况/考证史(Condition/Examination History)	艺术品的状况和考证史
13	保存/处理史(Conservation/Treatment History)	保存及处理历史
14	创作(Creation)	与创作作品相关联的内容
15	所有/收藏历史(Ownership/Collection History)	所有/收藏历史

① 张敏,张晓林.元数据(Metadata)的发展和相关格式.四川图书馆学报,2000(2):63-70.

续表

序　号	核心元素名称	元素说明
16	版权（Copyright）	作品版权
17	风格（Style）	作品风格
18	主题（Subject）	作品主题
19	背景描述（Context）	作品背景描述
20	展览（Exhibition）	展览情况
21	相关著作或作品（Related Works）	相关著作或作品
22	相关的可视资源（Related Visual Document）	相关的可视资源
23	相关文本参考信息（Related Textual References）	相关文本参考信息
24	评论（Critical Response）	艺术家或评论家的评论
25	编目史（Catalog History）	编目史
26	当前收藏地点（Current Location）	作品当前收藏地点
27	描述性注释（Descriptive Note）	描述性注解

二、VRA

VRA（Core Categories for Visual Resources）元数据标准[①]由美国视觉资料协会制定，是为在网络环境下描述艺术、建筑、史前古器物和民间文化等艺术类可视化资源而建立的元数据标准。描述包括绘画、雕塑、表演、乐曲、文艺作品、建筑物和建筑设计等艺术类可视化资源。它主要由两部分组成，一是作品著录类部分，用于任何一种作品实体或者某种视觉文献所记载的原始作品的著录，包括 19 个数据单元，如作品类型、载体材料、收藏单位名称、收藏地点和收藏号等；二是视觉文献著录部分，用于记载某一作品实体的视觉文献的著录，包括 9 个单元，如视觉文献类型、视觉文献格式、视觉文献尺寸、视觉文献收藏者等。VRA 在 2000 年 7 月 24 日推出了 3.0 版本，在此版本中将 the Work（W）和 the Visual Document（V）单元进行了合并，最终形成了

---

① 　VRA CORE SUPPORT PAGES［2014-07-22］．http：//core．vraweb．org/.

17 项元数据,如表 6-2 所示。VRA 著录单元集合比较简单,比较适用于艺术作品、建筑、民间文化等。

表 6-2　VRA 3.0 版本

序　号	元素名称	元素说明
1	记录类型(Record Type)	标识记录对象是作品或其图像资源
2	种类(Type)	对作品或图像种类进行说明
3	题名(Title)	作品图像的名称
4	量度(Measurements)	作品或图像的尺寸等
5	物质(Material)	作品图像的材料
6	技术(Technique)	生产流程和技术
7	创作者(Creator)	作品图像的创作者
8	日期(Date)	与创作相关的日期
9	地点(Location)	存储地名称或位置
10	ID 号(ID Number)	作品图像唯一的标识符
11	风格/时期(Style/Period)	作品代表的风格、时期、流派 等
12	文化(Culture)	作品的相关背景和文化
13	主题(Subject)	描述和解释作品图像的意义
14	关联(Relation)	描述作品/图像与其他作品/图像间的关系
15	描述(Description)	对作品、图像进行描述和解释、评论
16	来源(Source)	作品/图像记录信息的来源
17	版权管理(Rights)	作品/图像的相关权利管理信息

三、REACH

REACH 元数据标准[①]由 1997 年美国研究图书馆协会(Research Library Group,RLG)为探索有效组织博物馆信息、提供博物馆资源在线服

---

① REACH Project:Investigating the Integration of Museum Data[2014-07-13]. http://www.oclc.org/research/activities/museumresources/reach.html.

务而提出了 REACH 元素集(The REACH Element Set),包含 20 个基本元素,主要包括对象类型、创作日期、出处、技术和媒介等,如表 6-3 所示。REACH 元数据标准适合描述传统博物馆藏品及其数字化对象,着重对藏品的艺术、技术和存储信息以及数字化对象进行描述。

表 6-3　REACH 元数据

序　号	元素名称	元素说明
1	Type of Object(对象类型)	藏品的类型
2	Date of Creation/Date Range(创作日期/时间范围)	藏品被制作或创作的时间,如果不知道具体日期,可用大致时间范围代替
3	Place of Origin/Discovery(出处)	藏品被制作或创作的地点
4	Object Name/Title(对象名称)	藏品的名称
5	Techniques/Process(技术/流程)	藏品如何被制作或创作
6	Medium/Materials(媒介/材料)	制作藏品的材料
7	Dimensions(尺寸)	藏品的测量尺寸
8	Subject Matter(主题)	藏品的内容
9	Style/Period/Group/Movement/School(风格/时期/社会团体/历史运动/流派)	艺术史上的一种风格、时期或流派等
10	Creator/Maker(创作者/制作者)	藏品的设计者或制作者
11	Nationality/Culture of Creator/Maker(创作者/制造者的文化渊源)	制作者所属的文化群等
12	Current Owner(当前拥有者)	当前拥有藏品的人
13	Current Repository Name(当前贮存地名称)	当前存储藏品的仓库名
14	Current Repository Place(当前贮存地位置)	当前存储藏品的地点
15	Current Object ID Number(当前标识号)	被分配用于存储的编号
16	Provenance(起源)	藏品前任所有者
17	Language(记录语言)	记录信息所使用的语言
18	Electronic Location & Access(数字化镜像位置和存取方法)	指向数字藏品对象的 URL 地址或数字图像文件的名字

续表

序　号	元素名称	元素说明
19	Related Objects(相关对象)	与藏品构成某种整体或部分关系的其他藏品
20	Notes(备注)	有关藏品的其他文本描述,如相关的事件、流转历史、重要人物等

四、CIMI、SPECTRUM 和 ARCO

CIMI 标准框架①（A Standards Framework for the Computer Interchange of Museum Information)于 1993 年由博物馆资讯交换联盟提出,完整的框架包含交换协议、交换格式、低层网络和通信以及内容的数据标准。从 1994 年开始主要执行线上文化遗产信息计划——CHIO(Cultural Heritage Information Online),主要目标是提供对各类博物馆信息的记录方式,包括展览目录的全文本、展品文字解释(Wall Texts)、图像以及传统的文献类信息。CHIO 包括两个部分:CHIO 结构(包括内容数据标准及其格式)和 CHIO 存取。1997 年开始进行 CHIO II,主要目的在于测试这些位于不同储存地的数字博物馆资源平台间的互通信的有效性,并加以改良,协助博物馆相关单位利用各项标准检索博物馆资源,开发博物馆重要信息内涵,谋求国际博物馆合作,制定相关标准,以保证信息有效检索与利用。

SPECTRUM 标准②,由英国博物馆记录协会(Museum Documentation Association)③于 1991 年开始编制,目的在于梳理英国博物馆百年积累的管理技术和经验,规范博物馆收藏业务程序,说明程序所需的信息需求,提供博物馆收藏业务的程序与著录标准,以供博物馆建立自己的收藏标准程序,并于 1994 年正式出版第一版。其主要内容主要分为两部分,第一部分是有关藏品管理程序的规定,主要定义了 21 项管理程序,涉及入馆、登录、保存和利用等方面,并对各阶段的相关信息进行说明。其中 8 项被纳入英国博物馆评

---

① Standards Framework for the Computer Interchange of Museum Information[2014-07-20]. http://old. cni. org/pub/CIMI/framework. html.
② SPECTRUM: The UK Museum Documentation Standard [2014-08-02] http://www. collectionstrust. org. uk/spectrum
③ 英国博物馆记录协会 2008 年改称为英国藏品信托(Collection Trust)。

鉴制度（The Museum Accreditation Scheme）的基本要求中，分别是入馆、借入、获取、储存与变动、编目、维护、藏品照护、物件出馆及贷出。第二部分是有关信息环境建立的规定，主要说明实现藏品管理的各种信息需求，涉及文物描述、编目、索引以及相关术语的产生、馆藏记录的维护和登录管理等。在藏品记录方面，主要分为大类信息、机构信息、编目记录信息、藏品识别信息（如文物描述、制作工艺、历史情况及参考文献等）、藏品管理信息等多个方面。标准当前最新的是 3.1 版本。

ARCO 元数据数据集[①]（ARCO Metadata Element Set，AMS）是由欧盟资助的专门服务于数字博物馆的虚拟展示的元数据标准。AMS 注重对实物及其数字化对象的描述。它主要包括文化对象元数据（Administrative Metadata）、获取对象元数据（Acquired Object Metadata）、加工对象元数据（Refined Object Metadata）、媒体对象元数据（Media Object Metadata）、媒体对象简单图像元数据（Media Object Simple Image Metadata）、媒体对象 3ds Max 项目元数据（Media Object 3ds Max Project Metadata）、媒体对象描述元数据（Media Object Description Metadata）、媒体对象多分辨率元数据（Media Object Multiresolution Image Metadata）、媒体对象全景图像元数据（Media Object Panorama Image Metadata）和媒体对象 VRML 元数据（Media Object VRML Metadata）。该标准已被很多机构所采用。

五、其他

此外，还有一些领域相关的标准也可被数字博物馆所借鉴。如在数字图书馆、数字档案馆领域，开放式档案信息系统模型（Reference Model for an Open Archival Information System，OAIS）是 1995 年在国际标准化组织（International Organization for Standardization，ISO）的请求下由美国国家航空和航天局的空间数据系统咨询委员会（Consultative Committee for Space Data Systems，CCSDS）开始开发，旨在对数字信息的存取和长期保存规定概念和参考框架。2002 年 1 月最终通过审核，正式成为一项新的国际标准

---

① Mourkoussis N，White M，Patel M，et al. AMS-Metadata for Cultural Exhibitions using Virtual Reality[C]//International Conference on Dublin Core and Metadata Applications. 2003：pp. 193-202.

(ISO:14721)^①。它现已成为国际上很多数字档案的研究和开发项目优先遵守的标准规范^②。OAIS 参考模型的出现为数字档案信息进行长期保存和持续利用提供了一个最佳途径,已成为一种开放性数字档案馆建设的基本框架和所应遵循的原则。OAIS 信息模型提出了信息包的概念,它将信息在系统中输入、运转和输出的结构概念化,分为提交信息包(Submission Information Package,SIP)、存档信息包(Archival Information Package,AIP)和分发信息包(Dissemination Information Package,DIP)。OAIS 有六项主要功能,分别为接收功能(Ingest)、档案存储功能(Archival Storage)、数据管理功能(Data Management)、系统管理功能(Administration)、保存规划功能(Preservation Planning)和存取功能(Access)。这六项功能为 OAIS 数字存档系统的总体功能框架的设计和实现提供了较为完整的高层概念模型。此外,编码档案描述(Encoded Archival Description,EAD)^③是由美国国会图书馆网络开发、MARC 标准办公室和美国档案管理员协会联合开发维护的,主要用于描述档案和手稿资源,包括文本文档、电子文档、可视材料和声音记录等。目前,EAD 以 XML^④作为编码标准,它能够支持档案工作者惯用检索工具的一般结构,而且不依赖于某些特定平台、对万维网有良好的适应性,并且它具有足够的灵活性可以适用于多种类型的馆藏。EAD 共有 146 个元素,由 EAD 标目(Eadheader)、前置事项(Front Matter)、档案描述(Archdesc)三个高层元素组成,每一个高层元素下可分若干子元素,子元素下还可再细分出若干元素,涉及题名、版本、大小、摘要、实体描述、附注、评价、访问限制、保管历史、处理信息和使用限制等^⑤。在人文科学领域,文本编码计划(Text Encoding Initiative,TEI)元数据标准^⑥由计算机和人文协会、计算语言学会、文字语言协会联合制定,用于电子形式交换的文本编码标准。其中规定了对电子文本

---

① Space data and information transfer systems-Open archival information system (OAIS)-Reference model[2014-08-08]. http://www.iso.org/iso/catalogue_detail.htm? csnumber=57284.

② 何欢欢.OAIS 参考模型及其在我国的应用,2008,27(9):56.

③ Encoded Archival Description [2014-08-03]. http://www2.archivists.org/groups/technical-subcommittee-on-encoded-archival-description-ead/encoded-archival-description-ead.

④ XML 是 Extensible Markup Language 的简写,是一种可扩展标记语言,用于标记电子文件使其具有结构性的标记语言。可以用来标记数据、定义数据类型,是一种允许用户对自己的标记语言进行定义的源语言,非常适合 Web 传输。

⑤ 王小丽,王芳.国内外数字档案馆元数据标准体系比较研究.情报科学,2007,25(3):383-384.

⑥ Text Encoding Initiative:TEI. http://www.tei-c.org/[2014-08-20].

的描述方法、标记定义和记录结构。TEI 元数据标准可以对元数据和内容数据进行描述，主要包括 TEIHeader、Front、Body 和 Back 四个部分。TEI 标准使用 SGML① 作为数据记录的编码语言，规定了供记录交换用的标准编码格式。TEI 格式具有很大限度的灵活性、综合性、可扩展性，能对各种类型或特征的文档进行编码。

在地理空间领域，地理空间数据的元数据内容标准（Content Standard for Digital Geospatial Metadata，CSDGM）②是由美国联邦地理数据委员会（Federal Geographic Data Committee，FGDC）制定的，目的在于确定一个描述数字地理空间数据的术语及其定义集合，包括需要的数据元素、复合元素（一组数据元素）以及它们的定义和域值，以及描述数字地理空间数据集的元数据信息内容。FGDC 是按照段（Section）、复合元素（Compound Element）、数据元素（Data Element）来组织记录的，包括 7 个主要子集和 3 个辅助子集，共有 460 个元数据实体（含复合元素）和元素。FGDC 为子集、复合元素和元素规定了 3 种性质：必需的、一定条件下必需的和可选的。主要子集包括标识信息、数据质量信息、空间数据组织信息、空间参照系统信息、实体和属性信息、发行信息和元数据参考信息。辅助子集包括引用文献（引证）信息、时间信息和联系信息等。

国内关于相关标准的研究还处于发展阶段，2001 年为了适应全国文博信息化建设发展的需要，规范博物馆藏品信息处理和交换工作，建立博物馆藏品信息管理系统，国家文物局发布了《博物馆藏品信息指标体系规范（试行）》③和《博物馆藏品二维影像技术规范（试行）》④。规范的制定主要依据《中华人民共和国文物保护法》、《中华人民共和国文物保护法实施细则》和《省、市、自治区博物馆工作条例》、《博物馆藏品管理办法》、《文物藏品定级标准》、《藏品档案填写说明》、《全国文物事业统计报表制度》等法律法规，参考

---

① SGML 全称为 Standard Generalized Markup Language，即标准通用标记语言，是一种定义电子文档结构和描述其内容的国际标准语言。SGML 可以支持很多文档结构类型，并且可以创建与特定的软硬件无关的文档。

② Content Standard for Digital Geospatial Metadata［2014-09-12］. http://www. fgdc. gov/metadata/csdgm/.

③ 国家文物局. 博物馆藏品信息指标体系规范（试行）［2014-10-01］. http://www. sach. gov. cn/art/2008/7/9/art_90_2819. html.

④ 对应《博物藏品信息指标体系规范（试行）》2001 年版的《馆藏品二维影像技术规范（试行）》部分。

《博物馆藏品保管工作手册》，借鉴国际博物馆协会（ICOM）《国际博物馆藏品信息准则》，结合了全国各类博物馆藏品保护、使用、管理的实际与今后发展的需要。这两个规范为数字博物馆藏品信息的采集、登记和管理提供了基本标准，满足了博物馆藏品信息处理与交换最基本的要求。其中藏品信息指标体系包括 3 个指标群：藏品信息、藏品管理工作信息和藏品文档信息、研究论著信息与声像资料信息，33 个指标集和 139 个指标项。139 个藏品信息指标项是面向全国的博物馆藏品信息管理工作，基本涵盖了各种类型博物馆的藏品以及藏品保管、保护、使用、研究等工作流程与内容。《博物馆藏品二维影像技术规范》规定了藏品影像数值化的技术内容，增加了相关的影像数值化方面的一些名词。随后，结合山西、河南、辽宁、甘肃等文物数据采集工作的实践，为满足《馆藏文物信息管理系统软件》中有关数据采集著录的具体要求，由中国文物信息咨询中心组织编制出《博物馆藏品信息指标著录规范》[①]，对《博物馆藏品信息指标体系规范（试行）》做了必要的补充，规范博物馆藏品信息采集著录行为。2008 年国家文物局又颁布了《博物馆藏品声像信息指标规范（试行）》[②]，主要结合文物数据采集工作的实践，以满足有关声像数据采集著录的具体要求而编制，对《博物馆藏品信息指标体系规范（试行）》做了必要的补充，涉及 1 指标群，3 个指标集和 21 个指标项。

第四节　面向服务的数字资源管理

数字资源的管理是借助计算机技术和网络技术将数字博物馆中各类数字资源进行组织，并集成在一起，以提高工作效率和服务效率，方便共享和使用。随着公众对博物馆信息需求的不断扩展，以及出版、教育、娱乐、旅游等行业对博物馆藏品资源的利用需求和专业获取需求的提升，数字博物馆在资源的组织和管理上都要以面向不同服务需求为目的，所有的数据管理工作都必须是以面向服务为出发点。由于在不同的应用领域，所需要的藏品数字信

---

①　国家文物局.博物馆藏品信息指标著录规范（试行）［2014-10-03］. http：//www. sach. gov. cn/art/2004/11/17/art_659_7074. html.

②　国家文物局.博物馆藏品信息指标著录规范（试行）［2014-10-03］. http：//www. sach. gov. cn/art/2008/7/8/art_90_2815. html.

息的内容和形式截然不同,因此需要根据不同的应用需求,结合面向对象数据管理的特点,随时组合、定制不同的数据信息服务,充分发挥数字资源的价值。基于上述考虑,对于数字资源的管理体系而言,主要进行三个层面的建设:资源层面、功能层面和服务层面。图 6-1 显示的是管理体系结构图。

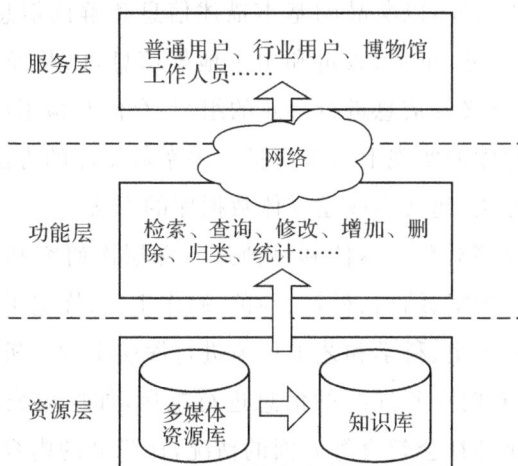

图 6-1　数字资源管理体系结构图

首先在资源层面,主要实现数字藏品资源库建设和知识库的建设。数字藏品资源库是数字博物馆开展活动的先决条件,也是数字博物馆整体建设的根基所在。它不仅影响到博物馆内部各项事务的开展,也将影响到博物馆的持续性发展。数字藏品资源的类型多样,内容丰富,表现形式不一,对于其管理,既要考虑到科学性、合理性,同时也要考虑到组织、检索的方便。因此,通常可以从数字藏品的媒体形式入手,构建多媒体资源库。多媒体资源库以不同媒体类型为对象,主要由以下分库构成:

1.藏品图像库:以藏品的数字图像为对象,对其进行有效组织、存储和检索的数据库。

2.藏品音频库:以录制或合成的数字音频为对象,对乐曲、戏曲、歌曲、相声、解说、讲演、访谈等以及各种自然声响进行有效组织、存储和检索的数据库。

3.藏品视频库:以录制或合成的数字视频为对象,对反应加工流程、制作工艺、仪式过程、表演流程、行为方式、解说录像等动态视频资料进行有效组织、存储和检索的数据库。

4.藏品三维模型库:以通过三维激光扫描仪采集的数据或建模软件制作的数据为对象,对反映藏品空间立体形态和内部结构的三维点云数据、网格数据或曲面数据进行有效的组织、存储和检索的数据库。

5.藏品基础资料库:以藏品的基本描述信息和解读信息为对象,对藏品名称、年代、质地、尺寸、重量、数量和出土地等信息,以及经过专家初步解读的文化背景、历史意义等信息进行有效的组织、存储和检索的数据库。

在多媒体资源库的实现上可采用扩充关系数据库的方法,采用面向对象的多媒体数据库方法、超文本或超媒体数据库的方法。

知识库主要存储对藏品本体和价值进行深层次研究和挖掘的结果。对藏品的器形、纹饰、图案、结构、材料、颜色、制作工艺、烧造工艺和使用语境等不同层面所具有的历史、科学和艺术价值进行深层次的分析和研究。对藏品所蕴含的非直观、超时空和连续的信息进行挖掘,如挖掘藏品所处社会环境的政治、经济、文化和社会教育等方面的情况,让隐藏的内容得以显现。同时知识库也存储藏品与其他藏品、档案及文献资料之间的关联关系,能够将不同专业领域的知识进行系统化的组织、分类和整合,为不同行业用户和公众用户的跨领域多元的知识获取、分享和利用奠定基础。

在功能层面上,主要向博物馆内的工作人员和馆外用户提供使用数字藏品资源库和知识库的方法和手段。针对博物馆内的工作人员,为其提供浏览、查询、添加、删除、修改、更新、归类、统计、发布和生成报表等功能。针对馆外用户,为其提供基本浏览、检索、查询、共享、上传和下载等功能。

在服务层面上,通过网络将数字博物馆与不同行业用户和公众用户联系起来,建立有线、无线的连接。允许用户可以通过 PC、平板电脑、智能手机等设备进行访问。服务层面是用户面向数字藏品资源发起各种需求的直观表现层,也是数字博物馆系统反馈各种信息、提供各种服务的终极反映层。服务层体现了用户和数字博物馆的互动和交流。此外,服务层也是数字藏品系统服务于博物馆日常工作事务的直观通道,为博物馆工作人员提供了关于藏品浏览、资料下载、信息查找等服务。

除了三个基本层面的建设,为了保障数字资源的完整、一致和安全,便于三个层面的交互运作,提升系统服务的质量和效率,还需要进行用户管理。

主要根据用户的类别或角色,授予不同等级的权限。对数字资源库建设过程中的博物馆用户进行增加、删除、修改、查询、检索等功能权限的管理。对行业用户、公众用户和博物馆一般工作人员使用资源进行许可、控制和监督,根据情况实际分配查询、浏览、下载或上传等功能权限,并保护资源的使用者的相关利益不受损。此外,针对不同领域用户,进行资源权限管理,分众开放资源,采用多个联合、单个完整、单个局部的分等级、分层次开放策略,可结合数据库视图技术实现。

名词解析

- 计算机的存储容量单位:各种存储容量的单位都是用字节(Byte 简为 B)来表示,此外还有 KB、MB、GB 和 TB,其关系是:$1KB=1024\ Bytes=2^{10}$ Bytes,$1MB=1024\ KB=2^{20}$ Bytes,$1GB=1024\ MB=2^{30}$ Bytes,$1TB=1024GB=2^{40}$ Bytes。

- CD 和 DVD:CD 是指小型激光盘,DVD 是指数字多功能光盘,都可以用来存储数据。但 CD 可存储的数据容量一般为 650~700MB,而单面单层 DVD 一般容量为 4.7GB,双面双层的 DVD 容量可达 9.4GB,最新的蓝光 DVD 的存储容量可达 100GB。

- 联机计算机图书馆中心:英文名为 Online Computer Library Center,建立于 1976 年,总部设在美国俄亥俄州都柏林,是世界上最大的提供文献信息服务的机构之一,是一个非营利的组织,以推动更多的人检索世界上的信息、实现资源共享并减少使用信息的费用为主要目的。目前全球有 112 个国家和地区的 70,000 多所图书馆都在使用 OCLC 的服务来查询、采集、出借、保存资料以及编目。

- 元数据编码语言:英文名为 Metadata Encoding Languages,是用于对元数据元素和结构进行定义和描述的具体语法和规则的语言。在元数据发展初期,研究者常使用自定义的记录语言或数据库记录结构,但随着元数据格式的增多和互操作的要求,研究者开始采用元数据编码语言来描述元数据,例如 SGML(Standard Generalized Markup Language)和 XML(Extensible Markup Language),其中以 XML 最为普遍。

第七章

数字资源的利用及其知识产权保护问题研究

博物馆的数字资源无论是在博物馆内的展览和教育方面，还是在馆外学术研究、电子出版、文化创意产业等方面都得到了越来越广泛的利用。但是由于法律和管理的缺失，以及针对数字资源具有易复制、易传输和易篡改等自身特点所导致的数字资源的知识产权侵权行为也非常容易发生，因此亟待研究和分析博物馆数字资源的知识产权保护等相关问题。本章主要厘清博物馆数字资源的利用情况，分析博物馆数字资源的知识产权保护现状，探寻存在的问题，研究从立法、管理、技术和宣传四个层面入手建立一套完善的保护机制。

第一节　数字资源利用现状分析

博物馆数字资源的建设经过半个多世纪的发展，已从简单的文字、图片发展为声音、视频、动画和三维模型等形式，其质量和数量都有了巨大的飞跃。人们不再局限于数字资源本身的存储和管理，而是更多地关注如何更好地对其进行利用，以充分发挥数字资源的作用。因此，如何利用好数字资源以促进博物馆及社会相关领域的发展已成为一个被重点关注的问题。以下将对博物馆及其他行业的数字资源利用情况做一下梳理。

一、博物馆

博物馆对数字资源的利用主要服务于以下方面：构建或辅助展览、开展教育项目和加强对外联系。

1.构建或辅助展览

构建或辅助展览主要将博物馆的数字资源用于实体博物馆或数字博物

馆的展览策划和实施,涉及实体馆内的多媒体展项、数字互动装置等;数字博物馆虚拟展览、藏品展示等;移动媒体上的展览应用等。美国博物馆积极开拓各种利用可能,充分发掘数字藏品资源的价值,除将资源信息用于构建展项外,还积极通过移动互联技术充分利用数字资源开展多样化的服务。根据2011年美国博物馆联合会"移动技术"的调查报告可知,在42%已提供移动服务的博物馆中,有95%的项目是以信息推送、应用程序、二维码、增强现实应用、数字导览等为主的展览服务性项目。目前推送的馆藏内容形式包括音视频、图片、三维模型等。比如,史密森学院开发的 Smithsonian Mobile 应用程序,就支持浏览器下的19家博物馆及其馆藏3600万件艺术作品的展示,并允许用户同时上传照片和评论到社交网站。纽约现代艺术博物馆 MoMA 的 App 应用程序则充分体现了以下功能:(1)海量艺术品可供随时看、随心看,用户可即时查询 MoMA 32000 件现当代艺术品收藏;(2)用户可随时查询艺术术语词典与艺术家档案;(3)随时推送展览、电影、活动日程表以及包括为儿童、年少年及视障人士特别准备的多种导览服务等;(4)提供五种导览服务:Special Exhibitions,Modern Voices,Modern Kids,MoMA Teen Audio,以及 Visual Descriptions。史密森学院还先后推出以美国各小镇和乡村的故事为主题的 APP,包含史密森学院所收藏的天文、地理、人文资料的 Smithsonian Channel APP, Infinity of Nations 展览等。美国国立非洲艺术博物馆发布的"史密森艺术家对话2"APP 设计了"策展人专题导赏"视频项目,用户可以在英语、葡萄牙语双语环境下观看艺术家如何描述自己的作品以及如何通过合作方式进行艺术创作。欧洲虚拟博物馆整合了欧盟各大博物馆、艺术馆的数字藏品资源,面向全球公众开放。观众可以通过手机 WAP 直接浏览和访问200多件来自欧洲的数字化文物作品,涉及来自欧洲大陆上千家图书馆、美术馆、报刊陈列馆和档案馆的藏品,包括图书、绘画、影像和其他资料文件。法国卢浮宫以网站为依托,借助 Blue Martini 软件使浏览者可以根据自己的喜好与职业需要定制个性化参观界面,并选择藏品图像和讲解信息等。英国泰特美术馆推出"泰特辩论会 Tata Debates",用户通过移动终端不仅可以浏览各类艺术品资源,还可分享对艺术作品的看法和观点。阿姆斯特丹市立博物馆推出的 Stedelijk AR 应用程序,支持通过智能手机定位,在无线网络环境下传输数字图像、音频、文字以及 3D 影像。国内的百度百科数字博物馆也做出了巨大努力,把全国各地的博物馆数字资源聚合在一起,通过百度百科这座知识桥梁,快捷地把这些珍贵的信息推送到大众面前。百度百科数字博物馆通过将模块嵌入词条页,把各个博物馆提供的藏品信息关系化、网络化、整体化,进而形成一体化的藏品展示库。① 这种形式不仅让用户可以便捷地搜索到自己想获取的信息,而且能全面、系统、深入地了解目标博物馆的特色。截至 2015 年 2 月 27 日,已上线的百度百科数字博物馆共有 177 余家,主要有中国国家博物馆、上海博物馆、南京博物院、秦始皇帝陵博物院、中国丝绸博物馆和云冈石窟等。通过音频讲解、实境模拟、立体展现等多种形式,用户即可身临其境地观赏珍贵展品,便捷地获取信息、了解相关内容。

为促进文化信息的公开透明、配合提升展览与服务,台北"故宫博物院"建立了资料开放的服务平台"Open Data",为公众提供博物馆资料的下载使用。这些资料不仅包含了文物的描述性信息,同时也包含了图像、视频等。此外,台北"故宫博物院"通过数字技术,将古代文明与现代生活结合,构建了"乐活故宫"展示系统。在《唐人宫乐图》数字化的基础上,恢复古画原本的色泽,让唐朝宫女去呈现现代生活系统;借鉴古代皮影戏的手法,通过将人物肢体分开设计的方式,让人物在电脑中复活。当参观者踏上设置好的台北、纽约、巴黎三个感应板时,屏幕上就会呈现出唐朝宫女在当地的生活。景象系统不仅有一般的平面展示,还有 3D 立体展示。展示系统的一套放置在台北"故宫博物院",另一套则巡回世界各地展览。北京故宫博物院利用一批数字精品资料,开发了《胤禛美人图》(如图 7-1 所示)、《紫禁城祥瑞》等 APP,获得了社会各界的广泛好评。其中《胤禛美人图》获 2013 年"DFA Award"亚洲最具影响力优秀设计奖。该应用以清代宫廷仕女画《雍亲王题书堂深居图屏》(《胤禛美人图》的学术名称)数字资源为基础,以书画、陶瓷、工艺美术、宫廷生活等领域专家的研究成果作为学术支撑,从美人妆容发饰、室内家具装潢、摆放器物陈设、图案隐含寓意等方面,引领用户欣赏宫廷绘画雍容华贵的审美情趣和仕女画工整妍丽的艺术特色,让用户亲历古色古香的生活场景,探索画轴背后隐藏的故事。

① 新华网.百度百科数字博物馆上线 搭建权威知识传播平台［2014-11-20］. http://news. xinhuanet.com/tech/2012-01/04/c_12484173.htm.

图 7-1　胤禛美人图

2. 开展教育项目

开展教育项目主要是将数字资源服务于博物馆教育,如为特定的教学而开发的网络课程、电子书,为专题学习制作的视频讲座、纪录片、网络节目等。史密森教育中心汇聚了史密森麾下 19 所博物馆、艺术馆等机构的教育专业人士以展览为基础设计的课程。这些教学资源按照内容分为"艺术和设计""科学和技术""历史和文化""语言艺术"4 个板块,分别针对幼儿园到 12 年级不同年龄段的学生。教育工作者可以直接登录史密森博物学院网站的教育板块,通过输入"主题"和"年级"对这些内容翔实、形式多样、题材广泛的课程进行选择和下载。教育中心不仅仅局限于单方面的资源输出,同时也关注教师的参与度,为此,教育中心开发了"在线论坛""在线研讨会""史密森教师沙龙""教师咨询委员会"等教师网上互动平台,供教师与博物馆教育专家深入探讨。这种做法不仅有助于教师深层次理解和挖掘博物馆资源,更重要的是,教师对各种教育项目的反馈信息和建议为博物馆下一步教育工作的开展提供了宝贵的参考意见和启发。此外,史密森各个博物馆均以自己机构的展览为题材,设计出了形式多样的趣味网络游戏,在传播文化知识、培养艺术感知力的同时,开发孩子们的智力和想象力。如史密森与麻省理工学院教育中心联合开发了"消失"科学探秘游戏,娱乐性与教育性兼备,深得热爱科学和艺术的中学生喜爱。而大英博物馆配合馆内活动的宣传,设计了可以在网上参与学习的教育项目,使学习者可以方便地了解博物馆的项目,并参与其中。同时配合教育活动,利用数字资源,博物馆还开发了网络游戏和视频动画等。2009 年,三星公司与大英博物馆合作建立了"三星数码探索中心",旨在为儿童和青少年提供一个一流的数字化教育中心,以便让他们了解大英博物馆的藏品并参与互动活动。探索中心有 11 个学校项目全年开放,有多个家庭项目每年开放 50 个周末,所有项目都是免费的。在探索中心,孩子们利用最新的三星数字设备可以学习从钟表到服饰、从佛教雕塑到埃及绘画的不同内容,探索中心运营的四年期间吸引了超过 4 万名的 3 岁到 18 岁的儿童和青少年。

台北"故宫博物院"则在其网站上设置教学百宝箱项目,其中包含教学资源、故宫文物融入教科书策略建议等内容。与学校课程相关的内容均以年级和学科做了详细的划分,故宫文物融入教科书策略还建议将文物与教科书的具体单元进行对应。此外,台北"故宫博物馆"还设置图书文献馆和 Open Data 的资料库。为了配合一般大众的学习,台北"故宫博物院"利用信息、网络与多媒体技术,创建了网上的"故宫 e 学园",以图像、动画、视频加旁白、背景音乐等营造不同的学习情境,使观众可以根据自己的需求展开自主学习,选择青铜、陶瓷、绘画和文物修复等不同专题。而教育工作者可以轻松获取故宫博物院的数字教学资源,用于编制教材。在湖南省博物馆的网站上设有学习版块,包含了趣味学习、网络课堂、走进轶侯家和湘史脉络等栏目,为用户自学和学校教学服务。这些栏目利用了馆藏数字资源信息,借助动画、视频、游戏、虚拟现实场景再现等形式进行知识点的传递。如趣味学习中的图文故事,是以历史传说故事为背景,以文字配合平面手绘画的形式表现故事内容,在此基础上引出与故事相关的藏品,通过藏品图像和文字描述信息让观众对藏品建立初步的认识。而网络课堂以学生为对象,内容分为专题讲座和专题课程,以网络课件的形式向学生讲解专题知识。大量的藏品数字图像被用于讲解展示对象,使得讲座或课程内容非常生动形象。

3.加强对外联系

加强对外联系主要是利用藏品数字资源的各类形式,借助网站、Facebook、Twitter、Flicker、YouTube 和 Delicious 等社交媒体与公众实现及时、便捷的沟通,拉近博物馆与公众之间的距离。如印第安纳波利斯艺术博物馆推出的 ArtBabble 平台,结合了云技术、Twitter 等多种社交网站,用户不仅可以浏览馆藏,还可以分享、评论,与博物馆工作人员进行互动。纽约大都会博物馆利用藏品数字资源在其官网上推出了"联系"栏目,馆员们以"启迪"为宗旨,以自己的兴趣、爱好、理念等为出发点围绕博物馆藏品制作了不同的视频片段供观众观看和了解。博物馆还将这些片段发布到 Facebook 和 Twitter 上,得到了众多网友热情的回应与关注,引起的社会反响强烈。英国东北部地区博物馆联盟联合推出的"我爱博物馆"发展计划,有来自英国东北部地区的 81 家博物馆共同参与,他们共享数字资源,其目标不仅是吸引更多的观众走进博物馆,而且是要吸引观众走进更多的博物馆。通过"我爱博物馆"网站这一平台,观众可以将自己喜爱和需要的主题在网站上提交,如"我爱思考""我爱动物",甚至是"我爱呼吸新鲜空气"这样的主题,网站会自动搜索出和观众需求相符的相关博物馆信息及网站链接。这种博物馆资源的检索方式能调动和激发观众的主动参观兴趣。大英博物馆的便携式古物计划则鼓励将私人藏品或者新发现的古物通过手机拍摄上传、分享,甚至与专家共同探讨其价值。同时,大英博物馆实施"Conservation Focus"的做法,在文保专家修复某个建筑或者文物的同时,观众可以一旁观看,并向专家提出自己的疑问。博物馆的 Blog、Facebook、Twitter、YouTube 等网站会随时更新考古进展情况。

台北"故宫博物院"网站设置有故宫电子报,将近期中的展览、活动和研究等信息进行推送。同时设置电子贺卡功能,围绕人们的生活主题,可以让参观者利用藏品资源设计和制作自己的电子贺卡并向朋友发送。多媒体下载专区向公众提供了以藏品数字资源为内容而设计的各种桌面、屏幕保护、视频和音频等资源,方便公众获取。此外,台北"故宫博物院"建立有 Facebook 粉丝团、故宫常设展 APP、带着故宫走 APP 等,增强与观众的交流,扩大故宫的影响,促进故宫各项活动的开展。上海博物馆在网站上专门开辟了下载栏目,将以博物馆藏品数字资源为基础制作的各类桌面、屏保和电子贺卡向公众免费开放,内容涉及博物馆的瓷器、玉器、丝织物和书画类作品等。中国国家博物馆则在新浪微博、腾讯微博、人民微博上设有独立空间,将展览信息、藏品介绍、教育活动等内容发送到空间上,利用了大量展览图片、藏品图像和研究文本开展介绍。通过这些微博平台,国家博物馆吸引了众多的爱好者,其粉丝总量已超过 300 万。

二、其他行业

除博物馆之外,教育研究机构、出版行业、文创产业等也是对博物馆数字资源利用最为迫切的地方。

1. 教育研究机构

博物馆是人类认识过去、展望未来最为理想的场所,它提供了文、史、哲、艺、自然、科技等各方面的资源。这些资源不仅是学生学习的对象也是研究人员开展课题研究的对象。然而,由于藏品的唯一性、易损性等特点,基于保护的需要,往往限制人们直接接触藏品的次数,更不允许藏品被轻易使用、拆解或分析。这些限制阻碍了藏品实际作用的发挥。藏品数字资源的出现缓解了保护和利用、研究之间的矛盾。各类学习、研究需求可以通过藏品图像、视频、三维模型的形式得以满足。比如学校的历史课、自然课等专题课程可以从历史博物馆、自然博物馆等获取针对性的代表性图像资料用于课堂教学。艺术专业学生的培养,可以以艺术馆的藏品为对象进行示范讲解,作为学生的临摹、仿制对象。对于一些研究机构,开展的课题研究可直接以博物馆的藏品为对象,根据研究目的选择其可利用的数字资源类型。如从事艺术史研究的科研人员,需要对文物的形制、颜色、纹饰、结构等方面开展研究,所以会用到文物的图像、视频以及三维模型资料。这些资料起到了很好的实物替代作用,能够被更多的人所共享和使用,并可以进行复制和进一步加工及处理。一些机构和博物馆专门实施了一些专项计划,用于鼓励和支持基于藏品数字资源的研究。如由美国美仑基金会(The Andrew W. Mellon Foundation)所成立的非营利典藏机构,建立的非营利性数字藏品资料库 ARTstor[①],其使命为运用数字技术来提高人文艺术相关领域的学术、教学与

---

① Artstor[2014-10-28]. http://www.artstor.org/.

学习品质。其服务宗旨是希望为艺术及教育社群在其研究及教学的影像需求方面有所贡献,力图建立一个有组织且可信赖的核心数字资源库。ARTStor 的合作伙伴主要是博物馆、艺术馆和图书馆,其中有大都会博物馆、纽约现代艺术博物馆、大英博物馆、伦敦国家画廊等。数字资源内容涉及画作、雕刻、器具、建筑、手稿、乐谱、地图、文物、装置艺术等。大都会博物馆于 2007 年发起的 Images for Academic Publishing(IAP)项目,旨在为学术出版免费提供达到出版质量的图像,通过网络实现自动化的服务。目前该项目已被许多鼓励、支持学术出版的博物馆所采纳,他们纷纷加入该项目中。所有 IAP 的参与者也将图像资料上传到 ARTStor 数据库,为学习和教学提供资料。

2. 出版行业

出版业,主要分为博物馆的专业出版和其他单位的出版。出版的内容有专题研究、史料汇集、图录汇编和论文集刊等。以博物馆为主导的出版主要是介绍博物馆的各展项、教育活动和保护、修复研究等情况。如故宫博物院的《故宫博物院院刊》、中国国家博物馆的《中国国家博物馆馆刊》等。这些刊物往往会用到藏品的图像资源、藏品编目信息等。这类刊物多以纸媒为载体进行传播,有时也会被扫描或拍照,转化为数字化的形式,放到网站上供观众在线阅读。除博物馆之外,也有各种出版机构需要使用到博物馆数字藏品资源,比如历史教材、自然教材、动植物教材的出版需要博物馆的文物、标本或模型的图像作为案例图;对某学者关于某一件或某一类藏品的历史、艺术或科技价值的研究专著的出版,需要使用藏品的图像作为著作的插图;对齐白石画册、青铜器赏析等画册、图录的出版,需要大量的藏品图像资料作支撑。还有一些休闲、娱乐类书籍的出版,如个人游记、城市旅游参观指南、摄影入门与指导等,通常也要用到有关博物馆的藏品图像信息等。随着网络和数字技术的发展,人们将阅读的对象从传统的纸媒转移到数字媒体上,电子出版成为一个新的发展趋势。电子出版将文字、声音、图像、视频等融为一体,打破图书、报纸、期刊等纸质媒体,电影、电视等形象媒体等之间的壁垒,消融了媒体的物理介质之间,地域、行政之间甚至传播者与接受者(读者)之间的界限。其出版发行方式包括光盘、磁盘、网络、移动终端等。电子出版的素材来源主要是文字、图像、声音、视频等各类数字化媒体。涉及博物馆相关藏品及信息的各类电子出版物都需要用到博物馆的数字资源。不同于传统出版仅限于图像资料的使用,电子出版可以充分使用到藏品的不同媒体形式,制作出更为生动、形象的电子杂志、电子期刊、电子书、电子相册和软件读物等。一些博物馆也开始推出自己的电子出版物,比如美国丹佛自然科学博物馆(Denver Museum of Nature & Science)推出的《催化剂》(Catalyst)电子杂志。该杂志包括博物馆新闻、特展介绍、博物馆幕后故事、博物馆馆藏、博物馆活动和发现科学六个板块,博物馆的会员可以在网络上免费下载浏览,其他观众可以在线免费阅读。该电子出版物不仅包括文字和图片信息,有时还会有视频或者音频资料等。

3.文创产业

文创产业对于博物馆数字资源的利用主要源于博物馆的创意产品开发和影视、动漫、广告、工业设计等创意群体的产品开发。在博物馆的创意产品开发方面,主要以开发博物馆的特色文物衍生品、艺术衍生品为主。主要从博物馆馆藏中挖掘可以利用的文化价值和设计元素,并进行再加工用于纪念品的设计和制作。这些纪念品具有鲜明的博物馆藏品特征,成为博物馆传播知识、开拓业务的有效载体。博物馆藏品数字资源,集视觉感官元素为一体,既有平面型态,也有立体型态,集颜色、纹理、结构、造型等于一体,其所具有的可复制、易传输和处理的特点,使其成为文创产品开发最好的素材。当前,许多博物馆联合一些文化衍生品设计、制作公司开发博物馆特色纪念品,所设计的产品已不局限于生产简单的文物或艺术品的仿制品,而是以现代审美对文物设计元素进行提炼和再创造,制作出满足现代人观赏、使用或娱乐需求的多元化的产品。许多文创产品赢得了公众的广泛好评,如台北"故宫博物院"的仿古胶带"朕知道了"、北京故宫博物院的朝珠耳机。此外,为了方便公众浏览和购买复制品和文创产品等,一些机构开辟专门的网络空间进行网络销售,利用藏品的图像资料进行展示和宣传,帮助网上用户对文创产品渊源的理解。如英国的文化标签网①就是这样一个销售空间,它将60家英国艺术机构的在线零售商店进行联合,目的是使得全世界人们都能够便捷地发现并买到他们的产品。加入该网站的有泰特美术馆、V&A博物馆(Victoria

---

① CultureLabel Shop for the Arts[2014-11-20]. http://www.culturelabel.com

and Albert Museum)、大英博物馆和皇家美术学院等,也包括一些地区性的机构,比如牛津的阿什莫尔博物馆,还包括一些全国性的艺术组织,比如英国名胜古迹国民托管组织等。该网站未来计划在全球范围内推广,希望将世界各地的艺术机构和博物馆的艺术品及文创产品囊括其中。

影视、动漫、广告、工业设计等创意群体的产品开发对博物馆藏品资源的素材和信息需求的比重也日益增大。在这些群体中,数字处理技术正逐步代替传统光学、化学或物理处理技术,促成了数字电影、数字动漫等的空前发展。各行、各业的数字化资源作为素材被用于制作作品。一些以博物馆、藏品及其相关对象为元素的电影需要用到博物馆的数字资源信息,包括图像三维模型数据等。如冒险喜剧电影《博物馆奇妙夜》,是以美国自然历史博物馆为背景,不仅真实再现了空间环境,而且也再现了大量陈列品,涉及化石、标本、模型等。大量的展品三维模型数据和图像数据被计算机用于模拟各种特效场景。其他一些与展品或藏品相关的电影还有《达·芬奇密码》、《阿黛拉的非凡冒险》等。除电影外,数字动漫制作也不断取材自博物馆的藏品,在反映历史感、文化感的同时,体现现代性和娱乐性,建立与大众的亲和关系。如数字动画片《冰川时代》的制作,就取材自美国自然历史博物馆收藏的冰川时代文物,其中特别以长毛象的骨骼化石为重点取材对象。在获取长毛象骨骼模型数据的基础上,通过计算机建立相应的整体模型,并制作出各种动画效果。此外,台北"故宫博物院"与太极影音公司合作拍摄的 3D 动画《国宝总动员》,则以"国宝级"文物:婴儿枕、玉辟邪和玉鸭为主角,围绕它们寻找从翠玉白菜上飞走的螽斯而展开情节。它们夜半大闹"故宫",并在冒险历程中逐一结识五十件"故宫"明星文物。图 7-2 显示的是《国宝总动员》的宣传资料,主要介绍了婴儿枕、玉辟邪和玉鸭三个主角。这一动画片的制作充分利用了台北"故宫博物院"的藏品数字化成果,进行了改造和再加工,确定了动画角色。在广告与工业设计方面,为了打造产品的文化气息、提升产品的品位,丰富其内涵,文化遗产已经成为各企业关注的重要领域。他们希望从古代先贤遗留下的各类作品中获取其创意灵感。对于博物馆的藏品,他们要提取文物的各类设计要素,如二维图案、三维模型、运动姿态、色彩、纹饰、材质、肌理、语义、透视关系、遮挡关系和纹理密度变化等。这些信息的提取需要使用大量反映文物外在视觉感官的图形、图像和三维模型等数据。设计师在各要

图 7-2 《国宝总动员》的宣传资料

素的基础上将文化表象特征打散、解构，从文化与精神层面提炼，从中抽取某些部分作为设计元素，设计出具有历史内涵、文化寓意、艺术气息、个性鲜明的产品，在舒适度、心理满足度上满足用户的使用，再通过新技术、新材料和新设备等，用现代的方式表现出来。目前这类创意产品很多，如青花瓷的优盘、太极茶杯和兵马俑的床头灯等。

第二节　数字资源的知识产权保护问题研究

一、博物馆知识产权保护现状

2004 年，联合国教科文组织（United Nations Educational，Scientific and Cultural Organization）发布《保存数字遗产宪章》[①]（以下简称宪章），宪章中指出数字化遗产是共同遗产，包括以数字方式生成的或从现有的模拟资源转换成数字形式的有关文化、教育、科学和行政管理的资源及有关技术、法律、

---

① 中国联合国教科文组织全国委员会.保存数字遗产宪章［2014-11-15］.http://www.unesco.org.cn/forum/Info/ViewInfo-00-147.html.

医学及其他领域的信息,具体的形式有文字、数据库、静止的和活动的图像、声音和图表、软件和网页等。宪章提出各个会员国应该制定必要的法律和体制框架,将数字遗产纳入明确的管理和保护体制中去,同时明确提出档案馆、图书馆、博物馆等公众机构应当或者自愿作为数字遗产的存放地点。宪章认为博物馆有责任和义务保存数字化遗产,并且与数字资源的生产者和创造者合作,促进各个研究组织或机构与博物馆的交流共享。这是联合国第一次正式提出各国应该制定相应的法律法规对博物馆数字化遗产进行管理、利用和保护。随后,世界知识产权组织就针对博物馆发布了相关的管理指南,力图从法律层面对博物馆资源进行保护。

世界知识产权组织在 2007 年出版了一本《博物馆知识产权管理指南》[①](以下简称指南),就是对博物馆知识产权的管理。当然,这里的博物馆知识产权并没有特意区分是数字资源还是实体资源,不过对于数字资源的相关问题有参考价值。知识产权的英文全称是 Intellectual Property,简称 IP,指南中 IP 的定义是人类创造的知识的所有者权益,它包括专利、版权、商标、网络域名和工业设计五种。

(1)专利权管理包括:由新技术确认的藏品中的知识产权、学术交流中的知识产权(例如为展览撰写的各种研究、阐述和说明文字的知识产权)、管理藏品技术的知识产权(例如博物馆专用的超文本标记和语言)等。[②]

(2)版权管理包括:博物馆藏品的摄影图像、录音及出版、视听音像作品、以 CD 或者网络传播为媒介的多媒体产品、印刷形式或者电子出版形式的出版物。

(3)商标权管理包括:博物馆名称、艺术家姓名或者签名、博物馆所在的建筑物(比如该建筑物具有很高识别度并被用作摄影场所)、可作为商标保护的展览名称、以博物馆藏品为基础构成的物品包装形式与色彩、作为商品的艺术复制品(特别是该藏品是以特定方式与博物馆存在固定的关系)。[③]

(4)网络域名管理包括:英文域名和中文域名。与商标、商号类似,域名是有文字含义的商业性标记。

(5)工业设计管理包括:博物馆根据藏品自行设计产品,或者委托他人制

---

①　Pantalony, R. E. WIPO guide on managing intellectual property for museums. 2007(001)

②　赵丰. 博物馆知识产权保护制度亟须建立. 中国艺术报,2013-03-25(2).

③　赵丰. 博物馆知识产权保护制度亟须建立. 中国艺术报,2013-03-25(2).

作设计产品,都是作为商业发展创作产品的方式。①

对于国内而言,与其他行业的知识产权保护相比,博物馆知识产权的保护起步较晚,缺乏针对性强的法律法规来规范博物馆知识产权的管理和保护。目前可采用的主要依据一方面来源于《著作权法》、《商标法》、《专利法》和其他法律法规,另一方面来源于 2005 年底国家文物局颁布的《博物馆管理办法》和 2015 年 1 月 14 日国务院第 78 次常务会议通过的《博物馆条例》。②虽然《博物馆管理办法》和《博物馆条例》是博物馆领域内的专业文件,但都涉及较广的范围,内容面向多,在知识产权方面缺乏足够的针对性。目前,已出台的与知识产权相关的文件,唯有 2012 年深圳版权协会发布的《博物馆(美术馆)著作权工作指南》③,它是国内首份博物馆版权管理指南,一定程度上解决了博物馆知识产权保护的若干问题,可起到部分借鉴作用。这份工作指南的内容主要分为五部分:①鼓励从版权资产角度进行库存盘点;②建议参与商业许可的博物馆制定许可策略,探索运用非诉讼纠纷解决机制来解决许可争议;③运用数字权利管理来满足特定需求;④根据自身的特定需求聘请版权管理顾问;⑤在为商业目的的版权管理时,博物馆需要将调查和明确它的受众作为基本任务。这份指南虽然提供了可操作的依据,但在系统性和规范性方面仍有待被进一步补充和完善。

可以看出,国内虽然已经开始认识到博物馆知识产权的重要性,也开始尝试建立管理体系,但仍需要进一步探索和提升,需要在更多的博物馆进行实践性研究。已出台的相关法律法规仍然比较零散,没有明确的针对性,所以建立一套适合国内博物馆现状的知识管理体系,是亟待解决的问题。尤其随着博物馆文创产品开发的日益繁荣,使得相应的知识产权问题更加突显,更需要学术研究和法律法规的支持,才能更好地促进博物馆的发展。在这个大的领域中,数字博物馆的知识产权保护显得更为迫切。因为数字博物馆具有新的技术、新的传播途径,知识产权侵权行为也更容易发生,因此数字博物馆必须有足够的知识产权保护意识。

---

① 赵丰.博物馆知识产权保护制度亟须建立.中国艺术报,2013-03-25(2).
② 《博物馆条例》是第一个全国性的法规文件,分总则,博物馆的设立、变更与终止,博物馆管理,博物馆社会服务,法律责任和附则共 6 章 47 条,自 2015 年 3 月 20 日起施行.
③ 人民网.国内首份博物馆版权管理指南发布.[2014-12-11].http://ip.people.com.cn/GB/18026614.html.

二、藏品数字资源知识产权保护的界定

数字博物馆所倚重的藏品数字资源是知识产权保护的关键，主要涉及对数字资源的版权保护问题，即著作权保护问题。根据数字资源的加工、利用情况来分，可以分为以下两种情况：

1. 藏品数字化成果的版权保护

这里的藏品往狭义地讲就是博物馆收集保存的物质遗产，通过数字化手段，以数字图像、数字音频/视频、三维模型等形式被保存成数字化资源。鉴于博物馆的公益性质和它的教育职责，博物馆可以不用像出版社一样关心版权问题，在学术研究、学习交流和大众传播方便，基本不会出现版权纠纷问题，但是一旦数字资源被用于商业用途，比如商业出版、广告、影视动漫制作等，就会产生版权划分的难题。首先博物馆自身作为文化遗产数字资源的储存场所，对所产生的藏品数字资源是否拥有独立的著作权目前还有争议。我国 2013 年颁布的《中华人民共和国著作权法实施条例》中，第 2 条规定、著作权法所称作品，是指文学、艺术和科学领域内具有独创性并能以某种有形形式复制的智力成果。这里的独特性，是指独立创作的作品和作品中表达一定的思想和感情。这里的思想感情是指想法、概念、原则、客观事实、创意、发明和发现、程序、工艺和方法等[1]。第 3 条规定，著作权法所称创作，指直接产生文学、艺术和科学作品的智力活动。为他人创作进行组织工作，提供咨询意见、物质条件，或者进行其他辅助工作，均不被视为创作。在博物馆数字化藏品资源时，采用的数字化方法，比如角度、打光等，还有后期的颜色、形态修复等，都有博物馆自身的独创性在，所以数字化后的藏品也应该作为独立的受《著作权法》保护的作品。以文化部政策法规司的张百成对博物馆藏品的著作权解释为例，他在《博物馆藏品的著作权归谁享有》[2]一文中就指出，博物馆对藏品的所有权（物权）和知识产权（著作权）并不是一回事。有时博物馆并不同时拥有这两项权利，博物馆只在有明确的转让协议或者藏品的作者已经死亡超过 50 年的情况下享有著作权，如果藏品的作者还在世，博物馆没有

---

①　李明德.美国知识产权法.北京：法律出版社，2003：137.

②　文化部政策法规司.张百成.博物馆藏品的著作权归谁享有.中国文化报，2013-07-30(11).

明确的权力转让协议，即使博物馆拥有藏品的所有权，也不拥有著作权。在博物馆藏品数字化后著作权归谁所有，张百成认为著作权的认定是基于独创性的，如果博物馆在藏品的数字化时加入了自己的原创因素，比如摄影的角度，照片修复等，理应看作是博物馆享有这部分数字藏品的著作权。如果博物馆没有加入自己的独创的创意，不论是技术方面，还是摄影角度、空间、手法等方面，这些资源是不会受到《著作权法》的保护。

但是也有学者对藏品的数字化作品的著作权持否定态度，李瑞红认为藏品的三维数字立体图形只是对藏品细节的复现，归根到底是一种新型的复制，不受《著作权法》的保护，只有在加入示意、说明的三维图形才有创意产生①。不过李瑞红认同藏品的二维数字图像应受著作权保护，因为它加入了摄影师的个人判断，与其他机械性的临摹复制不同。由于一般是由博物馆工作人员对藏品进行拍摄转换的，所以关于著作权的归属李瑞红认为有两种情况，一种是属于实际拍摄的工作人员，博物馆有权优先使用该工作人员的作品；另一种是属于博物馆，对于拍摄的工作人员，博物馆给予一定的奖励或补偿，在这种情况下，博物馆需要和工作人员签订好协议，以免产生著作权纠纷。如果博物馆聘请馆外的技术人员或公司进行藏品的摄影，这时需要博物馆和对方签订合同明确著作权归属，否则《著作权法》规定是属于受托方所有，博物馆会遭受不必要的损失。

2. 藏品数字化成果被加工或利用而产生的资源的版权保护

是指基于藏品数字化成果而形成的类别目录、明细、评论、研究成果等数字化资源的版权保护，也是需要关注的一个方面。在 2010 年颁布的《中华人民共和国著作权法》第十四条规定，汇编若干作品、作品的片段或者不构成作品的数据或者其他材料，对其内容的选择或者编排体现独创性的作品，为汇编作品，其著作权由汇编人享有，但行使著作权时，不得侵犯原作品的著作权。对于博物馆藏品数字资源的编目、整理和加工，一方面由博物馆自身来完成，另一方面也开始依靠外界的力量来实现。如地平线报告 2013 年博物馆版，就提到的众包的思想，和维基百科类似，发动网民的智慧力量去逐步建立一个知识库。博物馆开始邀请馆外的专家学者，参与博物馆的藏品编目、

---

① 李瑞红.博物馆藏品影像化中的著作权问题.山西财经大学学报,2014(1):270-271.

整理和研究,建立数据库,以在有限的时间内提供更多的信息。然而,如何界定这些合作成果的著作权,是一个值得关注的问题。目前尚未有明确的规范可循,需要进行探讨和研究,制定规范,以避免在使用中产生纠纷。

三、商标权问题

在版权之外,博物馆知识产权中的商标权也需要额外重视。它不仅关系到实体博物馆的运营和发展,也关系到数字博物馆的拓展和繁荣。商标权涉及博物馆的名称、博物馆的 Logo、博物馆藏品的形象标记、文创产品的商标、三维标志等。这些标志信息既可以出现在物质载体上,也可以出现在数字载体上。从高游[①]对我国一级博物馆商标注册的调研情况来看,我国博物馆对商标的注册和保护并不是很重视,调研的 83 个博物馆中只有 37 个注册了商标,有 18 个博物馆的名称被企业或者个人抢注为商标。可以看出博物馆的商标权被侵害的情况是比较严重的。同时,由于缺乏监督手段和明确的法规支持,博物馆很难对抢注的商标进行维权。博物馆以自身的馆名进行商标申请的时候,存在法律上的空白,因为大部分一级博物馆的名称是以地名＋馆名或人名＋馆名的形式出现,商标法规定县以上的行政单位地名和国外著名地名是不能申请商标的,加之没有专门对博物馆申明相应的商标,所以这里存在监管空白。如 2003 年,广州黄埔军校旧址纪念馆向工商部门申请商标注册时,发现早有一个名为"××黄埔少年军校"的单位抢先注了册,申请注册失败[②]。2010 年,成都博物院因在该院互联网上使用了"金沙遗址博物馆"和"jinshasitemuseum.com"等中英文域名,被起诉侵犯了相关人第 4183608 号注册商标专用权的行为[③]。案件最后虽然以原告自愿撤诉而告终,但也颇费周折,对博物馆界的知识产权保护产生了震动。不过也有一些成功案例可供借鉴,2009 年苏州博物馆成功注册了商标"苏州博物馆",从此成为苏博可以留传后世永续存在的一个重要的无形资产[④]。2004 年湖北省博物馆将曾

---

① 高游. 我国首批国家一级博物馆商标注册法律分析. 中国文物报,2012-12-12006.

② 南方网. 保护自有知识产权 "黄埔军校"为名为利而战［2014-11-12］. http://www.southcn.com/news/gdnews/nanyuedadi/200301140812.htm.

③ 新华网. 成都金沙遗址博物馆被诉侵权 版权保护问题引关注.［2014-11-12］. http://news.xinhuanet.com/society/2010-12/16/c_13651914.htm.

④ 苏州新闻网. "苏州博物馆"商标注册成功 此举在国内尚不多见［2014-11-13］. http://www.subaonet.com/html/society/2009916/EJ7E70IJ372HJFJ.html.

侯乙编钟申请为商标，更好地发挥这一文化遗产的价值，服务演出、文娱活动等行业①。法门寺博物馆在2008年就将法门寺地宫出土的皇家御用茶具、大锡杖、捧真身菩萨等珍贵文物造型申请了立体商标注册保护②，至2010年国家工商行政管理总局依法核准注册了捧真身菩萨、鎏金天马流云纹银茶碾子、鎏金银龟盒、鎏金飞鸿球路纹银笼子等16件法门寺地宫出土的珍贵文物造型的立体商标。这些将博物馆著名的藏品当作商标申请，会更符合商标法规定的商标必须具有的显著特征，这也更能突出博物馆的特色。当然，博物馆也可以考虑根据自身的特色创造出一种全新的形象，或者将名称进行一定的艺术加工后再去申请，可能更有利于保护自身的商标。

通过以上分析看出，目前迫切需要建立一套规范的博物馆知识产权管理体系来提高对版权和商标权的保护。虽然知识产权属于私权，与博物馆的非盈利性质从表面上看起来是对立的，但实际上知识产权将有助于博物馆发挥社会服务的职能，可以保证博物馆资源在使用中的科学性、严谨性和规范性，能够更好地发挥藏品价值。博物馆的知识产权体系的建立，将防止和杜绝其他机构或个人以经济利益为目的的对资源的非法侵占、盗用和复制等行为，保护好博物馆的合法权益，极大促进博物馆工作人员、研究人员的热情，提升其研究的积极性，更好地推动博物馆藏品的管理、保护和研究工作，提升博物馆教育公众、服务社会的水平。

第三节 数字资源的知识产权保护对策研究

加强博物馆数字资源的知识产权保护，需要从完善博物馆知识产权保护的大局入手。2012年深圳第八届文博会上，深圳市版权协会联合雅昌艺术馆、华·美术馆等发布国内首份《博物馆、美术馆版权管理工作指南》③，这是国内博物馆对自身知识产权保护的第一次实践尝试。但仍有很多问题有待

① 商标热线."曾侯乙编钟"成功注册商标［2014-11-13］. http://www. tmhot. com/infomation/show. php? itemid＝20007.
② 中华佛光文化网.法门寺博物馆珍贵文物成功申请立体商标注册保护［2014-11-13］. http://www. zhfgwh. com/plus/view. php? aid＝24580.
③ 窦新颖. 人民网.国内首份博物馆版权管理指南发布［2014-12-01］. http://ip. people. com. cn/GB/18026614. html.

深入研究,如博物馆有哪些知识产权的权益,这些权益是由什么条件确定的,博物馆应该采取什么样的措施才能保护自身的知识产权不被他人侵犯,除了法律方面,博物馆在其他方面还能做哪些努力等方面问题,博物馆能利用这些权益做什么等都需要探讨。虽然可以看到博物馆业界已经开始注意到知识产权保护的重要性,也开始着手采取版权保护的措施,但是这一领域仍然有大量的空白需要填补。这些问题都需要我们从立法、管理、技术和宣传四个层面入手做出努力,共同建立完善的保护机制。

一、立法层面

目前博物馆知识产权出现纠纷时,没有可参照的具体立法,这给博物馆知识产权保护工作带来诸多不便,给博物馆合法维权造成困难和障碍。虽然《中华人民共和国文物保护法》和《中华人民共和国文物保护法实施条例》都对博物馆做了简要规定,对馆藏文物的保护和管理也提出了相应的要求,但其中涉及博物馆知识产权保护的规定很少。在《博物馆管理办法》中也很少提到知识产权保护问题。目前适用于博物馆版权方面的法律法规主要有《物权法》、《著作权法》及其实施条例和《博物馆管理办法》,但其中对博物馆知识产权的法律规定不明确,条文过于简单。因此,需要结合博物馆自身发展提点,从博物馆的实体资源和数字资源入手,及早制定博物馆知识产权管理办法,为博物馆知识产权保护管理提供明确法律依据。

二、管理层面

为了提升博物馆知识产权管理能力,需要建立博物馆知识产权管理体系,可以参考世界知识产权组织的《博物馆知识产权管理指南》的制订。对于博物馆的数字资源部分,其知识产权管理体系可从以下几方面考虑:

1.规定数字资源享有的知识产权的内容

主要规定著作权和商标权,尤其是界定著作权问题,即如何厘清这些数字资源的著作权归属,是原本实物藏品的复制,还是有新的著作权产生,进而如何合法的登记管理这些数字资源的知识产权,如何向国家有关部门申报,如何对商标进行申请注册等。

2.建立授权使用机制

网络环境下,数字资源的使用存在许多风险,容易被窃取、复制或篡改,扰乱了传播交流、学术研究的正常秩序。因此建立一套授权使用机制非常必要,以规范他人使用,防范资源被恶意篡改。根据数字资源的类型、质量、表示对象的等级等,建立分级授权机制,每个级别采取不同的授权策略。级别越高采取的措施越严格,使用者需要遵循的条件越多。授权使用机制的建立并不违背博物馆的公益性和服务性,因为授权使用从根本上保证了数字资源的准确性、完整性和有效性,可以充分发挥资源的价值。授权使用机制并不妨碍公众的非商业用途,因为我国的著作权法已经规定为个人学习、研究或者欣赏而使用他人已经发表的作品,是不需要获得著作权人的许可的,只需注明来源。

3.建立知识产权交易平台

以著作权为例,著作权包含了复制权、发行权、展览权、信息网络传播权等十三项权利,如果他人需要使用其中某一项权利,博物馆可以通过交易平台和对方交易,在转让过程中,通过规范的转让协议,明确转让的权利和时间约束,对博物馆的权益来说更有保障价值。以艺术馆的数字藏品资源为例,艺术馆中的画作有很大的商业价值,如果有馆外的个人或机构想在自己的网站上建立一个收费的独家专题画展,可以通过交易平台获得这个艺术馆数字藏品的展览权和网络信息传播权等。知识产权交易平台的建立还可以方便国际传播和交流,如复制品交流、相关资源网络传播等。

4.建立监督和维权机制

该机制主要是发现侵害博物馆权益的行为及与此有关的违法行为,并能通过合法的方式维护自身的权益。以建立博物馆数字资源利用监督维权网络为基础,不断完善和健全,最终达到实现长效运行机制。在这个过程中,可以充分借助社会的力量,组织各种形式的社会监督。

5.保障商标注册

商标为博物馆后续开发文化创意产品时提供一个合法的身份和形象,有利于博物馆对文创产品的开发和推广宣传。虽然博物馆已经陆续开始注册各类商标,但还是有商标被其他企业抢注,用于创造企业的经济利益。一些企业对商标使用不仅没有对博物馆产生有益的贡献,而且会给博物馆产生负面影响,破坏博物馆的声誉。因此需要区别对待与博物馆相关的商标注册,保障博物馆自身的商标注册顺利进行,从政策、法规和实施层面为博物馆的商标注册提供必要的支持和帮助。

三、技术层面

通过技术手段来达到一定的版权保护目的。对于博物馆的数字资源而言,可以借助身份认证技术、防火墙技术、授权管理技术及数字水印技术等来实现。

身份认证技术主要是为了在计算机网络中确认操作者身份,以便从操作者角度保证数字资源的安全合法使用。身份认证技术已经从早期的口令技术发展到使用智能卡、动态口令、生物特征识别技术和USBkey技术等。

1. 基于口令的认证

该认证是一种单因素的认证,安全性依赖于口令,是一种最常见的技术。用户在注册阶段生成初始口令,系统在其数据库中保存用户的信息列表(用户名 ID+口令 PW)。当用户登录认证时,将自己的用户名和口令上传给服务器,服务器通过查询用户信息数据库来验证用户上传的认证信息是否和数据库中保存的用户列表信息相匹配。如果匹配则认为用户是合法用户,否则拒绝服务。静态口令除非用户自己更改,否则将永久保存不变。这种方式存在严重的安全问题,口令一旦泄露,用户即可被冒充。

2. 基于智能卡的认证

智能卡具有硬盘加密功能,有较高的安全性。每个用户持有一张智能卡,智能卡存储用户个性化的秘密信息,同时在验证服务器中也存放该秘密信息。进行认证时,用户输入 PIN(个人身份识别码),智能卡认证 PIN 成功后即可读出秘密信息,进而利用该信息与主机之间进行匹配,基于智能卡的认证方式是一种双因素的认证方式(PIN+智能卡),即使 PIN 或智能卡被窃取,用户仍不容易被冒充。

3. 基于动态口令的认证

动态口令也称为一次性口令,是根据专门的算法生成一个不可预测的随机数字组合,每个密码只能使用一次。目前用于生成动态口令的终端有硬件令牌、短信密码、手机令牌和软件令牌四种。用户只需拥有一个生成终端就好。每次认证时生成终端与服务器分别根据同样的密钥,同样的随机参数(时间、事件)和同样的算法计算认证的动态密码,从而确保密码的一致性,实现用户的认证。因每次认证时的随机参数不同,所以每次产生的动态密码也不同。由于它使用便捷,且与平台无关,随着移动互联网的发展,动态口令技术已成为身份认证技术的主流。

4.基于生物特征识别技术的认证

基于生物特征的认证方式主要是指通过人类生物特征进行身份认证的一种技术,这里的生物特征通常具有唯一性(与他人不同)、可以测量或可自动识别和验证、遗传性或终身不变等特点。目前比较成熟并大规模使用的方式主要为指纹、虹膜、人脸、掌纹、语音、步态等。识别系统对生物特征进行取样,进行特征提取,并将其转化为数字代码,进一步构成特征模板,当进行用户身份认证时,识别系统通过获取其特征与数据库中的特征模板进行比对,以确定二者是否匹配,从而决定接受或拒绝。

5.基于USBkey技术的认证

USBkey是一种USB接口的硬件设备,它内置单片机或智能卡芯片,可以存储用户的密钥或数字证书,利用USBkey内置的密码算法实现对用户身份的认证。基于USBkey技术的认证采用软硬件相结合、一次一密的强双因子认证模式,很好地解决了安全性与易用性之间的矛盾,是新一代身份认证方式。基于USBKey身份认证系统主要有两种应用模式:一是基于冲击/响应的认证模式,二是基于数字证书的认证模式。

6.防火墙(Firewall)技术

防火墙旨在在企业内部网(Intranet)和国际互联网(Internet)之间建立一种隔离,主要是在两个网络通信时执行一种访问控制,通过允许、拒绝或重新定向经过防火墙的数据流,实现对进、出内部网络的服务和访问进行审计和控制。它是一种计算机硬件和软件的结合,由服务访问规则、验证工具、包过滤和应用网关4个部分组成。防火墙的类型主要有网络层防火墙、应用层防火墙和数据库防火墙。网络层防火墙被看作一种IP封包过滤器,运作在底层的TCP/IP协议堆栈上。应用层防火墙是在TCP/IP堆栈的"应用层"上运作,可对应用程序的所有封包进行拦截。数据库防火墙基于主动防御机制,实现数据库的访问行为控制、危险操作阻断和可疑行为审计。三种类型的防火墙将在不同层面共同作用,起到对外来非法访问或恶意程序破坏的防范作用,不仅可以保证数据资源的安全,也可以对数据进行很好的监控。

7.授权管理技术

授权管理技术主要是对用户的使用权限进行动态分配和管理。授权管理往往与身份认证相结合,只对合法身份用户赋予权限。权限的内容根据所操作的对象而确定,比如需要对藏品数据库进行操作,则涉及添加、删除、复制、修改、查询和检索等权限。权限的分配可以根据用户的角色(等级)来确定。角色可划分为管理员和用户两大类,其中又可将管理员分为超级管理员、高级管理员和普通管理员,用户又可分为高级用户、中级用户和普通用户。总体上管理员类不仅可以对数据进行正常的操作,而且还可以对用户进行管理和权限分配。用户类只能对数据进行操作。类内之间的角色权限差异主要由等级决定,比如高级用户可以享用复制、修改、查询和检索的权限,而普通用户可能只有查询和检索的权限。如果需要对网站进行操作,则涉及浏览、查询、下载、上传和分享等权限。同样可以采用角色判定的方法为用户分配具体权限。

8.数字水印(Digital Watermarking)技术

数字水印技术是指用信号处理的方法在声音,图像或视频等数字化多媒体数据中嵌入隐蔽的标记,这种标记通常是不可见的,只有通过专用的检测器或阅读器才能提取。隐藏的标记既不会影响原载体的使用价值,也不容易被人的知觉系统觉察或注意到。数字水印能够保护数字产品的合法拷贝和传播。嵌入数字作品中的信息必须具有以下基本特性才能被称为数字水印:(1)安全性,水印的信息应是安全的,难以篡改或伪造,此外水印信息隐藏于数据而非文件头中,文件格式的变换不应导致水印数据的丢失;(2)鲁棒性:所谓鲁棒性是指在经历多种无意或有意的信号处理过程后,数字水印仍能保持完整性或仍能被准确鉴别,可能的信号处理过程包括信道噪声、滤波、数/模与模/数转换、重采样、剪切、位移、尺度变化以及有损压缩编码等;(3)隐蔽性,水印不会引起明显的降质,并且不易被察觉。数字水印的划分有多种形式,比如按特性划分有鲁棒数字水印和易损数字水印,按水印所附载的媒体划分有音频水印、图像水印和视频水印等,按内容划分有无意义水印和有意义水印,按水印的检测过程划分有明文水印和盲水印,按水印的用途划分有票证防伪水印、版权保护水印、篡改提示水印和隐蔽标识水印,按水印的隐藏位置划分有时(空)域水印、频域水印、时/频域水印和时间/尺度域水印。数字水印技术可在藏品数字资源的版权保护中发挥巨大的作用,能为受到版权保护的资源的归属提供完全和可靠的证据。水印嵌入算法将与所有者有关的信息,如博物馆的名称、标志或其他有意义的内容,嵌入到要保护的对象中。水印提取算法在必要时对水印进行提取以进行真伪鉴别,检测非法拷贝、恶意篡改、蓄意伪造等情况。数字水印提取完全能在不影响观众对藏品资源欣赏、浏览和使用的情况下进行,给出侵权的依据。然而数字水印在实践中的广泛应用需要克服一个关键问题,即水印攻击问题。当前的一些攻击算法可以完全破坏掉图像中的水印,因此如何抵抗各类攻击算法,是数字水印实际应用之前需要解决的问题。

四、宣传层面

虽然博物馆知识产权保护已经引起了博物馆界的普遍重视,越来越多的博物馆开始采取措施保障博物馆的权益,但是与其他行业的版权保护相比,总体上还比较滞后,加之缺乏针对性强的博物馆知识产权保护的法律和法规的出台,在依法保护方面还存在许多薄弱环节。博物馆工作人员维权意识不够强,对实际问题的判断不够准确,有许多管理和监管的漏洞可被他人所利用。此外,社会公众对博物馆的知识产权保护更缺乏认识,即使自己或他人出现了侵权行为,也很难被公众所意识到,加之网络访问的便捷性为下载、复制、传播等行为提供了便利条件,更使得一些侵权行为大行其道。针对这种现实情况,需要在馆内外开展广泛、深入、持久的博物馆知识产权保护宣传和教育活动,增强公众和博物馆工作人员的版权意识和版权保护观念。特别是要充分发挥网络媒体、移动媒体的作用,通过制作公益广告、开办专栏、开设讲座等多种形式开展宣传,使博物馆的知识产权保护深入企业、学校、社区和家庭。此外,将宣传教育与法律服务相结合,法律部门可以设置咨询服务专线,为博物馆工作人员提供关于版权保护、商标注册等的信息咨询服务,为公众解答有关博物馆知识产权保护的相关规定等,引导人们自觉履行博物馆知识产权保护的责任。

博物馆知识产权的保护,仍然任重而道远。作为博物馆资源的一部分,数字资源的知识产权保护在整体框架之下，只有整体保护的健全，才能为其提供良好的基础。综合以上分析可以看出，当前除需要制定博物馆知识产权法律法规和出台一系列保护政策外，博物馆自身还应该强化知识产权保护意识、建立健全管理制度、建立博物馆知识产权监督机制等措施在内的综合保护体系，以维护博物馆利益、为博物馆的长效发展提供强有力的支撑。知识产权的保护与博物馆的公益性和知识的传播性并不相悖，相反知识产权的保护能促进博物馆传播更多更优质的信息，充分发挥博物馆教育大众、服务社会的职能。

名词解析

• DFA Award：亚洲最具影响力设计奖（Design for Asia Awards），由香港设计中心举办，是被全球设计界视为举足轻重的设计奖之一。这个奖主要是表扬优秀、卓越的设计品，以及对亚洲社会、商业有重大影响的项目。自2003 年创立以来，每年都吸引着香港以至世界各地的设计家、青年设计人才及设计公司参与。奖项类别共 18 项，分别来自服饰设计、通信设计、环境设计和产品及工业设计。

• 电子出版：英文名为 Electronic Publishing，是指以数字代码方式将图、文、声、像等信息编辑加工后存储在磁、光、电介质上，信息通过计算机或其他具有类似功能的设备读取使用的一种出版形式。电子出版分成在线电子出版（Elektronisches Online-Publizieren）和离线电子出版（Eektronisches Offline-Publizieren）两大类型。

• 文创产业：英文名为 Cultural and Creative Industries，是指依靠创意人的智慧、技能和天赋，借助于高科技对文化资源进行创造与提升，通过知识产权的开发和运用，产生出高附加值产品。联合国教科文组织认为文化创意产业包含文化产品、文化服务与智能产权三项内容。

• PIN：个人身份识别代码（Personal Identification Number），是在进入某种特殊功能时所要输入的个人识别码。持智能卡的用户必须输入正确的PIN 码才能表明他是卡的真正拥有者，从而才能使用该卡的各项功能。PIN码存储在智能卡不可读的存储空间中，因此任何人（包括一般用户和卡商）都不可能从智能卡中读取 PIN 码。这样就保证了智能卡的安全。

第八章

数字博物馆与观众之关系研究

观众是博物馆得以存在、发展的主要因素，不论是实体博物馆还是数字博物馆都应该以观众为中心，为其提供多样化的服务以满足不同观众的需求。然而为了充分发挥服务观众的作用，需要换位思考，即从观众的角度来分析他们对实体博物馆和数字博物馆的参观选择问题，以明确观众群的异同，进一步了解其背后的信息需求差异，为针对性地开展特色服务做准备。对于数字博物馆而言，数字藏品是资源核心，用户是服务核心，如何建立两者之间的联系是特别需要关注的问题，因此对现有联系方式进行梳理对进一步强化数字博物馆和观众之间的联系具有现实的指导意义。此外，分析和研究数字博物馆的公众教育分类、特点和优势，也将为整体公众教育的实施提供参考和借鉴。

第一节　观众参观选择特点分析

数字博物馆的出现为观众认识和了解博物馆尤其是博物馆藏品提供了新的途径。特别是随着网络技术的飞速发展以及新一代移动媒体的出现，越来越多的观众开始关注虚拟化的数字博物馆。一些数字博物馆的建设并不依赖于实体，而是完全独立于实体的存在，只有纯数字形态，观众只能在数字空间中才能访问。所以在实体博物馆和数字博物馆共存的环境中，观众获得了更多地参观选择：或参观实体，或参观数字，或两者皆参观，甚至在两者皆已参观的情况下进行比较，从而加深对藏品的感受和认识。观众参观选择的多样性，加之实体馆和数字馆在观众参观中所起的不同作用，使得博物馆专业人员不得不关注观众在不同参观中的信息需求是什么、为什么会有针对不同形式的信息需求、信息需求的差异是什么。以上问题的思考和研究将为实体博物馆和数字博物馆的进一步提升和完善提供更多的参考①。同时,可为实体博物馆和数字博物馆开展观众教育活动指引方向。分析目前观众参观模式,通常分为以下几种情况。

一、实体＋实体

"实体＋实体"的参观模式是指观众只参观实体博物馆。这是一直以来人们最普遍采用的模式,也是最稳定最传统的参观模式。此模式一方面源于人类的本身生活状态,即生活在一个实在的由具体物体所构成的世界中;另一方面则是缘于历史发展的既定事实,即早期只存在实体博物馆。观众对于博物馆及其藏品的了解只有通过实地参观才能实现。在实体参观中,观众行进在场馆内,通过眼睛观察、耳朵倾听、手指触摸以及在此基础之上所形成的整体身体浸入等来感知博物馆的所有信息。这种直接与实体对象面对面,真切的亲近式感知可以为观众带来真实、具体的体验。随着互联网时代的到来,各实体博物馆的数字化形式——数字博物馆,如雨后春笋一般涌现,为观众提供了新的参观通道和方式。观众只需要通过浏览器就可以访问到数字博物馆的内容。在这种形势下,依然有许多观众保持着"实体＋实体"的参观模式,分析其原因主要在于:

1. 信息缺失

观众不知道所要参观的实体博物馆建有相应的数字博物馆,其原因在于博物馆自身机构对其数字博物馆方面的宣传力度不够、不到位。

2. 条件限制

观众对于要参观的实体博物馆虽然知道有虚拟形态的数字博物馆存在,但是因不具备通过网络访问数字博物馆的软、硬件条件,因而不能参观数字博物馆。

3. 实体情结

观众对于要参观的实体博物馆,虽然知道其有数字博物馆并且也具备访问的条件,但是仍然选择实体参观,并且只选实体参观。其原因可能在于观

---

① Ellenbogen, Kirsten, John Falk, and Kate Haley Goldman. Understanding the Motivations of Museum Audiences. *In Museum Informatics: People, Information, and Technology in Museums*, ed. Paul F. Marty and Katherine Burton Jones, 187-194. New York: Routledge, 2008.

众更加偏向于与藏品实体的"面对面",关注身体在实体场馆中的全方位感知。他们具有一种根深蒂固的实体情结。虽然通过这种方式,观众获取的信息未必全面和详细,但是足够真切,完全满足了参观需求,不需要通过其他渠道来获取信息,在他们看来,只有这样才是真正的"参观"。此外,严肃、神圣、宁静、肃穆的氛围以及"移步换景"式的体验也是这类观众所推崇的。"实际体验即一切"是这类观众所持有的特有观点,即便一次参观并不能满足所有需求,他们仍会通过多次实体参观来不断完善信息。

4. 场馆消费

虽然大多数博物馆不再收费,但很多观众依然带有"消费"的心理参观博物馆,这类观众虽然也观看藏品,但多以娱乐消遣为目的。所以他们关心实体馆内的舒适座椅、多媒体互动装置、凉爽的环境和宽阔的场地等,因此并不在意关于数字博物馆的信息,这类观众多以亲子家庭或老年人为主,以获得一个安全、舒适和宽敞的活动环境为目的。

二、实体＋数字

实体＋数字的参观模式是指观众先参观实体博物馆,随后再参观数字博物馆。这种模式隐含的前提是,观众知道有数字博物馆的存在,并且掌握了访问的技术和方法。但就其具体情况而言,又可分为"事前知晓"和"事后知晓"。

"事前知晓"是指观众在参观实体博物馆之前已经知道相应数字博物馆的存在,之所以选择先参观实体博物馆的原因在于,他更加偏重于先从实体场馆、实物藏品等获取信息,注重身体各种感觉、知觉和运动觉等综合体验的结果[①]。实体参观构建了满足观众信息需求的内容主体,在实体博物馆中,观众满足于"身临其境"的现场感和感性直觉。随后参观数字博物馆的原因则是源于实体参观所留下的各种遗憾,希望通过参观数字博物馆来加以弥补。这些遗憾产生于:

1. 参观条件的限制

或是参观时间的限制或是参观机会的限制。博物馆通常有着作息时间,

---

① Kirchberg V, Tröndle M. Experiencing Exhibitions: A Review of Studies on Visitor Experiences in Museums. *The Museum Journal*, 2012, 55(4):435-452.

即有工作日和休息日的区别,也有上班时间和下班时间的差异,从而给观众带来时间上的限制,加之某一展品的陈设和展示的临时性,观众参观的机会也自然受限。如此就会造成观众尚未来得及看完博物馆中所有的藏品,或是没有走完博物馆所有的展厅,或是没有参观完镇馆之宝或期待之藏品,或是没有构成对博物馆的初步认识等,便被迫带着遗憾匆忙结束参观。

2.陈展限制

包括陈展条件的限制和陈展数量的限制。固定、静态化的陈展条件不能满足观众全面观赏、欣赏或鉴赏的需求,光线、角度、距离、空间及陈设作品所形成的视觉结构等都会形成制约观众拉近藏品的可能;同时展厅的空间容量也限制了展品数量,馆藏文物并不都有机会出现在展厅中成为展品,对于想了解更多藏品的观众而言,需要寻找其他渠道进行补充。

3.展览主题面向的限制

博物馆的展览往往是面向公众的,主要传播基本信息,如关于某件文物的朝代、出土地、功用、基本价值等信息。对于具有专业知识诉求的观众而言,如艺术史研究员、材料学研究员、文物保护研究员等或是相关专业的学生以及兴趣爱好者,这些信息不足以提供他们所期望获得的知识点,因此也就需要通过其他渠道获取进一步的专业研究信息或研究资料。基于上述原因而参观数字博物馆的观众,往往目的相对明确,对于数字博物馆网站提供的信息能够加以聚焦和选择,或是针对性的筛选藏品,或是搜索关于某类文物或某件文物的研究信息或研究资料,或是直奔某件藏品的高清二维图像或三维模型通过操纵鼠标等实现近距离欣赏。

"事后知晓"是指观众在参观实体博物馆之前并不知道数字博物馆的存在,而是在参观之后获悉。信息一方面来源于许多博物馆场馆中放置的信息亭,此信息亭主要呈现数字博物馆网站内容,允许观众可以自行操作和浏览;另一方面来源于博物馆的宣传页或是其他宣传资料。观众参观数字博物馆的目的与"事前知晓"中的参观目的具有相似性,弥补各种需求,如浏览更多藏品、拓展更多的知识等。但在"事后知晓"的类型中,包含了一些抱有新鲜、好奇和试试看的心态而参观数字博物馆的观众。他们往往想泛泛地了解数字博物馆是什么、网站有什么、可以获取什么样的信息等。这类观众的参观目的相对而言并不明确。但是不可否认的是,和"事前知晓"的观众相比,"事后知晓"的观众访问数字博物馆,更多的是在实体博物馆参观后的一种行为,这种行为带有回忆和比较的心理期待,在回忆和比较的过程中,完成对博物馆藏品的自我解释和意义阐发。

除"事前知晓"和"事后知晓"各自具有的特点之外,这两种情况还会包含一类共有的观众群,这类观众群与其说是在参观实体博物馆之后"参观数字博物馆"还不如说是"访问数字博物馆",他们的目的是想增进与博物馆的联系、参与博物馆的相关活动,如讲座、报告会和亲子活动等。他们通过访问数字博物馆的网站,获取有关博物馆之友、博物馆志愿者、联系博物馆、信息订阅、博物馆各类活动等信息,与博物馆系统产生全面的互动。这些观众往往之后成为博物馆的志愿者、博物馆之友或博物馆各类活动的固定支持者与参与者。

三、数字十实体

"数字＋实体"的参观模式与"实体＋数字"的参观模式恰好相对,是指观众先行参观数字博物馆,之后再参观实体博物馆。这种模式隐含的前提是观众已经知道数字博物馆的存在。之所以先选择参观数字博物馆而随后参观实体博物馆,其原因可能源于以下几点:

1.参观数字博物馆的主要目的在于为参观实体博物馆做准备,这类情况的观众事先已经确定要参观实体博物馆

通常为了获取博物馆地理位置、博物馆交通状况、博物馆开放时间、博物馆参观注意事项等方面的基本信息而需要访问数字博物馆的网站。Marty通过研究观众对博物馆网站的参观情况发现[1],有 92.7％的观众提前访问网站是为了获得这些信息,其中为了获得博物馆的门票及价格情况而访问博物馆网站的观众在研究中占 87.2％;为了了解博物馆的现在展和未来展信息而访问博物馆网站的观众在研究中占 91.8％。此外,一些观众是为了获取博物馆的整体概况、博物馆的历史、博物馆展厅布局等背景信息而需要从数字博物馆网站获取相关内容;为了辅助实体博物馆的参观,提前下载展览讲

---

① Marty P. F.（2007）Museum Websites and Museum Visitors：Before and after the Museum Visit，Museum Management and Curatorship，22：4，337-360，DOI：10.1080/09647770701757708.

解视频、音频等,包括获取电子地图、虚拟导览等,都需要从数字博物馆的网站下载相关资源;为了对某项展览或某些展品进行初步浏览,形成基本认识,需要浏览数字博物馆的展览和展品。所有这些事先访问数字博物馆的结果都是为参观实体博物馆提供诸多方便的支持,在一定程度上提高了观众在有限时间内进行实体参观的质量和效益,同时也为面对展品实物做了"前见"的铺垫和支持。

2. 参观实体博物馆的想法是在参观数字博物馆之后形成的,即数字博物馆参观的结果激发了观众参观实体博物馆的需求

此类情况下,观众参观数字博物馆时的心态主要有两类:一类是希望通过数字博物馆网站的相关内容,来帮助自己决断是否有必要参观实体博物馆;另一类是将数字博物馆的参观等同于对一般性网站的浏览,并没有与实体博物馆建立起必然的联系,只是在浏览网站的过程中产生了参观实体博物馆的想法。持有第一类心态的观众,往往是在参观数字博物馆的过程中获得一定要参观实体博物馆的理由,这些理由可能源于数字博物馆中非物化的藏品不能满足观众的"切身体验"。一般来说,在这类观众看来,非物化的藏品毕竟不是藏品本身,不是实体的存在者,所以他一定要亲眼所见,身临其境,如此才是真正地参观。当然,不排除具有要亲身参与博物馆的某项活动以及获取纸质的图书文献资料等心理需求和意愿的观众。持有第二类心态的观众,往往目的性非常强。他在随意浏览数字博物馆网站的过程中发现了吸引自己的兴趣点,这些兴趣点可能与建筑、陈列、设施、藏品、活动或人员有关,需要到实体博物馆中体验、交流,甚至希望能够通过同一件藏品在两类博物馆中展示的不同效果做一些相关专业的比较工作,带有一定的学术目的。

四、数字＋数字

"数字＋数字"的参观模式是指观众始终只参观数字博物馆。具体情况又可分为两类,第一类是存在一类数字博物馆,它本身就没有相对应的实体博物馆。所以,毫无疑问,观众要想了解这类博物馆、浏览博物馆的藏品、获取博物馆相关信息,便只能通过访问数字博物馆的网站进行,别无选择。

第二类是在有实体博物馆对应的情况下,观众依然只参观数字博物馆而不去参观实体博物馆,究其原因,大致可分为以下几点:

1.内外因素的限制

由于时间、空间等外在客观因素，或是观众自身经济条件、身体状况等内在因素而无法参观实体博物馆。时间因素多源于观众工作时间与博物馆开放时间的错位；空间因素多源于地理位置的遥远，比如跨省、跨州、跨国的博物馆参观；观众的经济条件源于是否能够支付为参观博物馆而产生的各种开销，如交通费、住宿费和门票费等，往往经济条件是否允许多与博物馆的地理位置有关；身体状况是指一些出行不便的残障人士或是老年人。

2.访问数字博物馆的网站目的在于获取资源

对一些访问者而言，他们关注的重心可能不是展览或是展品，而是博物馆能够提供的各类资源①。如博物馆的研究资料、博物馆的多媒体藏品资源数据、数字化的档案文献资料等。这类观众多是专业研究人员，或是正在从事专业学习的学生。除此之外，另一些访问者则关心数字博物馆网站架构、网页版式等，网上商店的各类商品，为儿童或青少年开发的网络课程以及各类在线互动游戏等。这类观众的范围群较广，涉及不同领域、不同阶段和不同行业的人员。

3.数字博物馆的内容已经足够满足观众需求

无论是博物馆提供的在线虚拟展厅、大批量的藏品检索和展示，还是提供的各类在线讲座视频以及研究资料等，观众总能获取自身所需的内容。在线虚拟展厅，允许观众如同行进在实体展厅一样，感受藏品与空间环境的交错；基于可交互的2D、3D模式的藏品展示，可以让观众获得个性化的参观体验；海量藏品检索和查询，可以让观众"走进"博物馆的库房，挑选自己感兴趣的藏品；各类在线讲座或报告的语音、视频资料，可以让观众随时获取活动内容。这类观众往往沉浸于数字博物馆所提供的个性化、便捷化、直观化和互动化的"富媒体"环境，充分感受数字博物馆的内在优势。

4."Cyberspace"②生存者的常态选择

"Cyberspace"生存者或"网迷"③往往将自己的生活、工作、学习和休闲娱

---

① Skov M, Ingwersen P. Museum Web search behavior of special interest visitors[J]. Library & Information Science Research, 2014, 36(2):91-98.

② Cyberspace,被称为赛博空间,是科幻作家威廉·吉布森于20世纪80年代创造的,其基本含义是指由计算机和现代通信技术所创造的、与真实的现实空间不同的网际空间或虚拟空间。

③ 网迷是指那些整天足不出户、埋头上网的人。

乐建立在网络空间上,他们已经完全融入网络环境,如同生活在现实环境中一样。他们会通过大型开放式网络课程(Massive Open Online Courses,MOOC)进行学习,通过企业内部网络平台进行办公,通过电子商务网站如淘宝、京东等进行购物,通过视频网、游戏网等进行休闲娱乐。网络成为这类观众认识世界和改造世界的主要渠道。因此,对于他们而言,只参观数字博物馆是其必然选择。

综上分析可以看出,只参观数字博物馆而不去参观实体的观众群与实体博物馆的观众群不存在交集,是博物馆进行网站规划和设计时特别需要关注的对象,因此博物馆是否能够对这类人群进行有效的信息传递、开展教育,关键在于博物馆能否很清楚地了解这类观众的需求是什么,以及如何从内容组织和形式编排上满足他们的需求。此外,这类观众也可能被发展成为参观实体博物馆的观众,因此如何促使他们参观实体馆,激发他们参观实体馆的兴趣,创造更多的可能性,都是需要数字博物馆考虑的问题。

第二节 数字藏品与观众建联方式研究

藏品是实体博物馆的核心,许多的信息活动都依赖于藏品而存在,各项活动也因藏品而展开。由于实体博物馆有限的展览空间以及固定的开放时间,参观实体博物馆的观众只能通过浏览、欣赏展品进而来了解博物馆的藏品。展品信息的获取主要通过欣赏或观看展厅内的展品实物、图文版、情景再现、小影院等,或是操作互动装置来实现,此外,翻阅博物馆的宣传手册、图书和资料等也可以获取展品信息。对于数字博物馆而言,数字藏品是其核心,许多信息活动也都依赖于数字藏品而存在。由于网站是数字博物馆的窗口,所以基于网站空间,如何建立数字藏品与观众之间的联系是特别需要关注的问题。对现有数字博物馆网站的情况进行分析,可以看出目前数字博物馆主要通过虚拟展示、资源推送及互动交流等方式将数字藏品与观众建立联系。

一、虚拟展示

建立在网络空间上的数字博物馆,其单体藏品的展示主要体现在以二维图像为主的展示和以三维立体模型为主的展示。二维图像的展示主要是以藏品实物照片为素材，当然，这些照片可以取自一件藏品的不同视角，以构成该藏品较完整的展示。三维立体模型的展示主要以藏品的三维模型为素材，以真实、全面、立体地再现藏品空间形态。以上两种单体藏品的展示形式主要用于构建虚拟展厅和在线专题展。

虚拟展厅主要是指将实体博物馆的展厅景象进行数字化重建，完全再现其展厅内的布局、展品和其他设施等，是对现实情境的营造。虚拟展厅能让观众感受到空间的变化，目的在于使观众能够具有在实体展厅内的参观体验。观众可以通过操作鼠标或者是键盘在展厅内漫游，选择展品以观赏其图像或三维模型。这种模式主要是让观众在浏览中与藏品发生联系。如卢浮宫的"在线参观"（Online Tours）项目，观众在展厅漫游的过程中，对于陈列的展品可通过"点击"鼠标的方式进行选择，随即网页的解说栏会出现关于展品的基本信息，如名称、作者和尺寸等，同时提供了一个"More"链接为观众提供较为详细的介绍，如图 8-1 所示。在这样的交互方式下，观众不仅可以有选择性地浏览展品，而且还可以有选择性地获取解说信息。以虚拟展厅的形式将数字藏品与观众联系在一起，是建立在观众参观行为的基础之上，配合观众的漫游操作而实现。

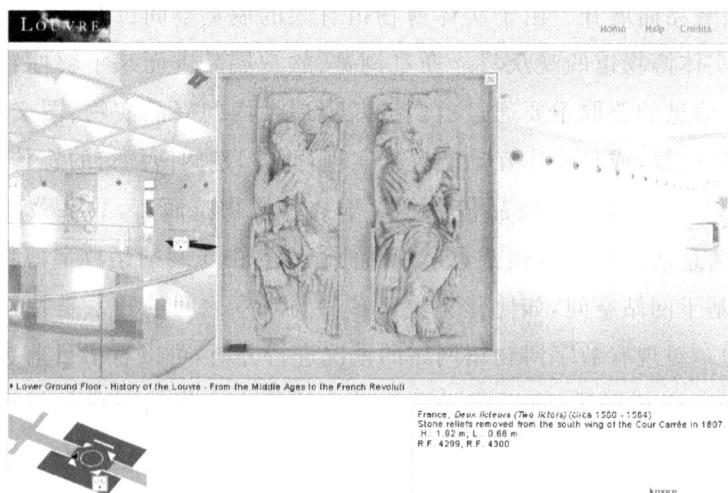

图 8-1　卢浮宫的虚拟展厅展示（2015-01-03 访问）

与虚拟展厅不同,在线专题展主要是将数字藏品以一定主题进行组织和筛选,并在特定的网页空间上将其二维图像和三维模型等集合在一起构建一个展览。此展览完全基于网络空间,是脱离实体馆的在线展览形式。展览具有明确的传播目的,有着明显的组织脉络。观众可以随时随地地参观浏览。此模式类似虚拟展厅,将藏品组织安排在网页空间上,观众通过"选择"操作与藏品建立联系。其与虚拟展厅不同之处在于,因为不受到实体场馆空间的影响,所以可以无限量地展示藏品[①],藏品排列的形式、呈现的方式更加多元化,更方便观众的浏览。如纽约现代艺术博物馆的在线专题展"儿童的世纪——与设计一起成长"(the Century of Child:Growing by Design)[②],如图 8-2 所示,将 1900—2000 年与儿童生活、游戏等有关的设计品进行集合,以时间顺序进行编排呈现在网页上。观众可以通过鼠标进行选择性浏览,系统

图 8-2　纽约现代艺术博物馆的"儿童的世纪——与设计一起成长"专题展(2015-01-15 访问)

会根据观众的选择推送其他关联的藏品。此项目获得了美国博物馆协会(American Association of Museums)媒体与科技专业委员会(Media & Technology Committee)的 2013 年缪斯奖(Muse Awards)在线展示类的银奖。中国国家博物馆的网站上的"2014 年马上过年"专题展[③]也属于此类型,如图 8-3 所示。该专题展围绕即将到来的马年将所有有关"马"的藏品组织

---

① 实际数量与网站服务器存储空间有关。

② 详情参见"儿童的世纪——与设计一起成长"的网站:http://www. moma. org/interactives/exhibitions/2012/centuryofthechild/.

③ 详情参见中国国家博物馆网站:http://www. chnmuseum. cn//Portals/0/web/zt/ma20140123/.

在一起，构建了一个在线展览，分为"一洗凡马万古空"、"策马奔腾万里"和"马蹄声声报春"三大块。观众通过鼠标选择展品，进而进一步了解其解读信息和其他相关藏品。

图 8-3　国博"2014 年马上过年"专题展(2015-01-18 访问)

二、资源推送

资源推送是数字博物馆充分发挥其服务职能的重要体现。其所推送的内容往往与藏品直接相关或间接相关。公众可以在推送的内容中了解、认识藏品，与藏品建立联系。资源推送的形式主要有两种，一种是以用户需求为线索的推送，即藏品检索反馈，另一种是馆方开放各类资源为用户提供资源下载服务。

藏品检索反馈是数字博物馆向公众提供数字藏品信息的最直接通道。此模式主要以线索的方式层层递进地将观众与更多的藏品建立联系。通常观众可能检索的只是一件或一类藏品，系统会以此为引子提供与其某项属性或类别相关的其他藏品。观众可以按照自己的需求来设置检索条件，可以任意以名称、时期、地点、类型和展厅位置等进行组织。系统会根据观众提供的检索条件进行查询,将结果按照紧密度自高向低的顺序进行排序反馈。观众可以选择结果的显示方式,如在大都会博物馆的网站上,观众可以选择按列表或图片的方式显示。观众对返回结果进行进一步选择,系统会提供关于最终被选藏品的基本介绍、同类或相关的其他藏品、所在展厅情况等。与藏品关联的内容通常以图片链接或文字链接的方式呈现。这种形式的应用最终将达到通过一件藏品将观众关联到其他藏品、展览或展厅的目的。

提供资源下载服务是馆方为用户提供各类开放式资源,包括"藏品资源"、"学术资源"和"其他"。"藏品资源"是指博物馆提供的数字藏品图像资料辅以基本文字说明,其目的在于帮助观众浏览欣赏、学术研究和商业出版等。这种情况下,数字藏品与观众直接建立联系,不存在额外的条件。"学术资源"主要是指博物馆提供的各类书籍、文献资料等,涉及藏品研究、藏品修复、考古发现和艺术研究等方面,通常以.jpeg,.doc,.pdf,.caj 的格式存在,供观众下载。这种情况下,观众与数字藏品的联系是相对隐含的,藏品的相关内容穿插于各种学术资源中。"其他"包括了辅助观众参观的语音、视频数字导览,以方便观众参观定位、规划路线,可被提前下载到观众的手机等自带设备上;包括各大博物馆官方主打 APP,如大都会博物馆的"The Met"、卢浮宫的"Musée du Louvre"等,供观众在移动设备上观看,帮助他们简便地了解展览、活动和藏品等信息。这类情况下,数字藏品未必是主体,但却是下载内容的一个重要组成部分,与其他信息交织在一起,如参观路线、展厅概况和学术讲座等,观众在阅读或使用下载信息的过程中逐步建立起与数字藏品的联系。

三、互动交流

互动交流是博物馆拉近与观众之间距离的有效方式。互动交流的内容虽然有多种类型,但往往与藏品有着密切的联系。在互动交流中,博物馆可以向观众介绍和推送更多的藏品;而观众不仅可以向馆方提出更为针对性、专业性的藏品需求,而且可以在休闲娱乐中亲近藏品,加强对藏品的认知。目前,互动交流的方式主要有两种,一种是网站互动,另一种是社交媒体互动。

网站互动主要以寓教于乐的方式在网站上创建参与式项目,以介绍藏品信息及相关知识。观众会在轻松、愉悦和欢乐的氛围中与藏品建立联系。这种互动项目与实体场馆内的互动多媒体装置具有相似性,以观众为导向推动具体互动的进展,强调观众的主动参与和交流,使观众置身于情景中,通过内容的发展和变化来激发观众的探究欲望。数字藏品以生动、趣味的方式穿插于各种故事或情景中,随着情节的发展或内容的推进而逐步、分层次地与观众建立联系。在线游戏是网站互动类项目的代表,多以冒险类游戏、动作类游戏、益智类游戏等形式出现。如大英博物馆的"少年探索家"项目中的"游戏"节目,就包含了冒险类游戏"时间探索"(Time Explorer)、动作类游戏"博物馆赛跑"(Museum Run)等。其中"时间探索"分别在古代中国、古罗马和墨西哥以抢救某一件藏品为任务,选定藏品都是各个国家的珍品。如果"抢救"任务成功,则观众会获得该藏品的详细解读信息。而"博物馆赛跑"游戏则是让观众在有限的时间内到达指定的展品位置,如果观众能够成功到达,则会获得展品的高清图像和详细介绍。除在线游戏之外,还有一些其他以网站互动为主的项目,这类项目综合了图像、声音、视频和动画等多种表现形式,以观众参与为主导,以数字藏品为素材,以学习、传播和交流等为目的。如纽约现代艺术博物馆"浏览"菜单项下的"多媒体"栏目中的"互动"项目就集结了各种形式多样、内容丰富的项目,如图 8-4 所示。

越来越多的数字博物馆正在充分利用 Facebook、Twitter、Flicker、YouTube、Delicious 等社交媒体对博物馆进行更广泛的宣传、对藏品进行更直观的展示、与观众进行更便捷的交流互动。博物馆不仅利用这些社交网络进行信息发布、品牌营销、在线展览和教育,许多博物馆还构建了基于移动终端的社交媒体平台,如英国政府牵头、大英博物馆全力开展的"便携式古物计划"(Portable Antiquities Scheme)①,旨在让公众拿着手机就可以考古,即鼓励公众对私人藏品或新发现的古物进行手机拍照,并上传到网络与其他爱好者分享,并可与专家探讨其价值。英国泰特美术馆的"Muybridgizer"APP 应用可以让观众使用 iphone 手机自行创建具有埃德沃德·迈布里奇风格的摄影作品,并发布到 Facebook 或是上传到 Flickr 的

---

① 详情参见"便携式古物计划"网站:http://finds.org.uk/.

图 8-4　纽约现代艺术博物馆的"互动"项目（2015-01-20 访问）

图 8-5　英国泰特美术馆的"Muybridgizer"APP（2015-01-10 访问）

Muybridgizer 群上，与大家分享和讨论①。总体上社交媒体模式涉及的范围更广，内容和形式上更具多样性，数字藏品或其相关信息分散在各主题版块中，如宣传、展览、研究和娱乐等。如"Muybridgizer"项目，虽以娱乐为目的，让观众按照埃德沃德·迈布里奇的方法制作系列图像，但整个项目将埃

———————

① 详情参见"Muybridgizer"APP 介绍：http://www. tate. org. uk/context-comment/apps/muybridgizer.

德沃德·迈布里奇的作品特点诠释了出来,将观众与埃德沃德·迈布里奇的作品建立了联系。

第三节 数字博物馆开展公众教育研究

如同实体博物馆一样,公众教育是数字博物馆的重要职能。数字博物馆作为网络学习的重要平台,提供了大量内容丰富、形式多样的学习资源,可以为不同地域、不同年龄、不同领域和不同爱好的人员提供各类学习项目和学习活动。由于其建立在网络空间上,不受地域、时间的制约,因此能最大程度地拓展教育范围。加之移动互联技术的支持,使得其实施"随时随地"的便捷式教育成为可能。为了更好地利用数字博物馆的优势开展公众教育,需要对以下问题进行梳理。

一、数字博物馆的公众教育分类

对于数字博物馆的公众教育分类可以从以下三个角度进行。第一是按教育活动的形式分,可以分为线下、线上、线上和线下的联动三大类。

1.线下

线下主要是指各类教育活动的具体实施是在实体博物馆中进行,而数字博物馆主要承担宣传推广工作,以吸引或是鼓励更多的观众参加。宣传推广比较常见的形式有活动预告、活动新闻发布等。其内容主要包括实体馆内的活动和实体馆外的活动。实体馆内的活动主要包括展览导赏、珍品讲解、手工体验、专题讲座和剧场演出等,主要依托馆内的各类资源,如藏品资源、场地资源和设施资源等。实体馆外的活动主要包括流动展览、社区讲座等,主要利用博物馆的实物资源、标本资源、复制品资源、模型资源和专家资源在学校、社区和文化广场等举办活动。数字博物馆在线下活动中充当了信息发布的角色,主要将信息分散在网站的博物馆资讯、学习/教育、活动等栏目中。此外,数字博物馆也充分利用微博、微信和播客等发布信息。

2.线上

线上主要是指各类教育活动都在数字博物馆的网站上进行,基于网络空间而展开,数字博物馆是实施活动的主体,它能够充分满足公众的随机性、即时性和多样性的教育需求。对于有实体对应的数字博物馆,其相应的实体馆主要进行配合,如开展宣传、提供数字化资源、提供专家支持等。线上活动所利用的藏品资源都是数字化的形式,依赖数据库技术、多媒体技术、虚拟现实技术、人工智能技术、人机交互技术和移动互联技术等开展各种形式的活动。活动内容主要包括在线参观、在线讲座、在线课堂、在线游戏和在线论坛等。此外,数字博物馆利用移动平台,开发了基于 APP 的各种线上活动,还利用微博、微信、博客、论坛和播客等社交媒体实施不同形式的线上活动。

3.线上和线下的联动

线下活动中,数字博物馆仅仅承担信息发布作用,并不参与活动实施的具体环节。线上活动中,实体博物馆仅提供藏品资源、人力资源等,未与活动本身构成密切的联系。而线上和线下的联动形式将充分利用数字博物馆和实体博物馆的各自优势,相互配合和协作来开展教育活动[①]。实施活动的不同环节将分别用到各自的资源:利用实体馆的场地实施活动;利用实体馆的实物模型、实物标本等充当活动道具;邀请实体馆的文保专家或研究人员担当讲演者。利用数字博物馆的网站进行活动预约、活动报名以及活动咨询;利用数字博物馆的观众管理系统对参加者的信息进行管理;利用数字博物馆的电子邮件服务向参加者发送通知保持联系;利用数字博物馆的网络传播优势开展在线公众调查,以了解活动期望等;在数字博物馆的移动互联平台的支持下将手机、平板电脑等便携式设备作为活动的道具或工具;在数字博物馆的微博、博客、微信等自媒体上直播活动进展、发布活动照片、收集活动反馈信息等;在数字博物馆的网站论坛或留言板上收集观众意见、留言和参加者的心得体会等以便评估活动质量,进一步完善活动方案。联动类的活动内容丰富多样,形式不拘一格,是当前众多博物馆推崇的类别。

第二是按教育对象的类别分,又有几种分类方法。以年龄段为依据,可分为儿童、青少年、成年人和老年人;以专业背景为依据,可分为普通观众和专业研究人员;以学生阶段为依据,可分为小学生、初中生、高中生和大学生。以观众组合形式为依据,可分为亲子家庭、学校团队、旅游团队和研究团队

---

① Kratz S, Merritt E. Museums and the future of education[J]. On the Horizon, 2011, 19(3): 188-195.

等。由于每个博物馆所开展教育活动对象的侧重点不同，因此会采用不同的分类方式。

第三是按活动的内容分，主要分为展览讲解、珍品赏析、专题讲座、情景剧场、手工体验、流动展览、暑期夏令营、在线课程和在线论坛等，这些内容的设定与组织往往与所采用的线上、线下还是线上线下联动的形式有关。

三个角度下的数字博物馆公众教育的分类并不孤立，相互影响。对象、内容和形式通常是密切关联的，有潜在的组合关系。通常对一个教育活动的有效策划和实施需要先确定教育对象是谁，再确定应该采用什么样的形式、适合开展什么样内容，或确定开展什么样的内容、适合采用什么样的形式。

二、数字博物馆的公众教育特点

数字博物馆的公众教育具有以下一些特点：

1. 广泛性

数字博物馆的公众教育建立在网络空间，公众只要具备网络连接的软硬件条件，都可以访问数字博物馆的网站，获取教育资源，参与其活动，不再受地域、时间、环境、资金和身体状况等因素的困扰。网络的发展扩大了博物馆教育的影响范围。世界不同国家、不同地区、不同年龄、不同种族和不同教育背景的人都可以在数字博物馆中得到广泛而持续的教育。

2. 开放性

数字博物馆作为社会教育的一个平台，其教育具有非正式性，不会像学校教育具有诸多限制和要求。观众没有年龄、性别、文化背景、上课时间和上课地点等的局限，可随时随地地接受数字博物馆的教育。此外，数字博物馆的教育将生活、工作和休闲娱乐等结合起来，突破了传统学校教育的封闭状态，整体开放性高。

3. 灵活性

数字博物馆的教育活动内容灵活，有展览讲解、珍品赏析、情景剧场、手工体验、学术讲座、网上课堂和在线讨论等；数字博物馆的教育形式灵活，可进行线下、线上和线上线下联动的形式组织；数字博物馆的教育手段灵活，利用图像、声音、视频和动画等多媒体资源和利用虚拟现实、增强现实等开展在线活动；数字博物馆与教育对象的交流方式灵活，馆方可通过邮件、网上留言板、网上论坛、博客、微信和微博等多种渠道与公众进行交流。

4.分众性

数字博物馆的教育能够体现对不同教育对象的关怀,可以更好地实施分众教育,即对不同的教育对象开展教育活动。利用藏品数字化资源以及各种展示和传播手段,借助网络和移动互联技术,可为不同年龄段、不同专业背景、不同受教育程度和不同身体状况的观众提供合适的教育内容。而观众则能更加方便和快捷地找到适合自己的教育资源,选择满足自身需求的教育形式。不同观众群可并行获取藏品资源和学术研究资源等,观看在线讲座、参与在线互动游戏等,还可通过手机等移动设备进行服务的个性化订制。

5.融合性

数字博物馆的教育可以进行广泛的资源融合,不仅将馆内的数字化藏品、数字化古籍资料、数字化图书文献进行最有效的组织和整合,作为素材为某一专题或主题活动服务,而且可以通过互联网融合其他博物馆或文化单位、学术机构的数字资源,对其进行最大化的共享和利用,为教育活动作更好的支撑;数字博物馆的教育可以进行多平台融合,以网络平台为基础,充分利用实体平台和移动互联网平台丰富活动载体、拓展活动空间、提升教育效果;数字博物馆的教育可以进行有效的技术融合,能够将网络技术、通信技术、多媒体技术、虚拟现实技术和智能交互技术等融合在一起,充分借鉴各技术的优势,组织各种形式的活动。

三、数字博物馆的公众教育优势

数字博物馆随着网络社会的日益繁荣,逐渐成为开展网上教育的重要阵地。它与实体博物馆一样,在发挥博物馆的公众教育职能中,充当了非常重要的角色。互联网时代,数字博物馆的信息传播方式更加符合公众的信息获取习惯。其访问便捷、内容丰富和形式新颖的特点使其越来越受到公众的关注和喜爱。对于教育活动的组织和实施,数字博物馆既可独立承担又可与实体博物馆相互配合完成。数字博物馆不仅能够沿袭实体馆的各类教育活动,而且还可以开展独具特色的项目。数字博物馆为每一位观众,不论年龄、性别、专业、地域等,提供了相对公允的学习机会,尽可能地实现了博物馆教育覆盖面的最大化。细数数字博物馆教育的各方面,与实体博物馆的教育相

比,其具有以下显著优势:

1.为公众提供了一个更为松散的非正式学习平台

数字博物馆与实体博物馆一样同属于非正式教育。然而,由于数字博物馆不受客观环境的约束,不受时间的限制,教育活动的安排更加灵活。此外,受海量数字资源和各种新媒体技术的支撑,教育活动的取材和内容的呈现更加丰富,不仅有藏品的二维影像和三维形态模型,而且还有逼真的大场景的虚拟复原,"虚""实"交错,异趣横生;不仅有正式的在线教学课堂,也有轻松活泼的互动游戏。加之网络与新媒体的联合,使得数字博物馆与公众的互动交流更加便捷、形式不拘一格,个人电脑、手机、iPad 等都成了学习和交流工具。

2.能更好地落实"面向对象"的教育

教育的有效性取决于是否能"因材施教"。数字博物馆与实体博物馆都在努力将公众进行划分,开展不同的教育活动。然而数字博物馆所利用的数字资源具有非消耗性、可复制性、易传播性和可共享性,因此能够长期作为更多人群的学习素材,而不会出现资源竞争。此外数字博物馆的分布式架构能为众多用户的并发性需求做出响应,及时提供学习资源和服务,让更多的观众能够同时在线学习而不受到场地或时间的限制。数字博物馆通过网络联系公众的方式,为以往由于地域、经济状况、身体因素而不能参加实体博物馆活动的公众提供了访问、参观和学习的机会,为不同类型的观众设定了学习专区,如老年人专区、残疾人专区等。以上素材的丰富和学习通道的便利使得数字博物馆对教育对象的划分可以更加细致,在活动内容和形式上采取以对象需求为导向。

3.观众能更好地进行"自我导向性"学习

观众在数字博物馆的网站上不仅能够随意选择展览或藏品,自主参观或浏览,而且可以根据自身需求访问或使用其他资源,如藏品图像、解说声音、讲座视频、出版书籍和研究文献等。同时能根据自己的兴趣爱好,选择活动形式,如专题讲座、在线课堂、互动游戏等。自我安排学习进度、学习计划,实时存储学习进展,可将学习场景随时切换到手机、iPad 等移动设备上。观众不仅可以与活动本身进行更好的互动,而且还可随时与系统进行交流,并能与其他学习者建立联系,利用博客、微博、微信、QQ 空间等社交网络建立兴趣小组,共同讨论,相互学习。

4.更好地扩充和辅助实体博物馆教育职能

博物馆在构建学习型社会中发挥着重要功能,在配合学校教育和开展终身教育方面起到了特殊作用。数字博物馆与学校、社区、科研机构等建立了密切的合作关系,弥补了实体馆中各种客观条件的限制。如与学校合作,建立远程教育平台,制作专题讲座视频,开发各种教学课件;与社区合作,建立文化资源服务平台,不仅提供藏品、文献资料等的查询、检索和下载服务,而且还提供专题讲座或研讨会的视频资料;与科研机构合作,建立资源共享利用平台,可进行藏品资源的交换和共享,书籍、文献资料的共享和利用等,使得资源价值利用最大化。此外,数字博物馆是观众参观前和参观后的最理想、便捷的学习场所,作为实体馆教育活动实施的延续,可为不同地域、国家、语言、年龄和专业的观众提供同等学习的机会。特别是为行动不便的残疾人或存在视、听或运动等障碍的残疾人提供了参观博物馆和参加博物馆教育活动的机会,使得他们能够在家中享受数字博物馆提供的种种便利。

名词解析

· 大型开放式网络课程:英文名为 Massive Open Online Courses,是一种新型的在线教育形式,通过信息技术与网络技术将优质教育送到世界各个角落。任何人都能免费学习来自世界不同学校的课程。2012 年,Coursera、Udacity 和 edX 三大 MOOC 平台相继推出,将近百门课程上线,为学生提供了选择一流大学的一流课程进行系统学习的可能,之后越来越多的世界著名大学的课程纷纷加入了 MOOC 平台。

· 埃德沃德·迈布里奇:全名 Edward James Muggeridge,1830 年 4 月 9 日—1904 年 5 月 8 日,英国摄影师,他因使用多个相机拍摄运动的物体而著名。他发明的"动物实验镜"(Zoopraxiscope)是一种可以播放运动图像的投影机,将连续图像绘制在一块玻璃圆盘的边缘,随着玻璃的旋转,将影像投射出去,使得产生的影像像在运动。这个发明为托马斯·爱迪生提供了研究并发明电影的灵感。

第九章
数字博物馆与青少年教育研究

　　青少年的教育关系着文化的传承和未来社会的发展,因此青少年教育是全民教育中最为关键的环节。作为文化、历史、科技、自然和艺术的重要承载机构,博物馆在青少年教育中具有不可推卸的责任,因此博物馆理应充分发挥在青少年社会教育中的先锋带头作用,配合学校教育和家庭教育,共同构建起一体化的教育网络,更好、更全面地传授知识和训练技能,并进一步锻炼青少年的智力和体力,加强其思想品德的教育和培养。而作为博物馆的一种存在形态——数字博物馆,自然应该将青少年教育放在首要的位置,利用其资源优势、传播优势和互动优势来开展各具特色的青少年教育。本章将讨论数字博物馆与青少年教育的若干问题,以期对其特点、形式和发展形成一个较为清晰的认识。

第一节　青少年年龄界定之分析

　　关于青少年的年龄界定,向来众说纷纭,莫衷一是。在发展心理学领域,我国一般把青少年期界定为 11、12—17、18 岁这一发展阶段,相当于中学教育阶段。其中 11、12—14、15 岁这一阶段称为少年期,又称青春期;14、15—17、18 称为青年初期。① 西方大多数发展心理学家对青少年期的界定更为宽泛,认为青少年期是指从青春发育期开始直至完成大学学业这一发展阶段,即 11、12—21、22 岁。

　　在生理学领域,主要以生长发育变化、生理机能变化作为划分年龄阶段的依据,但划分结果略有不同。苏联年龄形态学、生理学和生物化学问题第

---

① 林崇德.发展心理学.北京:人民教育出版社,2009.

七届学术讨论会通过的个体发育年龄分期模式规定，少年期男子定为 13—16 岁，女子定为 12—15 岁；青年期男子定为 17—21 岁，女子定为 16—20 岁。一些权威的年龄生理学家则认为青年期开始于 17 岁，结束期男女有别，男子为 22—23 岁，女子为 19—20 岁[1]。

在教育学领域，多以学制为划分依据，参考心理学、生理学等方面的标准，把儿童进入中学作为青少年期开始阶段，一般规定为 11—12 岁。把初中阶段划为少年期（11、12—14、15 岁），把高中阶段划为青年初期（14、15—17、18 岁），把大学阶段划为青年中晚期（17、18—22、23 岁）。

此外，联合国世界卫生组织将 44 岁以下定义为青年人。中国传统年龄划分中，8—16 岁为少年期，17—29 岁为青年期。中国共产主义青年团规定的团员年龄是 14 周岁以上，28 周岁以下。而英文"Teenagers"所指的年龄段是 13—19 岁。

博物馆关注的是青少年的教育，其教育实施的效果与青少年的心理特征和生理特征密切相关，因此对于博物馆教育而言，选择基于心理或生理的年龄段划分法是比较合适的。许多数字博物馆在设置教育项目时，对于青少年年龄的考虑各有侧重。大都会博物馆网站首页"学习"菜单项下的青少年栏目中的"青少年项目"（Teen Programs），主要针对 11—18 岁的青少年设置了各类教学活动[2]。美国自然历史博物馆网站首页"学习和教授"菜单项下按学生的年级进行了栏目划分，6—8 年级、9—12 年级[3]和高等教育三个阶段限定了青少年的年龄范围，分别提供了相应的学习资源和活动内容[4]。大英博物馆网站首页"学习"菜单项下的"学校和教师"栏目则以 12—16 岁和 16 岁以上的分段形式限定了青少年的年龄，分别设置了相关教育活动[5]。英国泰特美术馆网站的在线项目泰特藏品（Tate Collectives）则限定为 15—25 岁的青少年服务，帮助他们欣赏、分享和讨论艺术品，参与某个艺术展厅的具体

---

① 司继伟.青少年心理学.北京：中国轻工业出版社，2010.

② 详情参见大都会博物馆网站的"青少年项目"：http://www.metmuseum.org/events/programs/teen-programs

③ 6—8 年级是美国的初中三年，9—12 年级是美国的高中四年，6 年级学生其年龄构成是 11—12 岁左右。

④ 详情参见美国自然历史博物馆网站上的"学习和教授"：http://www.amnh.org/learn-teach

⑤ 详情参见大英博物馆网站上的"学校和教师"：http://www.britishmuseum.org/learning/schools_and_teachers.aspx.

项目①。上海博物馆网站首页的"教育学习"菜单项，按中学和高中划分了青少年观众的范围，设置了相应的参观、学习内容②。

第二节　青少年与网络的关系研究

计算机从 20 世纪 40 年代诞生至今，已经有了 60 多年的发展历史，随着数字科技的革新，计算机差不多每 10 年就更新换代一次。计算机的体积逐步缩小，方便携带，执行效率不断提高，性能更加可靠。日趋平民化的价格使得多数家庭能够购买得起计算机，以更好地服务生活和工作。在应用面上，计算机技术本身已经从一种服务军事工程计算的高新技术发展成为一种面向大众的通用处理技术。它已经渗透到人们的工作、购物、娱乐、交流和学习等多个方面。同时随着网络科技的发展，计算机和网络对于人们的工作、生活方式和沟通行为产生了巨大的影响，上网用户越来越多，人类的生存空间得到了拓展。数字通信技术和网络技术对社会组织和结构产生的影响促使了新的社会形态的出现，即网络社会。而青少年作为最容易接受新事物的特殊群体，无疑是受网络社会影响最深的一族，其丰富的内容和多彩的互动形式给青少年带来了全新的视听觉感受。青少年已经成为网络社会的主力军。

美国是数字通信技术和互联网技术最为发达的国家，其网络使用状况代表了多数发达国家的实际水平。早在 2005 年美国皮尤研究中心（Pew Research）的《青少年与技术》（《Teens and Technology》）的报告显示③，美国 87％青少年（12—17 岁）是网民，这个数目大约是两千一百万人，而成年人中，66％是网民。从比例上可以看出，青少年群体比成年人更加热衷于对网络的使用。调查显示他们在网上的活动范围十分广泛，有网络游戏、网上购物、新闻阅读和健康咨询等。其中约 76％的青少年是为了获得新闻或其他咨询而上网。这些数据说明，美国的青少年较早就成了网络用户的主力军，并能够通过网络进行学习、娱乐和休闲。随着网络进一步的发展和移动媒体

---

① 详情参见英国泰特美术馆网站上的在"泰特藏品"：http://collectives.tate.org.uk/.
② 详情参见上博网站上的"教育和学习"：http://www.shanghaimuseum.net/cn/jyxx/jyxx.jsp.
③ Lenhart A, Hitlin P, Madden M, Teens and Technology, Pew Research Center, [2014-10-24]. http://www.pewinternet.org/2005/07/27/teens-and-technology/.

的出现,青少年网民用户数量不断上升,访问网络的渠道也呈现出多样化的趋势,从台式机、笔记本扩展到平板电脑、智能手机等。根据 2013 年 3 月公布的《青少年和技术》(《Teens and Technology》)报告显示[1],在受调查的 802 对父母和其 802 名 12—17 岁的子女中,青少年网民占 95%,74% 的青少年是移动互联用户,会通过手机、平板电脑或其他移动设备访问网络,其中近四分之一的青少年经常会通过手机上网。此外,报告针对 14—17 岁的青少年进一步调查发现,有 34% 的女孩是手机上网用户,比 24% 的男孩手机上网人数要多,说明高龄段的女孩比男孩更加喜欢使用手机上网。

据中国互联网络信息中心于 2014 年 6 月公布的《2013 年中国青少年上网行为调查报告》显示[2],截至 2013 年 12 月,中国 6.18 亿网民中,25 周岁以下的青少年网民规模为 2.56 亿,占网民总体的 41.5%,已经成为中国最大的网民群体。青少年网民规模占青少年总体的 71.8%,超过全国互联网普及率平均水平(45.8%)26 个百分点,较 2012 年增加了 5.4 个百分点。青少年网民主要集中在 12—24 岁,所占比例为 88.4%。其中,中学生群体占38.3%。青少年网民使用手机、台式电脑和笔记本电脑三种上网设备上网的比例均有所提升,分别为 86.3%、71.2% 和 51.2%,反映出青少年使用手机上网的比例最高。青少年网民平均每周上网时长为 20.7 小时,较 2012 年增加了 2.3 小时。青少年网民男女比例为 54.2:45.8,差异小于全国网民男女比例 56:44,这说明青少年网民在性别上差异相对较小。交流沟通类应用中,即时通信、微博、博客/个人空间和社交网站在中学生、大学生和非学生群体中的使用率均高于全国平均水平。其中,微博在青少年网民中的使用率高出全国平均水平 8.8 个百分点。此外,报告同时对手机网络用户进行了进一步调查,截至 2013 年 12 月,青少年手机网民规模已经达到 2.21 亿,较2012 年同期增长了 12.8 个百分点,青少年网民中手机上网比例为 86.3%,高出整体网民手机上网比例(81%)5.3 个百分点。青少年手机网民在交流沟通、信息获取和网络娱乐类等应用上使用率较高,其中手机即时通信使用

---

① Madden M, Lenhart A, Duggan M, Cortesi S, Gasser U. Teens and Technology 2013, Pew Research Center,[2014-10-24] http://www.pewinternet.org/2013/03/13/teens-and-technology-2013/.

② 2013 年中国青少年上网行为调查报告,中国互联网络信息中心,[2014-10-24] http://www.cnnic.net.cn/hlwfzyj/hlwxzbg/qsnbg/201406/t20140611_47215.htm.

率为 90.6％,手机搜索使用率为 79.4％,手机网络音乐使用率为 70.2％,是青少年网民手机端使用率最高的三大应用。交流沟通类应用在青少年网民中使用率较高,除电子邮件外,其余应用均高于网民总体平均水平。

以上报告反映出网络在青少年生活中扮演的重要角色,越来越多的青少年借助网络来满足自我学习、娱乐、休闲和社交的需求。作为主动参与者,他们愿意积极地发表自己的想法,有着强烈的自我主张,他们推崇创新,注重感受,具有开阔的视野,对新鲜事物充满好奇心,不受旧观念和旧文化的约束,他们富有创新精神也有能力去创新,注重体验,追求产品或服务与自己情感体验的一致性。泰普斯科特(Don Tapscott)认为[①]伴随着网络而成长的青少年喜欢自由;喜欢定制和个性化;强调各方面的速度;把娱乐融入工作、学习和社会生活中;在学习过程中,希望能反驳和交流,希望能够选择学习的内容、时间、地点和方式,希望学习能够变得更加轻松而有趣。网络和各类数字媒体的结合,正好符合了他们需求,使得单向的传输式学习变为双向的互动式学习,学习中心由教授者转移至学习者本身,这样的教学更能激发青少年学习的动机。网络环境下的教育更能体现青少年的主体性地位,使他们充分发挥自主判断、自主选择和自主行为的能力。而教育活动的开展和推进都依赖于青少年的主动性和探索性。与现实社会的传统教育相比,网络为青少年创造了更为广阔的发展空间,使得每位青少年有足够多的自主性和自由选择性,自己确定学习内容和合适的形式,自己规划学习进度并进行自我约束。整个过程就像青少年在接受一次"私人订制"的教育活动,完全平等地与同龄人和成年人进行交流,可以随心所愿地表达自己的观点和感受。

第三节　数字博物馆开展青少年教育之优势分析

传统教育模式多是以教育者为中心,教育者主导教育过程开展。这种单向的模式,使得青少年处于被动接受的地位,难以调动其积极性。而博物馆本身作为非正式教育的场所,在资源开放、空间氛围营造、选择自由等方面对青少年具有巨大的吸引力。青少年可以在休闲娱乐之中获取自己感兴趣的

---

① (美)泰普斯科特.数字化成长:网络世代的崛起.陈晓开,袁世佩译.沈阳:东北财经大学出版社,1999:35-47.

内容,进行主动学习。然而实体博物馆由于受到空间、时间的制约,难以实现完全地资源开放,难以支持每位青少年的信息行为,难以对每位青少年参观者进行信息反馈。此外,实体馆以馆方工作人员所引导的各类活动,还存在较为清晰的"教育者"和"被教育者"的界线。同时对于参与活动的青少年,现场面对面的环境,使得青少年容易与他人进行比较,可能会让部分青少年形成"边缘"、"弱势"等角色定位,产生自己不如别人的感觉,从而严重影响其自信心的建立。而数字博物馆的数字化、虚拟性、匿名性、平面化和去中心化等特征,可以较好地解决以上问题。数字博物馆更加突出了青少年的主体地位,以丰富的藏品资源内容、多样化的展览展示形式、个性化的服务等满足不同青少年的需求。灵活多样的交互方式,增进了青少年之间、青少年与博物馆工作人员、青少年与其他参观者之间的信息交流互动。青少年既是活动的参与者也是活动的建立者和组织者,充分体现了自主、自导的主体地位。网络匿名化、虚拟化的环境,没有"中心"设定,没有身份差异,不存在分别对待、差异对待,人人可以感受到平等。青少年可以根据自身情况选择自我学习或参与式学习,收集自己的学习内容、建立自己的学习空间、安排自己的学习进度。通过留言板、邮箱、博客和微博等畅所欲言,发表自己观点、想法和意见,与博物馆工作人员、其他参与者进行平等对话。此外,借助移动互联技术,数字博物馆为青少年进行"无处不在的学习"创造了可能。青少年可以利用智能手机、iPad、笔记本电脑等随时随地访问或参与博物馆的在线活动,不受固定地点的限制,家、学校、公园、车站、商店等都成了"学习场所"。可以看出,数字博物馆为青少年提供了更加自由、开放、便利的学习空间,与实体博物馆相比,其主要优势可以从以下几方面分析得到。

从青少年的心理特征分析,数字博物馆在开展青少年教育上的一大优势是能够让青少年张扬个性,保持其学习方式和策略等的独特性,充分发挥其自主和自导能力。一方面,青少年处在一个自尊心极强,又相对封闭自己的阶段,没有传统学校教育中的面对面或者学校组织的实体馆群体参观,从而使得青少年容易克服在人群面前的羞涩心理,可以直率地表达自己的意见而不必担心出现错误而遭受嘲笑[1]。另一方面,数字博物馆的网上环境允许青

---

[1]　林阳.网络环境中学习者的新特征.中国电化教育,2001,11:31-32.

少年自己控制节奏。青少年接受新事物、获取相关知识有快有慢,在网络空间下,他们可以根据实际情况放缓浏览参观的速度,避免受外界人或物的干扰,思想上不会出现从众和服从权威的想法。此外,因为青少年注重自己在外界的印象如何,所以在现实生活中,一些青少年会压抑自己的想法,控制自己的言行以避免给众人留下不好的印象。数字博物馆提供了一种非完全"面对面"的学习交流场所,通过一个虚拟代理账号,青少年可以自由表达观点和想法、发出信息行为,而不用考虑自身"完全暴露"。不同的虚拟代理账号构建了群体交流的基础,人和人之间的性别、年龄、身高、体重和身份差异等已经被转换为一种非常模糊的隐性存在。这种环境下,青少年完全可以自由选择真实地公开、半公开或不公开自己的个人情况。

从数字博物馆教育形式的多样性以及跳跃式的非线性藏品展览进行分析,数字博物馆更有利于培养青少年非线性的思维方式。数字博物馆利用各类资源,能很好平衡娱乐和学习之间关系,倡导以学生为中心,开发基于游戏、虚拟课堂、在线影院和在线创作室等的形式多样的教育活动,突出互动交流,能满足学生的好奇心。这样的模式活跃了学习氛围、调动了青少年学习的积极性、拓展了他们的思维、提升了他们的创造力。依托于藏品数据库的管理和组织,数字博物馆可以按不同信息将藏品进行关联,将藏品进行最大程度地整合和利用,构建不同的专题展览。这种不同信息的交织、不同藏品的关联、不同形式的表现可以培养青少年的发散性思维、拓宽青少年的想象力、激发他们自我探索的意识。青少年通过思考藏品间的各种可能关系,绕开了传统单一展览模式对其产生的固定化思维的影响。

从数字博物馆教育的灵活性进行分析,它倡导的是一种自导式、探索式的教育。数字博物馆不受时间和空间的限制,为更多的青少年提供了相对公允的学习体验机会,他们可以随时随地参观展览、参与活动,不再受到学习条件的限制。学习环境方面,数字博物馆可以综合实体资源和数字资源的优势,借助不同载体,给青少年带来"虚实结合"的终身学习体验[①]。教学形式方面,借助虚拟现实、增强现实等技术,完全可以构建情景化教学模式,让青少年沉浸其中,通过任务设定、奖赏和反馈等机制塑造他们的成就感、增强其

---

① 张妮佳、张剑平. 现代大教育观下的数字博物馆. 中国博物馆,2006(3):71-77.

自信心,充分调动他们的参与热情。这些特征在游戏类教学项目中表现尤为突出,如冒险类游戏、益智类游戏等。互动方式方面,通过鼠标、键盘、眼动仪、语音识别设备和行为识别装置等,可以实现视觉、听觉、触觉和运动觉方面的交互,使得教育效果通过互动而逐步提升。此外,"人"与"人"和"人"与"物"之间的信息交流变得更为直观和通畅,进一步推动了教育活动中各项环节的顺利开展。网页功能方面,网页提供的检索、查询、浏览和下载等功能为青少年自主导航、自我探索和自行参观创造了条件,为青少年以自我导向为基础的探索性学习奠定了基础。此外,网页提供了文字、声音、视频和动画等内容呈现形式,也吸引了一大批热衷于数字化媒体的青少年,他们喜欢在变换无穷的数字空间中体验藏品之中蕴藏的乐趣。

从数字博物馆的目标观众分类进行分析,数字博物馆针对青少年群体的教育活动区分相对于实体博物馆显得更为细致,不同年龄层次的青少年更容易找到适宜自身水平的教育形式及活动,找到满足自己需求和学习目的内容。数字博物馆通常会按学生年龄或所处学制阶段作为各项教育活动分类的依据。如大英博物馆网站"学习"菜单项下的"学校和教师"栏目以年龄为划分依据,分为12—16岁和16岁以上两类,根据各自类别学生的学习特点和知识储备情况分别组织了适应其需求的相关教育活动[1]。而美国自然历史博物馆网站"学习和教授"菜单项下按学生所处的年级为分类依据,分为6—8年级、9—12年级和高等教育三个类别,根据不同年级的教育特点和青少年的知识需求情况,为各类别提供了相应的学习资源和活动内容[2]。

从数字博物馆的开放性进行分析,数字博物馆提供了一个线上学习的平台,这样的平台具有开放性、共享性、交互性、协作性和自主性,强调以学习者为主体,承认差异,尊重个性,充分利用现代技术之所能,为各种不同类型的青少年学习者提供更为个性化的、更符合他们个体学习特征的学习材料和学习活动[3]。在这样的平台下,教育无所不在,青少年可以在开放的条件下完成自我学习和教育。考虑到青少年学习类型和思维类型的多样化这一特征,

---

① 详情参见大英博物馆网站的"学校和教师"部分:http://www.britishmuseum.org/learning/schools_and_teachers.aspx.

② 详情参见美国自然历史博物馆网站的"学习和教授"部分:http://www.amnh.org/learn-teach.

③ 易滨.论以学习者为主体的远程学习材料设计.开放教育研究,1999(5):9-11,29-46.

戈登・德莱顿(Gordon Dryden)和珍妮特・沃斯(Jeannette Vos)认为[①],人类的学习类型有听觉型、视觉型、动觉型三种,人的思维类型可按抽象思维、具体思维和有序思维、随机思维进行组合。不同的学习类型和思维类型的人学习成效与他们所选择的学习环境、学习方法相关,他们往往喜欢选择与自己学习类型和思维类型相适应的学习环境和学习方法,以求得更佳的学习效果。在数字博物馆这个开放环境中,作为学习者的青少年可以根据自己的喜好和需要自主选择学习环境和学习方法,青少年在其间获得的学习的自主性和针对性是传统教育下的学习无法比拟的。在这样的平台下,青少年的学习风格也能得到充分的发挥和完善。所以数字博物馆在面对不同个性的青少年时具有很强大的适应性,在对不同青少年群体实施"因材施教"方面,超越实体馆之所能,满足了青少年学习群体多样性和学习目标多层次性的需求。

从数字博物馆的未来发展进行分析,在大数据、云计算和物联网发展的背景下,数字博物馆正在逐步走向智能化阶段,它不再仅关注于特定时间、特定结点上的片断信息,而是希望从汇集的海量数据中掌握事物动态发展的规律性,发掘深层次的信息,这些为数字博物馆教育的个性化和定制化发展提供了先决条件。数字博物馆可以通过对浏览博物馆网站的数据的搜集和分析,发掘青少年的喜好和搜索习惯,更为清晰地了解到青少年的信息需求和形式偏好等,从而提出改善教育活动的有效方法。而从青少年个体角度出发,数字博物馆记录青少年的线上学习行为、学习时间和测试结果等情况,借助数据分析手段为青少年匹配最为适宜的"因材施教"内容和教学方案,能够有效地解决在传统教育时代针对个人设计学习方案成本高、难度大的问题,能够使得教学资源得到优化配置,提升教学效果。同时从青少年喜欢定制及个性化发展的角度而言,这样的方式无疑对数字博物馆教育的开展大有裨益。

诚然数字博物馆在青少年教育方面具有诸多优势,但也应注意与实体博物馆相结合,充分发挥各自的特点,整合资源,共同完善博物馆的青少年教育职能。比如,可将博物馆线上和线下的教育活动紧密结合,让青少年通过对线上和线下的学习体验比较,增进了解,加深认识,提高对某一藏品、人物、事

---

① 戈登・德莱顿,珍妮特・沃斯.学习的革命.上海:上海三联书店,1998.

件或观点等的认知程度。具体结合的形式比较多,如活动开始前,利用数字博物馆网站平台预告和推送实体馆的教育活动信息,活动结束后将成果、过程视频、讨论话题等在网站发布,并组织更广泛的活动信息共享和相关议题的讨论,建立网上学习小组、专题论坛等。这种结合方式可以兼顾数字博物馆和实体博物馆之所长,能有效提升教育质量和教育效果。

第四节 数字博物馆开展青少年教育之形式研究

在开展青少年的教育过程中,数字博物馆推出了多样化的教育形式,这些形式以注重主客体互动,创造自由多元化的学习氛围为目的,为青少年提供可自主选择和自主探究的机会,满足他们自我创造和自我表达的要求,从而充分调动他们学习的积极性和主动性。具体形式主要分为以下几种。

1.虚拟参观/浏览中的知识推送

科学技术的发展使得虚拟参观/浏览成为数字博物馆的一种教育手段。它通过虚拟现实、增强现实等手段,增加了画面的立体感,注重空间层次,使得空间上有起承转合,让参观者在场景漫游时也能感受到空间的变化与层次感,产生类似于在现实空间中的临场感和真实感。而青少年群体好奇心强,推崇创新,注重感受,具有开阔的视野,对新鲜事物充满好奇心,也愿意尝试新事物,这样的一种虚拟参观为青少年观众提供了新颖的体验式、情景式学习机会,在给青少年群体带来惊喜和触动的同时,更为知识的推送营造了宽松、愉悦的氛围。例如卢浮宫的"虚拟展馆"和北京故宫的"360度游览紫禁城",都是模拟了对应的实体博物馆,再现场景的同时也提供了随时随地参观游览的条件,使得青少年可以在自导自游中获取信息。此外,虚拟现实技术可以创建出微观世界探索、虚拟考古发掘、浩瀚星际漫游等情景,使得抽象的、不可触及的内容或对象具体化和形象化,让青少年在觉得"酷、有意思、好玩"之余获取知识。同时,多媒体技术也可以构建起新的展陈形式,将展品放置在重新构建的情景中,通过全方位、全景展示,可以使得青少年在参观时获得与在实体馆中不同的参观体验。随着实时互动技术的发展,全维度的实时交互成为可能。参观者不仅能对文物进行拉近、推远、放大、缩小和旋转等操作,而且还可以自己动手进行拆解、组装,能体验到实时交互的乐趣。青少年群体本身感知觉灵敏，其记忆力和思维力都异常活跃，对于即时反应和回馈尤为偏爱，这样的实时交互无疑将对青少年群体的学习起到极大的促进作用。

2. 在线资料、课程及游戏的发布

数字资源在博物馆开展青少年教育中发挥着重要作用，各种在线资源的提供更是充分拓展了数字博物馆的教育功能。美国众多博物馆在苹果线上商店上发布自己的博物馆数字资源，从青少年最为熟悉的网络平台入手，从而激发青少年的学习兴趣。美国史密森旗下的美国国立历史博物馆在苹果线上商店 Itunes Store 为青少年提供了上千种免费课程、视频和书籍，以及来自世界各地学习机构的博客信息。青少年可以通过苹果电脑、苹果手机、iPad 和 iPod 等设备下载讲座视频、音频、PDF 文档等。这些内容根据不同主题组织藏品，如动物学、植物学、博物馆教育，甚至展览本身。图 9-1 显示的是美国国立历史博物馆在 Itunes Store 上提供的部分教学资料。

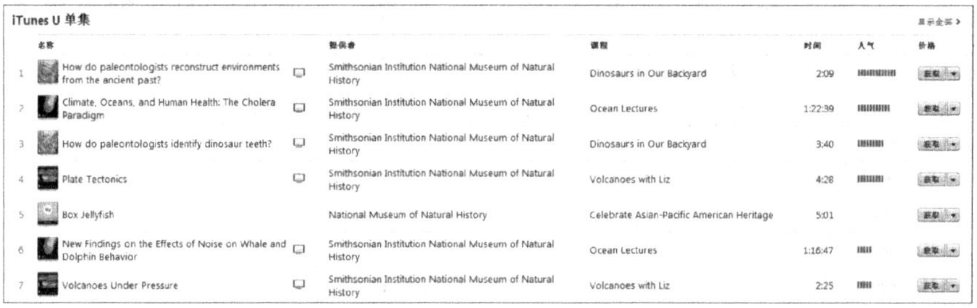
iTunes U 单集　显示全部 >

	名称	提供者	课程	时间	人气	价格
1	How do paleontologists reconstruct environments from the ancient past?	Smithsonian Institution National Museum of Natural History	Dinosaurs in Our Backyard	2:09		获取
2	Climate, Oceans, and Human Health: The Cholera Paradigm	Smithsonian Institution National Museum of Natural History	Ocean Lectures	1:22:39		获取
3	How do paleontologists identify dinosaur teeth?	Smithsonian Institution National Museum of Natural History	Dinosaurs in Our Backyard	3:40		获取
4	Plate Tectonics	Smithsonian Institution National Museum of Natural History	Volcanoes with Liz	4:28		获取
5	Box Jellyfish	National Museum of Natural History	Celebrate Asian-Pacific American Heritage	5:01		获取
6	New Findings on the Effects of Noise on Whale and Dolphin Behavior	Smithsonian Institution National Museum of Natural History	Ocean Lectures	1:16:47		获取
7	Volcanoes Under Pressure	Smithsonian Institution National Museum of Natural History	Volcanoes with Liz	2:25		获取

图 9-1　美国国立历史博物馆在 Itunes Store 上提供的部分教学资料（2014-12-15 访问）

除了通过苹果商店，一些博物馆直接通过自己的网站来提供众多的线上课程以及各种资源的下载。通常，博物馆网站会推出独立的课程计划、学习书籍、资料照片、工作表、活动视频、参考书目、讲座音频和博物馆期刊等各种资源的下载和共享。例如，台北“故宫博物院”就推出了在线视频课程和藏品资料库[①]。除了展厅内提供给观众的纸质出版物和教育材料外，纽约大都会博物馆几乎将所有的教育产品与资源都通过网络提供给参观者[②]。此外，青

① 详情参见：http://tech2.npm.edu.tw/elearning/courses/digital_2-4-1/course1/content/course01/index.htm.

② 果美侠. 大都会艺术博物馆教育工作述评. 中原文物，2011(2)：95-100.

少年关注身心愉悦,注重博物馆的娱乐性和趣味性[①],这意味着集知识娱乐于一体的互动内容无疑更能激发青少年的参观学习兴趣,健康、益智、有趣的线上游戏能吸引更多的青少年参与,他们在休闲娱乐的同时,无形之中提升了对某一概念、事件、人物、物件等的认识。如史密森协会与麻省理工学院于2011年4月4日联合推出了一款面向中学生的在线游戏"Vanished"[②],以发生灾难的地球为背景,鼓励参与者借助科学的方法来探明灾难发生的原因,并寻找解决方案,其中设定了参观博物馆和收集藏品的环节以推进游戏情节的发展。虽然此款游戏在线持续时间仅1个多月,但受到了中学生的普遍欢迎,收到了较好的成效。游戏结束后,感兴趣的参与者仍可以通过其网站进一步了解游戏后续发展信息。大都会博物馆网站"Metmedia"栏目中的"APPs & Games"也有针对青少年而开发的互动游戏项目,如"Romare Bearden：Let's Walk The Block"、"The Tomb of Perneb"等[③],都以博物馆内的藏品为资源对象,构建主题性游戏,通过设置进阶任务、适当激励等方式鼓励青少年的参与,让他们在自我探索中获得对某一件藏品或历史事件、历史人物及其相关事迹的进一步了解,能够围绕专题建立起较为全面、系统的知识体系。大英博物馆网站也为年轻的参观者提供了探险类、益智类等在线游戏,如"Museum Run"、"Little or Large"、"The Great Big"等,围绕博物馆的藏品资源设定不同文化主题的游戏内容,使抽象的概念具体化和形象化。这些游戏不仅能让青少年直观感受藏品的外在特征,而且也能让青少年通过比较和分析进一步了解其内在艺术价值、历史价值和工艺价值等。

3. 专属网络空间的建立

数字博物馆已有展览空间、教育空间和信息发布空间等,不仅关注的是青少年,同时也涉及成年人和儿童等。青少年需要在内容、形式上筛选出满足需求的部分。这种非便利性、非直接性的形式并不是一种最理想的模式。越来越多的博物馆开始着手于创建专属于青少年的网络空间,更有针对性地进行信息推送和知识传播,实施具体教育活动。在专属网站空间方面,纽约现代艺术博物馆(MoMA)的"红工作室"(Red Studio)是专门为青少年开发

---

① 曹兵武,李文昌主编.博物馆观察.学苑出版社,2005(12):24-25.

② 详情参见"Vanished"游戏的网站：http：//vanished.mit.edu/user/register.

③ 游戏详情参见 http：//www.metmuseum.org/metmedia/interactives.

的网站(如图 9-2 所示)①。2004 年,在 MoMA 的工作人员和一些高中生的共同合作下建立了该网站,旨在探讨青少年对现代艺术提出的问题、介绍当今的艺术家、讲述博物馆场景背后的故事等。网站以访谈和互动为主要形式,内容定期更新和扩充。其中的"REMIX"在线项目是一个拼图互动游戏,参与者可以选择图像背景和图形形状进行拼合,同时可以在图像上自由绘制线条和其他图形等完成最终的拼图作品。参与者可以根据需要对作品进行保存或删除。而"FAUXTOGRAM"是一个受光影图像成像过程启发所建立的互动项目。该项目让参与者在不使用照相机的情况下,模拟成像过程,通过选择、编排、分层和曝光环节在虚拟像纸上制作照片。

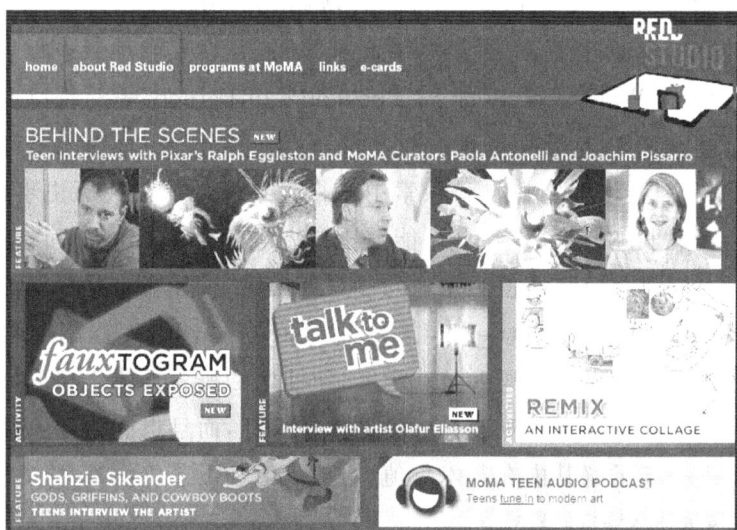

图 9-2 "红工作室"网站首页(2014-12-02 访问)

除"红工作室"网站外,"T. A. G"也是一个青少年专属的网络空间,主要以网上艺术馆的形式存在②,其主要目的在于为广大青少年艺术爱好者和青少年艺术家提供艺术交流平台。该平台鼓励青少年积极提交自己的绘画、雕塑和摄影等多种形式的艺术品,组织各种实体馆展示或线上展示。参与者可分享创作经验、相互学习和讨论感兴趣的话题。网站专门配有专业人员负责

① 详情参见"红工作室"的网址:http://www.moma.org/interactives/redstudio/.
② "T. A. G"的网址:http://teenartgallery.org/.

答疑解惑或进行创作指导。除青少年专属网站之外，也出现了一批针对青少年的博客空间以进一步促进交流互动。美国的沃克艺术中心（the Walker Art Center）专门建立了青少年博客"Walker Teens"①，支持青少年的在线工作坊、在线讨论等。艺术中心负责青少年活动的策划人认为博物馆的网站无法与商业网站竞争，因此通过设定青少年感兴趣的内容和话题以引起他们的关注。这个博客包含了课程视频和其他有关学习活动的文字、图像和影音资料。博客关注获取青少年观众的声音和兴趣，并且鼓励教师和青少年提交自己的语音评论。由于博客上的资料、话题和评论等内容可以被青少年复制或修改，因此青少年观众的参与感强，可以不受约束地表达自己的想法和观点。此外，大都会博物馆也专门建立了青少年博客"Teen Blog"②，由大都会博物馆青少年资讯小组和一些特邀作者所撰写，为青少年讲述、讨论博物馆中的藏品及其展开相关话题提供了交流平台。以上专属网络空间的建立，拉近了博物馆与青少年的距离，加之空间的建立、发展和维护多由青少年自己来完成，因此在内容设定上更能满足青少年的现实需求，在形式编排上更符合青少年的使用偏好，在信息互动上更符合青少年的交流习惯，其综合作用的结果将极大提升教育效果。除了开设直接针对青少年的网络空间，还出现了一些专题教育空间。这些空间虽然并不只以青少年为对象，但青少年是其最主要的服务群体。这类网络空间往往推送某一特定领域的知识，使得复杂的系统、繁复的过程、抽象的概念、精尖的技术具体化、简单化和形象化，以帮助观众进行学习和掌握。最为典型的案例是美国国家航空航天博物馆（National Air and Space Museum）推出的专题网站"How Things Fly"③（如图 9-3 所示），主要向观众介绍飞机飞行的原理和人类在太空失重的原因等内容。网站通过对一些基本概念、原理、过程的解释、说明和演示等，让观众了解到飞机和航天飞行器的工作情况。整个网站以动画、视频等形式展示，以交互的方式让观众参与到各个环节中，让其自我寻找答案。观众不仅可以了解到飞行环境、空气动力学、推进、结构和原料等相关的知识，而且还可按照指导设计、制作自己的纸质飞机，并进行距离测试。一些受过训练的高中生和大学

---

① "Walker Teens"网址：http://blogs.walkerart.org/teens/.
② http://www.metmuseum.org/learn/for-teens/teen-blog.
③ 详情参见"How Things Fly"的网址：http://howthingsfly.si.edu/.

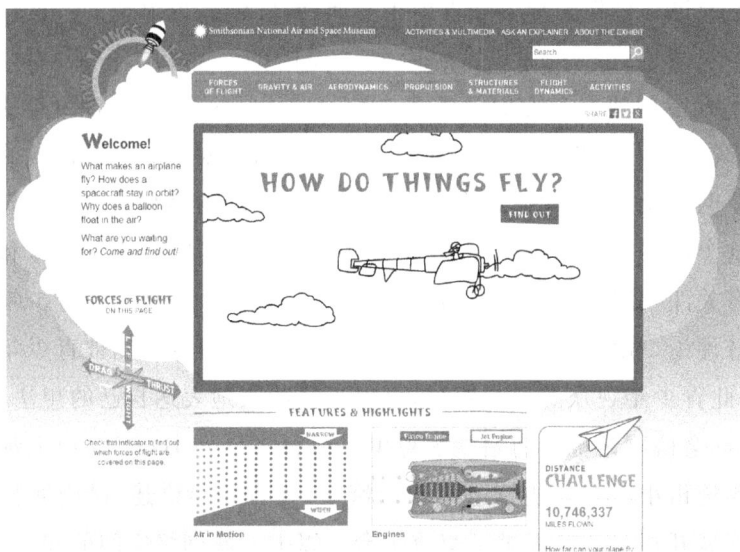

图 9-3 "How Things Fly"网站首页(2014-12-08 访问)

生充当解说员,其主要任务是在线回答观众提出的问题和对实体展览进行讲解。

4.基于移动互联网的教育拓展

当前,媒体的移动化成为新的趋势,移动互联网及移动终端的发展能更好地保障人们随时随地获取信息。众多博物馆积极发展基于移动互联的教育项目,充分利用移动信息技术延伸博物馆教育时空,拓展博物馆教育领域,方便青少年在任何时间、任何地点进行移动学习。博物馆移动网络教育项目可包括依托移动应用程序的移动馆藏推送、社交媒体互动、虚拟参观访问(含手机 WAP[①] 网站、移动应用程序 APP)、基于输入—输出技术的即时获取服务、互动展览体验、公众科学素养拓展游戏与活动、数字导览服务等[②]。这种新型的移动网络教育项目迎合了青少年希望自由表达和自主决策的心理特点。青少年具有强烈的表达欲望,在学习过程中,他们希望能反驳和提问,希望能够选择学习的内容、时间、地点和方式,希望学习能够变得更加轻松而有趣,这些恰恰正是移动网络教育项目所带来的优势。在这其中,移动社交媒

---

① WAP 即 Wireless Application Protocol,是无线应用协议的缩写,一种实现移动电话与互联网结合的应用协议标准。

② 吴镝.基于 90 后群体特征的博物馆青少年教育策略.文史博览(理论),2014(1):60-63.

体将起到联结和活化整个博物馆网络教育的关键作用,因为青少年在各类博物馆网络教育项目中所获得的知识和体验都可以通过移动社交媒体进行随时随地分享。移动社交媒体的运用将进一步增强博物馆网络教育的吸引力,引起青少年群体的额外关注。美国纽约大都会博物馆的社交媒体项目建设得比较完善,青少年可以通过 Facebook、Twitter、Blog 等社交媒体平台及时掌握博物馆的资讯、下载各种学习资料、观看各类讲座视频、分享心得体会和发起特定话题的讨论等。这种即时性的反馈平台不仅满足了青少年对于信息时效性的要求,同时也为青少年提供了话语权公平、内容开放和隐私安全的交流平台。在这样的平台下,青少年愿意将自己内心最真实的想法表达出来,愿意分享自己的作品和感受,愿意参与话题讨论和愿意承担一定的任务。这些社交媒体为青少年参与数字博物馆教育活动的策划和实施提供了有利条件,增进了博物馆与青少年之间的感情。

5.打造个性化定制服务

越来越多的数字博物馆推出了个性化定制服务,来满足青少年不同的个体需求。例如以"我的博物馆"形式向青少年推介符合观众兴趣的藏品,或者以 RSS 订阅的形式向青少年群体推送和展示博物馆中的极具特色的展品。这些模式被众多的博物馆所采用,例如对于大都会博物馆和大英博物馆,青少年可以通过登录"我的博物馆"获取各种信息。而对于台北"故宫博物院",青少年通过使用 RSS 定制服务获取博物馆的展览信息和活动内容等。这些个性化的定制服务可以很好地匹配青少年注重自我、张扬个性的群体特征,与其喜欢个性化的学习特征相符。数字博物馆推出的这些个性化定制服务以青少年作为教育主体,采取针对性的教育方式。在内容和形式确定上,以青少年的兴趣、特长和能力为依据进行设定,注重突出利用"我"字进行情感沟通。这些个性化定制服务不仅提升了博物馆教育信息传递的精准度,而且还能增强数字博物馆教育对青少年的吸引力,切实提高数字博物馆教育的实施效果,能在博物馆和青少年之间建立起长期稳定的联系。

名词解析

• 美国皮尤研究中心:英文名为 Pew Research Center,是美国的一间独立性民调机构,总部设于华盛顿特区。该中心针对那些影响美国乃至世界的问题、态度与潮流提供资讯。该中心有七大项目的研究，涉及新闻学、民众与媒介、网络与美国生活和社会与人口统计等。

• 中国互联网络信息中心：英文名为 China Internet Network Information Center，简称 CNNIC，是 1997 年 6 月 3 日组建的管理和服务机构，行使中国国家互联网络信息中心的职责。CNNIC 以为中国互联网络用户提供服务，促进中国互联网络健康、有序发展为宗旨。

• 泰普斯科特：Don Tapscott 生于 1947 年，加拿大籍，是全球著名的新经济学家和商业策略大师，被誉为"数字经济之父"。他于 1992 年创办了新范式（New Paradigm）智库，研究突破性技术在生产率、商业效能、竞争力等方面的商业应用。他的代表性著作有《数字经济蓝图》、《数字化成长：网络世代的崛起》等。

第十章

数字博物馆与残障人群之关系研究

残障人群作为社会弱势群体,需要来自社会各界共同的关怀和关爱。博物馆作为开展公众教育和服务的机构,也应该将残障人群作为特殊考虑和关照的对象。以网络为展示、服务和教育空间的数字博物馆与实体博物馆相比,更容易也更方便为残障人提供更多浏览藏品、获取信息和参加活动的机会。为了能够顾及不同类型的残障人,为他们提供更好的服务,需要对主要残疾障碍类别进行分析,了解其在获取信息上的困难并分析相应的替代模式。在此基础上,分析实体博物馆在为残障人群提供服务方面存在的不足及其原因,为数字博物馆提供借鉴。同时结合数字博物馆的优势和特点,研究数字博物馆在网站"无障碍性"、信息推送、展览和活动安排等方面能够实现对残障人群关爱的方式和方法。

第一节 残障人群面临的基本问题

残障(残疾)人群也是博物馆的潜在观众,他们需要得到额外的关注。一个博物馆的公众教育是否成功,一定程度上取决于对残障人群的关照如何。这不仅反映了博物馆是否对社会弱势群体给予了人道主义关怀,而且侧面反映了所在地区或国家的文明程度。根据全国人大常委会关于 1990 年 12 月 28 日通过的《中华人民共和国残疾人保障法》①第二条的规定:残疾人是指在心理、生理、人体结构上,某种组织、功能丧失或者不正常,全部或者部分丧失以正常方式从事某种活动能力的人。残疾人包括视力残疾、听力残疾、言语残疾、肢体残疾、智力残疾、精神残疾、多重残疾和其他残疾的人。中国第六

---

① 中华人民共和国残疾人保障法. 中国人大网[2014-08-09]. http://www.npc.gov.cn/huiyi/cwh/1102/2008-04/25/content_1426030.htm.

次全国人口普查和第二次中国残疾人抽样调查结果表明，2010 年末中国残疾人总数为 8502 万人，各类残疾人的人数分别为：视力残疾 1263 万人，听力残疾 2054 万人，言语残疾 130 万人，肢体残疾 2472 万人，智力残疾 568 万人，精神残疾 629 万人，多重残疾 1386 万人。

不论是实体博物馆还是数字博物馆都应力争成为"无障碍博物馆"，为各类残障人提供空间访问的安全、空间浏览的便利、服务获取的方便、设施使用的便捷，并为其信息交流的通畅、信息获取的方便和信息使用的便利等提供有力保障。然而对于无障碍博物馆的规划和设计，是以厘清残障人群到底存在哪些实际苦难为前提。在实体博物馆中，参观者的信息获取主要依赖于视觉、听觉、触觉和运动觉，因此在这些方面存在障碍的人群，是需要被特别关注和被区别对待的对象。博物馆需要根据其特点以便提供有效的补偿方式或手段来提升他们的参观体验和增强其学习效果。以下对主要的障碍类别做一简要分析。

1. 视觉障碍

视觉障碍也称视觉缺陷，是指由于各种原因导致的视力障碍和视野缩小，难以做到一般人所能从事的工作、学习和其他活动。视觉障碍一般包括盲与低视力两类。视力模糊、朦胧、高度远视或近视、色盲和管状视等都属于视力障碍范畴。由于视觉是参观博物馆时信息接收的主要来源，因此，有视觉障碍的观众在感知博物馆藏品、获取其相关信息方面存在很大的难度。他们对于视觉信息的寻找、查看、整理等活动都具有一定的困难，影响了藏品在大脑中的表象形成。为了弥补视觉的信息缺失，视觉障碍人群往往需要借助听觉、触觉、嗅觉等其他感官获取的信息进行补偿。鉴于此，以及视觉障碍程度的不同，针对有残余视力的观众，可采用大号、醒目的字体和图像的方式，降低其阅读困难，同时配以音频进行辅助；针对失明的观众，则需要配有盲文和音频的讲解，如果有条件的话，盲文可以显示在相关辅助的设备上，而音频相比于面向普通观众的音频，内容应该更加生动形象，语言也应更加细致，通过丰富的音效等来激发盲人观众对展品的想象。总体上，整个讲解需要参照这一群体的认知特点进行精心设计，针对这一群体对物体整体感知较弱的情况，可采用先对整体进行描述，之后再按顺序对各个部分进行分述的方式。分述时要注意强调该部分与整体的相关关系。此外，考虑到该群体的注意力集中时效,语音讲解的播放也要安排适度的停顿休息时间。

2. 听觉障碍

听觉障碍又称听觉受损,是指感测或理解声音的能力的完全或部分降低。由于先天或后天原因,导致听觉器官之构造缺损,或机能发生部分或全部之障碍,导致对声音之听取或辨识有困难。大多数听力缺陷是后天传导性的听力丧失,多与中耳炎和它的后遗症有关。只有听力严重减退才称之为耳聋,其表现为患者双耳均不能听到任何言语。而听力损失未达到此严重程度者,则称为听力减退。听觉障碍是一个复杂的问题,可能会影响到患者的言语,以语言获得的年龄为界,把听觉障碍分为学语前聋和学语后聋。学语前聋的儿童在学习语言特别是口语方面处于不利地位,因为他们从来没有或很少获得完整、正确的语言信息,因此会造成其语言交流、沟通上的困难。听力障碍的患者在博物馆中往往很难获得主要以“声音”为媒介而传递的信息,如人工讲解、语音引导等,而对于小影院、多媒体展示的信息也只能通过视觉感官获得。此外,对于“学语前聋”的参观者,不仅存在听觉障碍,而且也难以通过语言与其他参观者或是博物馆的工作人员进行交流,严重影响了博物馆的参观效果。因此,对于听觉障碍参观人群,视觉信息的输出必不可少,如在音频、视频播放中要配上相应的字幕,多媒体互动展项中配以文字说明信息等,此外对于人工讲解可以配以手语讲解员以辅助或独立承担讲解过程。同时,除了加强视觉信息输出,还应该建立面向触觉或运动觉等其他感知觉器官的信息输出通道,让听觉障碍患者能获得更多的信息补偿。

3. 肢体残疾

肢体残疾是指四肢残缺或者四肢躯干畸形、麻痹导致人体运动功能丧失或障碍。以残疾者在无辅助器具帮助下,对日常生活活动(端坐、站立、行走、穿衣、洗漱、进餐、如厕和写字)的能力进行评价计分可进一步区分为重度,中度和轻度三个等级。重度是指完全不能或基本上不能完成日常生活活动;中度是指能够部分完成日常生活活动;轻度是指基本上能够完成日常生活活动。肢体残疾程度的不同会影响观众进行博物馆参观的效果,在行进、站立、停留等方面会产生一定的困难,时常需要配备一定的设备或辅助工具帮助完成,这不仅延长了参观时间而且降低了参观质量。残疾人群的精力一部分用于克服基本行为障碍,而另一部分用于实际的参观过程中的视觉、听觉和嗅觉等的体验。因此其注意力的集中性和持续性受到一定的影响。为了帮助肢体残疾人获得较好的参观体验,在实地场地空间的规划方面要兼顾肢体残疾人的行动特点,为其创造平坦、安全的空间,或预留残疾人参观通道。此外,还需要配备必要的辅助运动的工具和基本设施,同时还要为互动装置等配备易识读、易操作的按钮或控制杆等。具体而言,对于重度残疾人,可以通过语音、手势等来操控互动设备或装置。对于中度残疾人,可以通过简单的键盘、机械手或控制杆等来完成操控任务。对于轻度残疾人,可以通过脚踏板、键盘、鼠标或方向盘等完成需求较高的操控任务。

4. 言语残疾

言语残疾指由于各种原因导致的言语障碍(经治疗一年以上不愈者),而不能进行正常的言语交往活动。言语残疾包括言语能力完全丧失和言语能力部分丧失两类。言语残疾人不能正常通过对话交流。这类参观者相对于视力残障、听力残障和肢体残障的人群而言,其参观体验相对较好,能够较为全面地获取有关展览、藏品和活动等各方面的信息,并可参与到具体的教育活动中。然而由于他们言语表达能力较弱,因此他们需要通过采用手势或利用纸笔、键盘显示器等其他手段与参观者进行交流、向博物馆工作人员表达自己的想法和提出自己的建议等。因此,博物馆需要为言语残疾人提供必备的交流条件,如配备手语讲解员、设立意见箱和放置建议簿等。

此外,对于具有两种或两种以上残疾的多重残疾人群,博物馆也要谨慎对待。他们的参观效果依赖于单项残疾人群的参观障碍是否已经被解决或有效改善。此外,由于这类人群在多个感知觉、触觉或运动觉通道上存在问题,因此需要为他们提供更加多的与外界交流和沟通的手段,以及方便使用的工具等,并配备必要的工作人员协助或帮助他们参观展览或参与某项活动。

第二节　实体博物馆与残障人群之关系

在实体博物馆中,残障人群是一类特殊参观群,为了满足他们的参观、学习需求,需要为他们提供安全、方便和可达的空间环境,并提供必要的无障碍设施,如轮椅、电梯和楼梯等;需要为他们提供适合的互动交流工具,如留言本、画板和助听器等，以方便不同残障人群的使用；需要为他们策划和组织适宜的参观活动和学习活动等，能够让残障人群真正融入博物馆的活动。目前在实体博物馆中，许多博物馆都开辟了残疾人通道，为行走不便的残疾人创造参观条件，配备了轮椅等基础辅助设施方便残疾人使用。此外，有的博物馆还专门配备了手语讲解员，为聋哑人提供讲解服务等。然而这些努力还远远不能够为残疾人带来真正无障碍的、平等的、自主的参观体验。结合各地博物馆实际状况，究其原因主要在于：

1. 意识不足，重视不够

许多博物馆在运营过程中，往往只局限以正常人群为目标观众，组织符合这类人群生理和心理特征的展览以及各项教育活动。往往假想残障人不会参观博物馆或者即使来参观，也是极少数部分。综合博物馆现有的人力、财力和物力情况，从节省成本考虑，多数博物馆会对残障人群直接忽略或简单应付。即使有所考虑，多数博物馆所采取的行动也仅仅流于形式，在实际展览的布局上和形式上，教育内容的设定和教育形式的选择上较少考虑残障人群，更谈不上专门设立针对残障人的教育活动或服务项目。

2. 缺乏专业研究

残障人群作为一类特殊群体，其生理和心理特点具有特殊性。尤其是在基本认知能力，如观察力、记忆力、想象力和注意力等方面有着自身的特点。因此针对残障人士的教育活动不能完全借鉴正常人的认知习惯和特点，需要以专业研究为前提，重新设定教育活动主题、内容和形式，以及为其提供各种便捷参与渠道，以弥补其在视觉、听觉、语言或行动方面的不便。然而，多数博物馆缺少了解残疾人群教育的专业人员，或者是专门的研究部门，不能为方便或面向残障人士的展览、教育和其他服务提供决策支持，严重影响了残疾人教育的广度和深度。

3. 缺少必备的教育活动开展条件

多数博物馆的讲座、手工体验、小影院、小剧场和专题报告等教育活动，都在实体场馆中进行。相比于正常人群，残障人需要更多的空间，需要额外的辅助设备/设施，如助听器、轮椅、拐杖和专用电梯等，需要额外的人力，如手语讲解员和服务人员，需要额外的声、光和电的调节需求等。对于盲人，还需要提供可供触摸的复制品或标本帮助他们直观感受展品等。许多博物馆都不能完全具备以上条件，只停留在提供轮椅和拐杖层面。这对于支持教育活动的顺利展开还远远不够。

第三节　数字博物馆与残障人群之关系

数字博物馆的建设的目的在于更好地传播知识、推送展览和开展更广泛的公众教育。虽然数字博物馆主要是数字形态下的构建，但是却具有与实体博物馆一样的职能，同样需要接纳各种可能的观众。因此，数字博物馆同实体博物馆一样，也要认真研究和解决残障人群的参观问题。由于网络是数字博物馆与外界联系的主要渠道，因此残障人群对网络的使用情况将影响其参观数字博物馆的效果。"残障法律研究"网站上的一份 2003 年的《互联网与残障用户社会调查报告》[①]可大致反映中国残障人使用互联网的基本情况。在受调查的 122 名上网残障人士中，残障类型分布为：肢体残障占大部分，占 60.7％（72 人）；视力残障占 15.6％（19 人）；听力和语言残障占 20.5％（25人）；精神残障占 1.6％（2 人）；综合残障占 1.6％（2 人）。在关于互联网辅助设备的使用（例如读屏软件等）方面，共有 22 名残障用户利用辅助设备来使用互联网，其中 17 名是视力残障人士，可以看出辅助设备对于视力障碍人群上网而言更为重要。此外，残障人士使用互联网的历史平均记录是 40.8 个月，每人平均每天上网 207 分钟。77.7％的残障用户在家中上网，而有 24.8％和 24％的残障用户也在工作场所和网吧上网。在受访的残障人中，拥有大专或大专以上学历的残障用户占 59.2％，说明具有较高学历的残障人群是主力军，他们掌握一定的知识和技能，对操作计算机或使用网络比较熟悉。残障用户使用互联网最主要的目的是获取信息和交友。在一个 5 分的量表上，获取信息占 4.1 分，交友占 3.9 分，希望寻求网上帮助占 3.5 分，休闲娱乐占 2.8 分。收发邮件、浏览查询信息和上论坛是他们的主要行为。从此可以看出，残障用户在互联网的使用上更加倾向于获取信息。作为网站的一种类型，数字博物馆网站也是信息传播的重要渠道，加之其自身的公众教育性，使其成为残障用户获取信息的主要场所之一。

---

① 互联网与残障用户社会调查报告（草稿）. 残障法律研究，[2014-09-20]. http://www.2000888. com/hudong/can/opennews. asp? id＝742&page＝2.

数字博物馆在网络教育和信息传播方面起到了非常重要的作用,越来越受到残障人群的关注。[①] 数字博物馆与实体博物馆相比,鉴于其在网络空间的生存优势,可以为更多的残障人士提供参观访问可能,尤其是为那些因行动所困而不能到实体博物馆参观的人群带来了福音,并为所有残障人排除了从去实体博物馆参观到返回原地过程中可能产生的各类风险,如人身安全风险、财产安全风险等。因此,在数量上数字博物馆所面向的残障人群更多,在范围上所涉及的残障人群分布更广,在类型上所面向的残障类别更多样化。可以看出,数字博物馆的先决条件就已经决定了其对各类人群无可比拟的接纳性。数字博物馆借助多种辅助手段,在不受时空限制的情况下可以将不同内容、不同形式、不同主题和不同面向的信息传递给残障人群。经分析发现数字博物馆与实体博物馆相比,在残障人群的参观访问方面具有以下显著优势:

1. 通路便捷

数字博物馆是通过网络进行传播的,对于互联网延伸可达的世界任何角落的残疾人而言,他们都有参观数字博物馆的可能,只要配有连接网络的基本设备就能实现。他们通常只需要轻点鼠标或键盘就可以进行在线参观浏览,并能按需查找藏品信息、研究资料、讲座视频和专题课程等。

2. 空间安全

安全性是保障残障人群顺利参观博物馆的最先决条件。数字博物馆寄生于网络空间,没有实体空间中的交通、火灾和水灾等隐患。此外,由于残障人群的任何信息获取和使用行为都在网站上进行,避免了其在实体空间中进行活动时人身安全所受到的各种可能威胁,如碰撞、冲击或摔倒等,同时也不会出现方向上的迷失。

3. 成本低廉

数字博物馆降低了帮助残障人群进行参观的各类成本。对于参观者而言,节省了到达博物馆的时间成本和资金成本,减少了辅助参观的物力和人力成本;对于博物馆而言,降低了为了满足残障人群参观需求所支出的物力、

---

① Arvanitis K. Museums Outside Walls: Mobile Phones and the Museum in the Everyday. *Museums in a Digital Age*,2009:170-176.

财力和人力成本，如配备轮椅、语音导览、手语讲解员和专门服务人员，设置专门参观通道、休息区和电梯等。

4.导向自主

数字博物馆为残障人群提供了更加自由、开放的空间。残障人群不再需要他人帮助便可自我选择是参观展览、欣赏藏品、阅读研究资料、观看视频讲座还是进行在线讨论等。此外，对于具体藏品的欣赏和了解，可以找到符合自己信息获取或交流习惯的形式。如具有听觉障碍的参观者可以选择欣赏图像、三维模型或视频等，通过留言板、电子邮箱与他人或馆方进行交流；具有视觉障碍的参观者可以收听音频，收听视频资料，通过语音信箱与他人或馆方进行交流；具有言语障碍的参观者可以任意选择浏览二维平面媒体、三维立体模型或收听音频、观看视频资料，并通过文字留言板、电子邮件与他人或馆方进行交流。

虽然数字博物馆具有以上显著优势，规避了在现实空间中可能存在的问题，但是就数字博物馆自身而言，其无障碍方面的建设就是要利用移动互联、多媒体和检测传感技术等，完善数字博物馆网站的信息组织和服务，搭建参观、浏览、学习和互动交流的环境，为残障人群提供无障碍的服务。数字博物馆在建设时，基本思想上就要体现对特殊人群的尊重，并渗透到细节中。具体需要考虑的问题是，数字博物馆是否安排了合适的内容？是否方便访问？是否有专题空间等？首先内容上，网站不仅要提供帮助残障人群进行实体参观的有关设备或设施信息，而且更为重要的是提供适合他们参与的学习活动信息。在这方面，大都会博物馆网站的"学习"栏目中就有专门针对残障人的专区，提供各类教育活动信息。具体内容按以下对象进行了划分："听力受损参观者""耳聋参观者""盲人或弱视参观者""具有发展和学习障碍以及具有自闭症的参观者"和"痴呆人群和其陪护人员"。其中：

1.针对"听力受损参观者"

博物馆主要提供助听器以及实时字幕帮助他们参与活动。活动形式主要有展厅内会谈、讲座和研讨会。在大厅的语音导柜台，参观者可以获得调频辅助听力设备。此外在格雷斯罗杰斯大会堂（Grace Rainey Rogers Auditorium）和 Ruth and Harold D. Uris 教育中心都配备了红外线的声音增强系统（耳机式和颈环式）。同时博物馆还提供了可控制音量的有限数量的 T-switches 模式的颈环式语音导。此外,博物馆根据观众需求提供实时字幕服务,参观者提前三个星期就可以获得讲座字幕。除辅助设备和信息在网站上有介绍和说明之外,网站按"未来 7 天""这周末""下周末""未来 30 天"和"所有即将开始"的形式对具体的会谈、讲座和研讨会进行了组织,并提供具体活动的详细信息。

2. 针对"耳聋参观者"

博物馆主要通过手语讲解和实时字幕帮助他们参与活动。展厅内的会谈以手语的形式呈现或是配备手语翻译。参观者可以在网站上找到配有手语翻译的活动,以及仅以手语(美国手语)进行讲解的活动。博物馆也提供了实时字幕服务,可在讲座开始前三个星期获得。网站上提供了"所有即将开始"的活动信息。

3. 针对"盲人或弱视参观者"

博物馆主要借助语言想象(Verbal Imaging)和触摸的方式帮助他们参与活动。整体活动分为计划类项目和需求类项目。计划类项目分为:针对成年人的活动"想象一下"(Picture This),主要通过细节描述、触摸和其他方式让参观者能够了解藏品信息;针对年龄在 5—17 岁之间的失明或弱视孩子的家庭活动"想象一下"(Picture This),通过细节描述、触摸和其他方式来充分调动孩子的感官,让他们制作自己的艺术品并带回家;针对成年人的活动"通过绘画来看"(Seeing Through Drawing),是以博物馆藏品作为灵感源,学习可实现的绘画技巧。需求类项目分为:触摸藏品项目,主要是让参观者通过触摸藏品而建立对藏品的直观认识,涉及的藏品种类繁多,从 1 世纪的罗马大理石台阶到 20 世纪的一个因纽特人母子雕像;语言想象项目,参观者主要通过讲解员详细的语言描述来感受藏品或展览;导览参观——触摸古埃及项目,参观者主要在导游的带领下,通过触摸 6 座雕像来了解古埃及。除以上两类项目外,博物馆还专门为眼盲儿童和弱视儿童提供了一本名为"艺术与字母:一次感觉体验"的书。该书主要通过彩色复制品、大字、盲文和触觉图片来介绍馆藏精品。针对所有的盲人或弱视参观者,网站上也提供了"未来 7 天"、"这周末"、"未来 30 天"和"所有即将开始"的各类活动信息。

4. 针对"具有发展和学习障碍以及具有自闭症的参观者"

博物馆网站提供了多种形式的感知觉体验活动信息,包括触摸和制作艺术品等,每个环节都围绕一个主题展开。网站还特别为自闭症患者提供了活动须知。网站同时提供了"未来 7 天"、"这周末"和"所有即将开始"的活动信息。

5.针对"痴呆人群和其陪护人员"

博物馆特别设计了一些艺术活动。主要分为"Met Escapes"和"Sights & Scents at The Cloisters"。网站为参观者提供了这些活动的基本介绍和须知。"Met Escapes"主要是在展厅或教室组织讨论、艺术创作以及其他互动多感官活动,引领参观者了解馆藏。"Sights & Scents at The Cloisters"主要是让参观者感受一个封闭花园的宁静氛围,欣赏修道院博物馆和花园的静谧景色,从而将参观者带入中世纪。工作人员会组织大家对所看到的物、景进行讨论或绘画等。

此外,纽约现代艺术博物馆网站的"学习"栏目也有针对残障人群的专区。主要划分为"高中以下学生和老师"、"具有发展和学习障碍的个人"、"盲人或弱视者"、"耳聋或听力受损者"和"痴呆者"。在这些不同类型的群体栏目下,提供了适合其参与的活动内容介绍、参与注意事项、活动安排和活动反馈等方面的信息。对于"高中以下学生和老师",博物馆专门为高中以下具有听觉、视觉、行动等障碍的学生提供了许多活动和学习资源以培养他们的自信心、锻炼他们的批判思维能力。在博物馆工作人员的协助下,每个学生可以根据自己的需求、兴趣和生理状况制订适合参与的活动。此外,博物馆网站还为从事特殊教育的老师提供了教学指导和培训活动。对于"具有发展和学习障碍的个人",博物馆先组织参加者围绕一个主题在展厅内进行参观,之后参观者根据自身体验和与教育人员交流的情况而创作自己的艺术品,整个创作活动在手工工作坊内进行,并有专人指导。每个月的创作主题都不同,一些创作活动的过程或成果会在网上展示。针对"盲人或弱视者",参加者主要借助盲文地图、语音导和触摸的方式来参与"视觉艺术"、"触摸参观"和"MoMA 语音:视觉描述"三种类型的活动。"视觉艺术"主要先让参与者认真倾听专业讲师对艺术品的详细描述,之后针对主题、艺术家以及展览开展讨论。"触摸参观"主要让参加者通过触摸挑选出的雕塑或其他藏品从而建立对藏品的感性认识。"MoMA 语音:视觉描述"主要让参加者收听关于藏品介绍和描述的语音信息。针对"耳聋或听力受损者",参加者主要通过手语、文本和助听器等参与"讲解 MoMA"、"公众活动"和"展厅解说"三类活动。"讲解 MoMA"主要由馆方根据一个展览主题对参加者进行手语讲解。"公众活动"是在循环或红外声音增强系统的帮助下让参加者参与一般性活动。"展厅解说"主要是让参加者通过调频助听器参与围绕展览及藏品的讲解活动。针对"痴呆者",主要组织痴呆患者在家人或朋友的陪同下进行展厅参观,或是参与阿兹海默症项目。阿兹海默症项目是纽约现代艺术博物馆的一个特色项目,设有专门的网站,主要帮助失智人群了解艺术。网站开设了相应的培训课程和活动,并为患者家人提供教育经验等。除此之外,纽约现代艺术博物馆网站还提供了方便残障人群参与的活动信息,并标出了注意事项。

　　除网站提供适合残障人群的内容外,方便访问是保证残障人群顺利获取信息的前提。在方便访问实现的基础上,可以考虑如何在网站设计方面做到"无障碍"性,以确保残障人群的参观、访问、获取、使用和交流的通畅,以满足残障人群的不同信息需求,配合他们的信息行为。这体现了网站设计的核心原则,尽管简单但十分必要。在制定原则时,必须兼顾残障人群的需求,使得设计更具有人文关怀并且有更普遍的适用性。如盲人获取网页上的内容主要通过使用屏幕阅读软件大声朗读文本,或者是使用一种能够将文本转换为盲文的浏览器结合盲人键盘等来实现,因此需要在网站设计时为非文本化的图形、图像和符号等提供相应的文字,给图像链接配以可供选择的文字链接等。对于部分具有视觉障碍的人而言,只能看清大字号的文本,所以在网站设计时不要采用单一字号,应该提供可供用户改变字号大小的设置。对于一些具有颜色识别障碍的人而言,他们可能在色相、对比度等方面不能正确感知,所以在网站设计时最好能够为其提供对前景色和背景色的设置以及对比度的调节等。总之,一些对正常人已经非常简单而便捷的事对特殊人群而言仍然可能是十分困难的。在网站设计方面可以依据网络无障碍的基本要求。网络无障碍是指确保任何人都有办法获取网页上的媒体内容——无论人们是否遭遇了身体、心理或技术上的障碍,都不会妨碍人们对信息的获取。网络无障碍源于信息无障碍范畴。

　　1997 年 2 月,万维网联盟(World Wide Web Consortium,W3C)为了提升网络的无障碍性,成立了网络无障碍推动小组(Web Accessibility

Initiative，WAI)，提出通过信息技术及相关软硬件的无障碍设计，使包括残障人群和老年人在内的所有人都可以感知、理解、浏览网页并与之互动。该小组与世界各地的组织携手合作，在全球范围推动无障碍网络运动，于 1999 年发布了网站内容无障碍指南 1.0（Web Content Accessibility Guidelines 1.0，WCAG 1.0），这是第一个被广泛接受和认可的国际性无障碍指南，于 2008 年 12 月 11 日升级推出 WCAG 2.0 版本。[①] 指南主要定义了如何使残障人群更方便地使用 Web 内容的方法。无障碍涉及广泛的残障症状，包括视觉、听觉、身体、语言、学习以及神经残疾。指南内容也适合解决老年人上网的问题。指南首先确定了四大原则，即可感知（Perceivable）、可操作（Operable）、可理解（Understandable）和健壮性（Robust）。这四项原则为任何人访问和使用网页内容奠定了必要的基础，并为提高残障人群和有特殊需求的健全人感知、操作和理解网页内容的能力提供支持。

(1)可感知是指信息和用户界面组件都应以用户可感知的方式呈现，不存在感官不能感知的形式，如为非文字内容提供可替代的文字，为多媒体提供标题等其他替代形式等，方便盲人获取信息。

(2)可操作是指用户对界面组件和导航是可操作的，即界面组件上不存在用户不能执行的交互，超过了用户的操作能力，如使用键盘即可完成所有的操作功能，为用户阅读信息提供足够的时间，帮助用户导航和寻找内容，还要为防止和纠正用户的操作失误提供措施。

(3)可理解是指信息和用户界面是可以被理解的，即内容或操作不能超过用户可理解的范畴，如文字的描述具有易读性和易理解性，在用户的能力范围内进行操作；

(4)健壮性是指内容必须健壮到可靠地被种类繁多的用户代理以及各种辅助技术所解释，即对当前和未来用户所用的工具具有最大兼容性。

为了达到以上原则，指南制订了 12 条准则，虽然是不可测试的，但提供了框架和总体目标，以帮助使用者了解成功标准以便更好地实现细节。对每一个准则，指南提供了可测试的成功标准，以允许 WCAG 2.0 被用在需要进行一致性测试的地方。此外，对于 WCAG 2.0 中的每条准则和成功标准，指

---

① Shawn L. H. Web Content Accessibility Guidelines (WCAG) Overview，WCAG. [2014-10-9]. http://www.w3.org/WAI/intro/wcag.

南也说明了可使用的各种技巧。技巧主要分为两类：足够达到成功标准的技巧和建议性技巧。建议性技巧已超越了独立的成功标准的范围，以帮助使用者更好地理解准则。指南内容就是以原则、准则、成功标准以及丰富的技巧和建议性技巧而组织起来的。

中国互联网协会把信息无障碍定义为：无论健全人士还是残疾人士、无论年轻人还是老年人都能够从信息技术中获益，任何人在任何情况下都能平等地、方便地、无障碍地获取信息、利用信息。[①] 而网站无障碍主要是指残疾人、有特殊需求的健全人可以获取网络上的任何信息，为了做到这一点，就要实现网页内容无障碍以及上网使用的辅助软件技术的无障碍。2008 年 3 月 13 日，中华人民共和国信息产业部发布《信息无障碍身体机能差异人群网站设计无障碍技术要求》[②]、《信息无障碍身体机能差异人群网站设计无障碍评级测试方法》[③]，涉及了网页内容的可感知要求、接口组件的可操作要求、内容和控制的可理解要求、内容对现有和未来可能出现的技术的支持能力要求等，于 2008 年 7 月 1 日开始实施。

有了可以参考的标准，数字博物馆在网站设计方面可以有所借鉴。目前有一些博物馆的网站已经实现了相关标准。如伦敦运河博物馆的网站设计采用了 W3C 设计标准[④]，以确保包括残障人群在内的所有观众都可以访问其相关内容，按从左至右的顺序设计数据表的标题单元和数据单元，从而减少因不规范的格式问题对残障人群带来的困扰；使用弹出框以便当 Javascript 不可用时实现标准文本链接，以便让视觉障碍的参观者能够通过文本链接进行访问；仅当需要表格信息的时候才采用表格布局，以减少表格边框对视觉障碍参观者产生的干扰；使用对比度设置和颜色设置，以便帮助具有颜色视觉障碍的参观者可以选择合适的显示模式；对声音文件都尽可能地提供了替代文本或图像等，以便为具有听力障碍的参观者提供可获取的途

① 信息无障碍身体机能差异人群网站设计无障碍技术要求. 中国残疾人服务网，[2014-11-03]. http://www.cdpsn.org.cn/news/dt5773.htm.

② 信息无障碍身体机能差异人群网站设计无障碍技术要求. 中国残疾人服务网，[2014-11-03]. http://www.cdpsn.org.cn/news/dt5773.htm.

③ 信息无障碍 身体机能差异人群 网站设计无障碍评级测试方法. 中国残疾人服务网，[2014-11-03]. http://www.cdpsn.org.cn/news/dt5778.htm.

④ Website Accessibility A Guide. London Canal Museum，[2014-11-03]. http://www.canalmuseum.org.uk/website/webaccess.htm.

径。此外,大英博物馆用于选择藏品的 COMPASS 数据库也在网页的顶端显著位置提供了一个纯文本的链接,以帮助残障人群最为便捷地获得可用的资源。同时,该博物馆也为所有非文本内容提供了相应的文字信息,并始终保持两者的同步。而美国残疾历史博物馆[①](Disability History Museum)网站只提供了纯文字链接(如图 10-1 所示),方便残障人士访问,该网站通过了网站可访问性评估工具的检验。

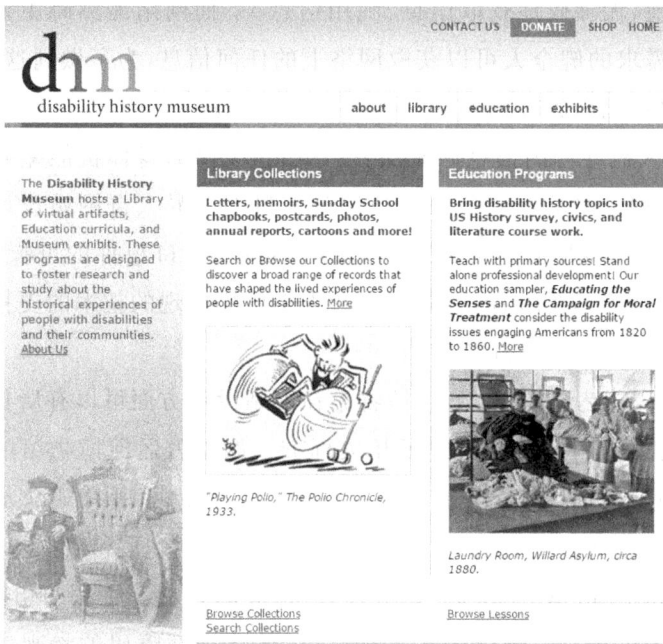

图 10-1   美国残疾历史博物馆网站首页(2014-11-15 访问)

美国佛罗里达自然历史博物馆(Florida Museum of Natural History)[②]的网站也多以文字链接为主,其可访问性受到了残障人群的普遍关注。此外,伦敦的泰特美术馆则专门开发了一个 i-Map 在线项目,专门为对艺术感兴趣的视觉障碍患者而建立。[③] 通过文本、视频、图像增强和解构以及动画等形式,以精心设计的顺序逐一介绍作品的细节,从而使得残障人群对作品

---

① 详情参见美国残疾历史博物馆网站:http://www.disabilitymuseum.org/.
② 详情参见美国佛罗里达自然历史博物馆网站:http://www.flmnh.ufl.edu/.
③ 详情参见 i-Map 项目网址:http://www.tate.org.uk/learn/online-resources/imap-creative-access.

形成全面的了解。作品介绍和讲解取材于马蒂斯和毕加索的杰作。整个项目分为两部分:"马蒂斯-毕加索"和"每天的转化"。"马蒂斯-毕加索"主要以马蒂斯和毕加索的四幅作品为对象探讨他们的创作理念、动机及其影响等问题。图 10-2 显示是一幅毕加索作品的交互式观赏界面。而"每天的转化"主要围绕来自对日常生活物质世界感兴趣的艺术家们的 6 幅新作,展开相关理念、观点和创作的讲解。

i-Map: Interactive artworks
for visually impaired users

图 10-2　毕加索作品的交互式观赏界面

纽约现代艺术博物馆受 MetLife 基金支持专门针对老年痴呆症患者建立了一个网站"Meetme"①,旨在为博物馆、辅助生活机构和其他团体组织开发资源以用于服务痴呆患者和其照顾者,进而扩大项目的范围。网站提供了在家里、护理机构和艺术机构等开展创造性教育的指南,提供了按专题艺术模块划分的藏品小册子,用于方便讨论和交流的图像资料等。此外,网站还

---

① 详情参见 Meetme 项目网址:http://www.moma.org/meetme.

提供了一些已开展的活动视频以及培训视频，为如何组织患者开展艺术品讨论和艺术品制作提供指导。网站主页主要分为"观点"、"实践"、"艺术板块"、"艺术品"、"研究"、"事件"和"关于我们"。"观点"栏目主要分享了一些工作人员、患者等的体验以及关于一些患者的访谈视频。"实践"栏目主要提供了开展艺术项目的指导资料，分别针对博物馆、护理机构和家庭三种类型。"艺术板块"栏目提供了一些艺术课程，涉及图像资料和指导文本等。"艺术品"提供了所有用于课程教学的图像资料。"研究"提供了项目背景、相关资料、纽约大学对"Meetme"项目的评估情况、观众对项目的评估等。"事件"提供了相关会议、学术讲座和经验交流等活动信息。"关于我们"提供了信誉情况和站点信息。这个网站的资料可被用于博物馆网站建设，为其更好地服务残障人提供借鉴。

在博物馆网站的可访问性评价方面，主要有两个评估软件。一个是"Bobby Validator"，它是一款被普遍使用于检测网页可访问性的工具，主要检查是否满足 Section 508 标准[①]或网站内容无障碍指南，检测后工具会产生一份关于阻碍"可访问"因素的类型、数量和位置报告，并提供解决方案。此款软件不能检查脚本文件，如 Javascript 或由脚本生成的内容。它曾用于评估 25 家英国博物馆和 25 家国际博物馆网站对残障人士而言的可访问性和可用性，主要检查网页是否存在特定功能，以及其特点如何等[②]。另一个是万维网联盟提供的"W3C Validator"，主要用于检查 HTML 文件，检测制作出来的 HTML 页面是否符合 W3C 的标准。[③] 此外一些组织也在致力于针对残障人士的博物馆网站的可访问性的研究和实践工作，如英国博物馆艺术馆障碍协会（the Museums & Galleries Disability Association，MAGDA）[④]就致力于帮助改善英国博物馆和艺术馆的网站对残障人士的"可访问"状况，并对优秀案例进行推广，同时提供了在线论坛方便专业人士的交流。英国皇家盲人协会（Royal National Institute for the Blind People，RNIB）、英国博

---

① 详情参见 Section 508 网址：http://www.jimthatcher.com/webcourse1.htm.

② Bowen J P, Micheloni G. Disabled Access for Museum Websites. Technical Report, SCISM, South Bank University, London, UK, 2002. Presented at MCN2002. [2014-10-28]. http://www.museophile.lsbu.ac.uk/access/mcn2002/access.pdf.

③ 详情参见 W3C validator 网址：http://validator.w3.org/.

④ 详情参见英国博物馆艺术馆障碍协会网址：http://www.magda.org.uk/.

物馆计算机组和英国博物馆艺术馆障碍协会联合推进博物馆网站的可访问性工作,还特别设置了 Jodi 奖,以鼓励博物馆等机构利用数字技术为残障人士的信息获取、收藏、学习和创造而开发的各种优秀案例[①](如图 10-3所示)。

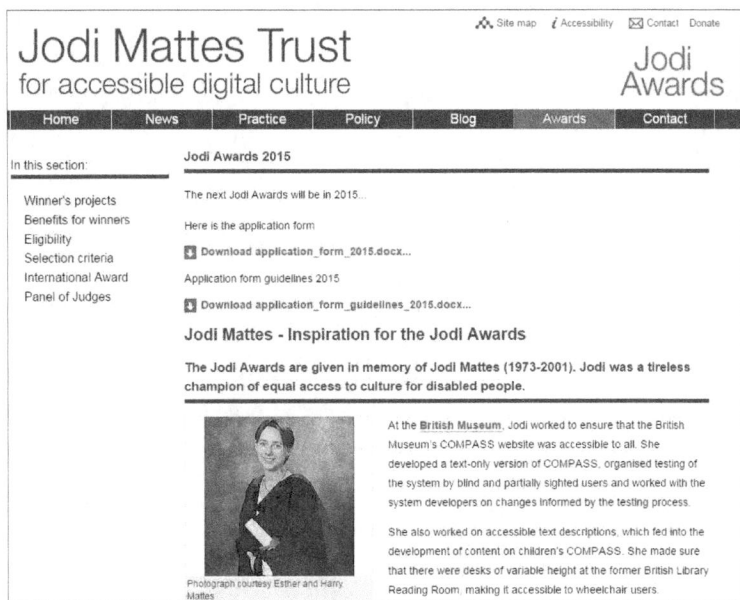

图 10-3　Jodi 奖(2014-11-08 访问)

名词解析

• 万维网联盟:World Wide Web Consortium,创建于 1994 年,是 Web技术领域最具权威和影响力的国际中立性技术标准机构。其使命是通过发展规范、指导方针、软件以及工具,来尽展万维网潜能。万维网联盟最重要的工作是发展 Web 规范,这些规范描述了 Web 的通信协议 HTML 和XHTML 等。

• 可访问性:Accessibility,在网站内容无障碍指南 1.0 中对可访问性的描述是 Web 内容对于残障用户的可阅读和可理解。可访问性移除了特定群体访问信息的障碍,正在成为 Web 应用程序的公共需求。

---

① 详情参见 Jodia 奖网址:http://www.jodiawards.org.uk/awards.

• Section 508：是对 1973 年美国劳工康复法案的修正，是一项联邦法律，规定了所有由美国联邦政府发展、取得、维持或使用的电子和信息技术都必须能让残疾人"可访问"。如果某项技术能够被残疾人像正常人一样有效地使用，那么这项技术就被认为是"可访问的"。

第十一章

论数字博物馆与 Web 2.0

Web 2.0 的出现推动了信息社会的进一步的发展，改变了人们信息获取、互通交流的方式，扩充了人们的社交范围。Web 2.0 所提倡的创新、开放、实用、易用的理念将助推数字博物馆的进一步提升。为了充分利用 Web 2.0 的优势和便利，服务数字博物馆的各个方面，需要对 Web 2.0 的概念、特点、理论基础和相关技术进行归纳和分析，进而进一步探讨对数字博物馆的影响。在此前提下，具体分析以 Web 2.0 的思想和技术为基础的互联网应用——社交媒体的相关问题，将有助于数字博物馆与各类型社交媒体平台的结合，以充分发挥各类型的优势，使其使用效益最大化。同时研究当前博物馆应用社交媒体的现状，有助于明确应用方向和应用模式等。

第一节　Web 2.0

一、概述

近年来，不论实体博物馆还是数字博物馆都在通过播客、博客、微博和微信等各类平台发布博物馆最新动态、更新事实活动要闻、提供展览咨询、分享藏品资料和发起藏品研究话题，借以扩大宣传和影响，扩充观众群，加强与观众的互动以提升博物馆的公众服务水平。这些活动的背后都得益于 Web 2.0 的发展。

Web 2.0 是网络发展的一个新阶段，相对于 Web 1.0，是新生的互联网应用的统称。2004 年 3 月，在 O'Reilly Media 公司和 MediaLive 公司举办的一场会议上,Dale Dougherty 提出 Web 2.0 这个术语[1][2]。他指出 Web 正处于类似于"文艺复兴的时期",规则在不断改变,商业模式也在持续演进中。随后 Web 2.0 这一术语成为人们讨论的对象,其概念和特点得到了广泛的研究。2005 年 O'Reilly 媒体公司总裁 Tim O'Reilly 绘制了一张 Web 2.0 观念关系图"Web 2.0 Meme Map"(如图 11-1 所示)主要描绘 Web 2.0 核心理念、衍生概念、七大特性和八项设计范式等,比较完整地概括了 Web 2.0 所涵盖的领域。随着 Web 2.0 研究和应用的发展,人们逐步对 Web 2.0 的内涵和属性等方面有了更多认识。Web 2.0 没有一个明确的界限,而是一个重力核心,它是互联网的一次理念和思想体系的升级换代。Web 2.0 与传统的 Web 1.0 相比,改变了 Web 1.0 环境下由少数权威集中控制网络资源的服务模式,用户从信息接受者转变成为信息制造者和传播者,从受众转向主体,从单个个体转向社团。Web 2.0 的核心理念是个性化、参与互动性和社会性。

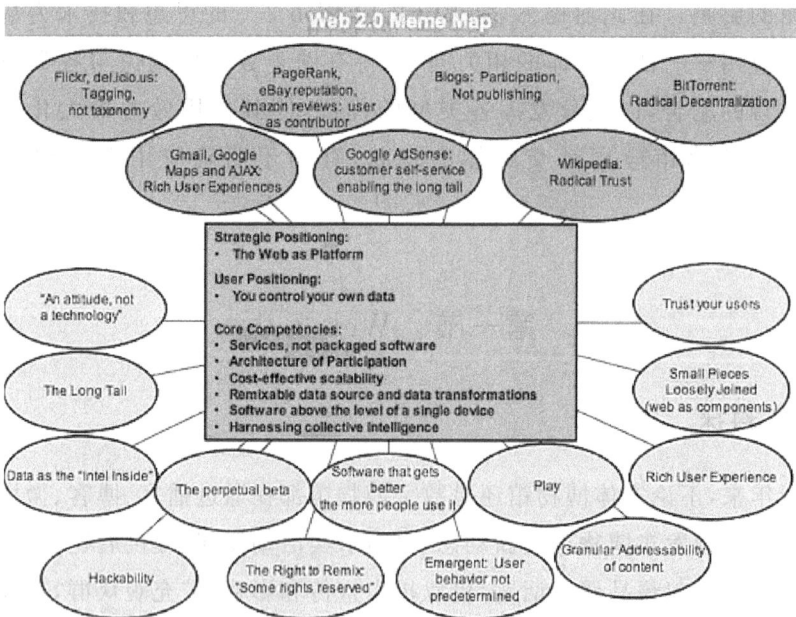

图 11-1　Web 2.0 Meme Map[3]

①　孙茜. Web 2.0 的含义、特征与应用研究. 现代情报,2006,2:69.
②　刘甲学. Web 2.0 环境下个性化信息服务探析. 情报科学,2008,26(9):1336.
③　Tim O'Reilly. What Is Web 2.0. O'Reilly Media, Inc [2015-02-14]. http://www.oreilly.com/pub/a/web2/archive/what-is-web-20.html.

　　中国互联网实验室认为[①]：Web 2.0 不单纯是技术或者解决方案，Web 2.0 是一套可执行的理念体系，实践着网络社会化和个性化的理想，使个人成为真正意义的主体，通过变革互联网的生产方式从而解放生产力。它不是一种具体的网站模式，而是一种理念；它追求的是与用户实现互动，并着眼于用户体验；它以 Flickr、Craigslist、LinkedIn、Tribe、Ryze、Friendster、Del. icio. us、43Things. com 等网站为代表，以 Blog、Tag、SNS、RSS、Wiki、XML、Ajax、开放 API、RIA 富互联网应用、P2P 传输等技术为核心。

　　Web 2.0 最显著的特征就是"去中心化"[②]，是指网络内容不再是由专业网站或特定人群所产生，而是由许多网民权级平等的共同创造的结果。除此之外，Web 2.0 还具有以下特征[③④]：(1)参与性：互联网成为平台(参与体系)，用户作为开发者；(2)协同性：自组织协同创作，充分重视并利用集体力量和智慧；(3)数据核心性：数据变得越来越重要，数据将变成"Intel Inside"；(4)网络外部性：分享和参与的架构驱动的网络效应；(5)集成性：通过带动分散的、独立的开发者把各个系统和网站进行汇集；(6)轻量型应用：通过内容和服务的联合使轻量的业务模型可行，并分享经济的模式；(7)持续更新性：注重用户体验的持续服务；(8)无处不在性：服务和应用无处不在(非单机版和单一平台版本)；(9)扩展性：从少数重要用户扩展到全体用户，包括大量的普通用户，要有拉动长尾的能力。

二、理论基础

　　Web 2.0 主要的理论基础有六度分离理论、长尾理论、公共版权理论和微内容。

1. 六度分离理论

　　是 1967 年美国社会心理学家米尔格伦(Stanley Milgram)提出的"六度分离"(Six Degrees of Separation)理论，也被称作"小世界理论"[⑤]。简单地

---

　　① 2005—2006 中国 Web 2.0 现状与趋势调查报告，中国互联网协会. [2014-10-20]. http://report. internetdigital. org.
　　② 去中心化 Decentralization，是互联网发展过程中形成的社会化关系形态和内容产生形态。
　　③ Tim O'Reilly. What Is Web 2.0. O'Reilly Media, Inc [2015-2-14]. http://www. oreilly. com/ pub/a/web2/archive/what-is-web-20. html? page=1.
　　④ 王伟军，孙晶. Web 2.0 的研究与应用综述. 情报科学，2007，25(12)：1909.
　　⑤ Stanley Milgram. "The Small World Problem". *Psychology Today*，1967，Vol. 2，60-67.

说，该理论认为在人际交往的脉络中，任意两个陌生人都可以通过"亲友的亲友"建立联系，中间最多只要通过六个朋友就能达到目的。这个看似非常简单，却又很玄妙的理论引起了数学家、物理学家，以及计算机科学家们的关注。经研究发现世界上许多其他的网络也有极相似的"六度分离"结构，例如经济活动中的商业联系网络结构、生态系统中的食物链结构，甚至人类脑神经元结构，以及细胞内的分子交互作用网络结构。在互联网环境下，六度分离理论为网络社区的建立提供了理论依据。

2. 长尾理论

"长尾"(The Long Tail)是 2004 年 Chris Anderson 在给连线杂志的文章中首次使用的词汇，用以描述诸如亚马逊公司、Netflix 和 Real. com/Rhapsody 之类的网站之商业和经济模式。意指那些原来不受到重视的、销量小但种类多的产品或服务由于总量巨大，累积起来的总收益超过主流产品的现象。长尾理论的基本原理①：只要存储和流通的渠道足够大，需求不旺或销量不佳的产品所共同占据的市场份额可以和那些少数热销产品所占据的市场份额相匹敌甚至更大。即众多小市场汇聚成可与主流大市场相匹敌的市场能量。长尾术语也普遍使用于统计学中，如对财富分布或词汇应用的统计。长尾理论为 Blog 模式的开展提供了理论基础。

3. 公共版权理论

源自 Copyleft，也常称为版权所属、版责等。公共版权理论是知识产权领域的组成部分，是将一个程序称为自由软件的通用方法，同时也使得这个程序的修改和扩展版本成为自由软件，声明任何人如果要重新发布软件，不管是否做了修改，必须使得这一重新发布的软件有被复制和修改的权力。它保证每个用户都有自由使用的权力，与盗版行为或置于公共域的授权方式（没有版权）有着本质区别。公共版权理论为 Web 2.0 理论提供了法律依据，在该理论的支持下，每个用户都享有公共使用与共享的权力。

4. 微内容

微内容最早由 Jakob Nielsen 提出，将信息传播对象分解成很小的单位，类似于信息管理领域的数据元、信息元、知识元。它可以是用户所生产的任

---

① ［美］克里斯.安德森.长尾理论网.乔江涛，译.北京：中信出版社，2006：35.

何数据：一则 Blog、一条评论、一幅图片、收藏的书签和喜好的音乐列表等。微内容是相对于传统媒介中所熟悉的大制作、重要内容而言的。微内容以网络为基础，通过聚合、发布和迁移进而构成了各种各样的个性化应用程序。互联网用户所产生的任何一项数据，都有可能是微内容，比如一句话、一段描述、一个声音、一个图像动画等，此外，用户的一个行为或态度也可能是微内容，如点赞、投票等。对这些微内容的创建、存储、管理、组织、分享和传递等是 Web 2.0 的关键。

三、相关技术

Web 2.0 的出现改变了传统 Web 网站的开发模式，它是在 Web 1.0 的基础模式上进一步扩充和发展。在传统的 Web 开发中，可以使用 JSP、PHP 和 ASP 中的任一种 Web 技术来构建 Web 程序，但它们对于 Web 客户端技术是鞭长莫及的，大量工作集中于服务器端完成，而客户端基本只承担了显示数据的工作，导致出现了胖服务器端和瘦客户端的现象。Web 2.0 的出现改变了这种状况，利用 Ajax 技术在客户端创建了一个中间层，将服务器端的一些工作移植到客户端上，从而减轻了服务器端的负担。Web 2.0 主要以 XML、RSS、Ajax 等技术为基础。

1. Ajax

基于 XML 的异步 JavaScript(Asynchronous JavaScript and Xml)，是一种创建交互式网页应用的网页开发技术。最初起源于美国人 Jesse James Garrett 于 2005 年 2 月在网上发表的一篇名为《Ajax：一种 Web 应用程序开发的新方法》的文章，在这篇文章中首次提出了"Ajax"这个词，并将其解释为"Asynchronous JavaScript And Xml"。它不是一项新技术，而是一些原有技术的结合体，这些原有技术包括：基于 XHTML 和 CSS 标准的表示；使用 Document Object Model 进行动态显示和交互；使用 XMLHttpRequest 与服务器进行异步通信；使用 JavaScript 绑定一切。Ajax 的使用不需要安装额外的插件或小程序。其原理主要是通过 XMLHttpRequest 对象来向服务器发异步请求，从服务器获得数据，然后用 JavaScript 来操作 DOM 而更新页面。Ajax 的原则是"按需取数据"，可以最大程度的减少冗余请求，减轻服务器的负担。XMLHttpRequest 是 Ajax 的核心所在，它是一种支持异步请求的技术,这使得 JavaScript 向服务器提出请求并处理响应而不会对用户产生阻塞。这保障了浏览器可以为用户提供更为自然的浏览体验,将用户从等待响应中解脱出来,自由流畅地完成与服务器的各种信息交换,如同在使用桌面式软件一样自由、无碍。此外,Ajax 可以把一些服务器负担的工作转嫁到客户端,利用客户端闲置的能力来处理,减轻服务器的负担。

2. Tag

Tag 称作标签,是一种组织和管理在线信息的方式。它不同于传统的针对文件本身关键字的分类,而是更为模糊化、智能化的分类,可由用户来决定分类情况。用户借由为每篇日志或文章添加一个或多个 Tag,然后可以看到一个网站上所有使用了相同 Tag 的内容,并且由此和其他用户产生更多的联系和沟通。Tag 体现出群体力量,使得网络内容之间的相关性和用户之间的交互性得到了提升。与传统分类的不同在于传统分类是提前预设好的,只能有一个分类,而 Tag 是在用户写完日志之后自定义添加的,灵活多样。用户可以为同篇日志贴上好几个 Tag。当 Tag 的数量积累到一定程度时,用户可以梳理哪些话题是自己经常涉及的,哪些话题同样是别人也感兴趣的,进而可以找到志趣相投的人。

3. RSS

RSS 被认为是 "Rich Site Summary (丰富站点摘要)"、"RDF Site Summary(RDF 站点摘要)",或是"Really Simple Syndication(真正简单的聚合)",是站点用来和其他站点之间共享内容的一种简易方式,具体而言就是一种用来分发和汇集网页内容的 XML 格式。RSS 可以将网站上各个栏目的信息或者是个人 BLOG 上的信息聚合起来,实现信息的颗粒化,并保持时时更新,让用户能够对多个提供此项服务的信息源进行追踪,同时还可以方便地进行多个信息源的整合和再加工。用户使用 RSS 非常方便,只需要下载安装一个 RSS 新闻阅读器或汇集器,如 RSSReader,SharpReader,NetNewsWire Lite,Feed Demon 等,然后从成千上万的网站目录中订阅喜爱的网站内容,随后便可在不必打开目标源网站的情况下直接阅读该网站的内容。

4. SNS

SNS 为社会网络服务(Social Network Software),专指旨在帮助人们建立社会性网络的互联网应用服务。它的理论根据是六度分离理论。按照六度分离理论,每个个体都可以建立自己的社交圈,社交圈都将不断放大,最后成为一个大型网络,这就是社会化网络。随着 SNS 的发展,社交圈拓展的依据也越来越多样,比如根据相同话题进行、根据相同学习经历进行、根据相同兴趣爱好进行、根据共同参与的活动进行等。目前许多网站都属于 SNS 网站,如交友类网站、网络社区类网站、视频共享类网站。

5. Blog

Blog 起源于 Weblog,中文译为博客或网络日志,也音译为部落格。部落阁,是个人或群体以时间顺序所做的一种记录,借助互联网,人们可以彼此分享自己的记录,并由此形成一种新型的网络虚拟社群和人际交往方式。Blog 比电子邮件、讨论群组更加简单和方便易用,并因而成了继 E-mail、BBS、ICQ 之后第四种颇受网络用户喜爱的网络信息组织与交流方式。1997 年 12 月 Jorn Barger 开始用"Weblog"描述博客。1998 年,Infosift 的编辑 Jesse J. Garrett 将一些类似的博客网站收集起来,寄给 Cameron Barrett。Cameron 随后将名单发布在 CamWorld 网站上,许多人亦陆续将博客的 URL 给 Cameron,慢慢地,一个新的网络社区俨然成型。1999 年,Brigitte Eaton 成立一个博客目录,收集她所知道的站点。1999 年,Peter Merholz 首次使用缩略词"Blog",成为今天常用的术语。Blog 之间的交流主要是通过反向引用(TrackBack)和留言/评论(Comment)的方式来进行的。Blog 的作者(Blogger),既是这个 Blog 的创作人,也是其档案管理人。Blog 大量采用了 RSS 技术,所有的 RSS 文件都必须符合由 W3C 发布的 XML 1.0 规范。对读者来说,可以通过 RSS 订阅一个 Blog 而了解该 Blog 作者最近的更新。对 Blog 作者来说,RSS 可以使自己发布的文章易于被计算机程序理解并摘要。

6. Wiki

Wiki 一词来源于夏威夷语的"Weekeeweekee",原本是"快点快点"的意思。Wiki 是一种多人协作式写作的超文本系统,可由多人共同对内容进行维护和更新。中文译名为维客或维基,其代表应用是知识库的合作编写。用户只要简单了解 Wiki 的语法的约定就可以通过网页浏览器对 Wiki 文本进行创建、更改,而且创建、更改、发布的代价远比 HTML 文本要小。Wiki 支持面向社群的协作式写作,为协作式写作提供必要帮助。与其他超文本系统

相比,Wiki 有使用方便及开放的特点。Wiki 页面可做到即时更新,即用户对
Wiki 页面所作的修改或者创建都可以即时地反映出来,能够保证其他用户
了解网站的最新动态和热点。维基百科(Wikipedia)是目前最为成功且最大
的 Wiki 系统。

7. Social Bookmarks

Social Bookmarks 直接翻译是"社会化书签",但通常被称为网摘或网络
书签。最早起源于一家名为 Del. icio. us 的美国网站自 2003 年开始提供的
一项叫作"社会化书签"(Social Bookmarks)的网络服务,网友们称之为"美味
书签"网络服务。这项服务主要是保存网页链接、分享网页信息内容。随后
网摘得到了逐步发展。事实上网摘就是一种服务,提供的是一种收藏、分类、
排序、分享互联网信息资源方式。用户可以收藏网页,并对自己感兴趣的内
容添加标签后进行摘录以方便日后阅读使用。网摘不仅能将网络上零散的
信息资源有目的地进行汇聚整理然后再展现出来,网摘还可以提供很多本地
收藏夹所不具有的功能,它的核心价值已经从保存浏览的网页,发展成为新
的信息共享中心,能够真正做到"共享中收藏,收藏中分享"。在分享的人为
参与的过程中网址的价值被给予评估,通过群体的参与使人们挖掘有效信息
的成本得到控制,通过知识分类机制使具有相同兴趣的用户更容易彼此分享
信息和进行交流。网摘站点呈现出一种以知识分类的社群景象。

8. IM

IM(Instant Messenger)是指即时通信、即时消息传递。允许两人或多人
使用网络即时地传递文字信息、文档、语音与视频。即时通信与 E-mail 不同
之处在于它的即时性。大部分的即时通信服务提供了 Presence Awareness
的特性,即显示联络人名单、联络人是否在线和能否与联络人交谈等。目前
在互联网上使用较广的即时通信服务包括 Windows Live Messenger、AOL
Instant Messenger、Skype、Yahoo! Messenger、NET Messenger Service、
Jabber、ICQ 与 QQ 等。随着即时通信的不断发展,它已经突破了作为技术
工具的极限,已经被认为是现代社会最为流行的交流方式,正在构建一种新
的社会圈。

第二节　数字博物馆 2.0 的特征

Web 2.0 的出现推动了信息社会的进一步发展,给互联网以及人类社会产生了深刻的影响,它不仅改变了人们信息获取和交流的方式,也改变了人们的思维方式,影响着人的社交范围。Web 2.0 强调信息开发、共享、人人参与,可以在不同系统平台上应用,能够为使用者建立良好的信息互动桥梁。使用者不再是简单的信息浏览者和使用者,同时也是信息的创造者、发布者、分享者和管理者。Web 2.0 的理念和数字博物馆所倡导的信息资源共享、便捷访问和浏览、信息及时更新等相暗合。Web 2.0 所提倡的创新、开放、实用、易用的经营理念必将助力于数字博物馆的发展,极大丰富数字博物馆的服务应用,推动其进入全盛的数字博物馆 2.0 发展时期。数字博物馆 2.0 将逐渐打破博物馆传统的单向式经营模式,走向开放式、互动式,强调集体参与、集体智慧,让观众共创、分享博物馆的资源,拉近观众与博物馆之间的距离,为博物馆的长久发展注入新的活力。具体而言,数字博物馆 2.0 主要具有以下显著特征。

1. 以观众为中心

观众是博物馆赖以生存的基础,是博物馆举办展览、实施教育活动的核心研究对象。博物馆必须要以观众的信息需求为出发点,及时了解观众的参观体验,掌握观众的发展动态,以此提高博物馆的展览质量和服务水平。数字博物馆 2.0 更能体现以观众为中心的理念,主要表现在:

(1)观众调查方面。数字博物馆 2.0 可以借助 Blog、Twitter 收集观众的参观前期待,参观后评论及建议,并能跟观众进行在线交流,甚至可以利用 Blog 开展观众调查,针对展览、展项、活动、服务和藏品等开展专题调查,进一步获取翔实的信息。此外,博物馆还可以利用网络数据分析软件,了解观众浏览页面及收藏页面情况,及时了解观众的访问状态和关注点,以收集第一手资料。

(2)观众群体服务方面。数字博物馆 2.0 可以整合资源,扩充内容,以多样化的形式通过 Blog,RSS,Podcast 等主动向观众提供和推荐展览动态、活动预告、藏品介绍和知识讲堂等信息,甚至可以发起话题,组织观众进行讨论。数字博物馆 2.0 可将教育活动的现场照片、视频等资料发送到网上供参与者下载和评论,增强与观众的场外互动。同时为了方便参观者的实体参观,博物馆可以提供"参观温馨提示"等信息,解决如何去博物馆、哪里停车、哪里租语音导、哪里就餐、特色纪念品有什么等信息,给观众提供更加人性化和细致周到的服务。

(3)观众个性化服务方面。早期的数字博物馆只注重将自己的信息推送给观众,而缺乏与观众的互动。而数字博物馆 2.0 将以观众为中心打造个性化的服务模式,能够更加有效地利用馆藏资源,在观众、资源和服务之间构建一个良好的桥梁。数字博物馆 2.0 可以根据不同观众的爱好、兴趣提供个性化定制服务、个性化信息检索服务和个性化信息咨询服务等,充分满足不同参观者的个性化需求。例如数字博物馆 2.0 可以根据观众 RSS 的定制方案,或利用特定软件对观众兴趣、浏览习惯的分析将展览信息、亲子活动、专题讲座和志愿者活动等最新内容提供给观众。数字博物馆 2.0 可利用即时通信软件,如 QQ,MSN 等,及时了解观众需求,针对性的传递信息,提供资源,给予帮助,真正实现及时准确的按需服务。这种模式更能体现服务的差异化和层次化,既能为普通参观者提供一般的展览近况、展品简介、活动安排等信息,也能为专业人员提供关于藏品鉴定、文物保护和文献研究等方面的深入信息。

2. 全方位的互动交流

与观众的互动交流是博物馆增进观众感情,拉近与观众距离最有效的途径。互动交流不仅能够让博物馆了解观众的真实需求,获得观众对博物馆的真实评价,掌握博物馆对观众的生活、学习和娱乐等方面的影响,而且还可以为博物馆的持续发展提供新思路。数字博物馆 2.0 不仅提供了与观众交流的新渠道,而且在交流的内容和形式上也有别于传统单一的交流方式。其次,数字博物馆 2.0 也为博物馆馆际之间、观众和观众之间的互动提供了方便,开启了全方位的互动交流模式。以上互动交流集中表现为:

(1)博物馆与观众的互动交流。数字博物馆 2.0 与观众互动交流的渠道更加多样,不仅可以继续使用传统在线留言板、E-mail 的方式,而且还可以通过 Blog、Twitter、Podcast、Flickr、YouTube、QQ、微信等与观众进行互动,内容从展览信息推送、虚拟展览、藏品赏析到针对某一专题的讨论,如大话青铜器,再到某一展览的策划等。形式也从单一静态的文字和图片发展到高清图像、动画、音频和视频。互动交流的工具也不再局限于台式机、笔记本,而是可以借助智能手机、平板电脑等移动互联设备实现。

(2)观众与观众的互动交流。数字博物馆 2.0 在各种应用平台上的发展,也为观众之间的交流提供了平台。观众会借助 Tag,SNS 等建立自己的兴趣圈,可以结识一些对同样话题感兴趣的观众,建立 QQ 群、微信群等,保持长期联系。同时观众也可以通过博客、微博、播客等发表自己的参观感受、活动体会,分享自己的参观体验以及对藏品的认识和理解;在为其他观众提供参考或借鉴的同时,还可能引起他们进一步探究的兴趣;在群里引发关于展览主题、展览形式、藏品制作工艺、藏品背后故事、藏品保护等方面的咨询或讨论,带动不同观众之间的互动和交流。这种非面对面、随时随地的交流形式是以往实体博物馆或数字博物馆所不能实现的。

(3)博物馆之间的互动交流。数字博物馆 2.0 突破了传统电子邮件的单一交流的局限,为博物馆之间的互动提供了更加灵活、多样的方式。博物馆之间的正式或非正式交流都可以在数字博物馆 2.0 环境下实现。各馆之间不仅可以通过博客、播客、微博、微信等增进相互的了解,掌握各馆的实时展览和活动情况,相互学习和借鉴,而且可以利用 Social Bookmarks 的功能对同类博物馆、特定主题、特定内容进行整理,帮助进一步地信息梳理和跟进。此外,各种应用媒体的开放性为博物馆自身领域内的信息分享、话题讨论、专题协商和决策共建提供了便利,文字、图像、语音、视频等多媒体形式使得思想、观念的呈现更加具象,易于理解。

3.资源共建共享

Web 2.0 强调用户对信息的创造、使用、共享以及协同合作。对数字博物馆 2.0 而言,它也充分体现了这些特点。观众不再只是数字博物馆墙外的普通参观者、信息使用者,他们已经融入了博物馆的各项事务之中。他们可以参与展览的主题定位、展览的策划、甚至参与展览的实施,可以为数字藏品资源建设提供相应的帮助,同时还可以参与博物馆的文创设计,自发组织各项活动等。具体资源共建共享的层面主要有:

(1)数字藏品资源共建共享。不同于实体藏品,数字藏品在资源获取或采集方面更加方便,数码相机、智能手机都可以成为采集设备。在存贮和传输方面依赖于计算机和网络,相对便捷和可靠。数字博物馆 2.0 可以充分发挥各种应用平台的优势,让广大观众参与到数字藏品建设之中,通过网站、馆方微博、博客等发布数字藏品征集信息,并给出甄选要求,操作规范和采集标准等,可通过 QQ,MSN 等即时通信工具对观众进行实时指导。观众可将自己获取的资源通过网络上传到特定的网络空间,由馆方组织的专业人员进行筛选和认定,将结果共享在网络上,可被其他观众进一步研究和评论。这种数字藏品资源共建共享的模式特别适用于采集分布广、数量大、种类多的自然界的动植物,人类社会的各地建筑、习俗、服饰等。

(2)展览资源共建共享。数字博物馆 2.0 可以充分利用网络空间的优势,举办各种主题的展览,不再限于时间和空间的要求。主题的确定不再完全由馆方控制,博物馆可以通过微博、博客、微信、网上论坛等了解观众的期待,向观众征集展览主题,并邀请观众参与展览策划。特别地,可邀请观众为藏品撰写标签,博物馆可运用公众分类(Folksonomy)的概念,研究观众习惯用语,找到更适合用户广为接受的描述方式,为展品解说词的撰写提供参考。此外,还可邀请观众参与关于某一内容的表达方式确定,通过投票表决来了解最受欢迎的表达,或许是游戏、动画、视频等。后期制作实现,也可邀请观众参与其中。这种从展览主题确定到展览实施都由观众参与的方式,可以推出一个更为亲民更为符合大众兴趣的展览。

(3)创意资源共建共享。数字博物馆 2.0 可将数字藏品资源的利用最大化,不仅在资源开放程度上,而且在资源的使用方式和价值利用上都有很大的提升。博物馆在将数字资源通过网站空间、博客、网站论坛、QQ 和 RSS 等向观众分享和推送的同时,可以邀请观众参与藏品价值的挖掘、利用和创新实践,比如针对某一器物的器形、纹饰等,举办网上的创意设计大赛,针对某一制作工艺,举办手工制作大赛,针对某一著名画作,举办临摹大赛或着色大赛等,激发观众参与热情,充分发挥观众的创造力和想象力。此外,观众也可以利用自己喜爱或感兴趣的数字藏品资源构建自己博物馆,充当线上策展人,创造自己的展览主题,构建自己的线上展览,可邀请博物馆工作人员、其他观众或兴趣爱好者参观展览并发表评论,展开相应话题讨论。同时可将网站内容分享到其他社交媒体上,激起更多爱好者的参与。这种藏品资源再利用和创建展览的模式,通过各类社交媒体迅速传播开来,必将引起更多人的兴趣，他们会参与其中，创造出视角独特、形式新颖、富有创意的内容。

4.网站外的服务拓展

Web 2.0 技术的社会性、开放性将用户访问和使用领域信息的壁垒逐渐消减。对于博物馆而言，公众可以通过多种 Web 2.0 应用软件来了解、浏览、下载和使用数字藏品及其相关资源。因此数字博物馆 2.0 能够将博物馆的各类服务拓展到博物馆网站之外，从而使得公众在既不用参观实体也不用访问博物馆网站的情况下来获得博物馆的相关服务。具体可以通过以下两种方式实现：

(1)博物馆的服务提供可以基于某一联盟平台或专题平台。即数字博物馆和数字博物馆之间相互合作，可以以区域、以类型、以专题、以藏品类别等为依据构建联盟平台，建立一个新的网站。该网站从各个博物馆获得满足标准协议的服务接口，将各博物馆的最新动态、展览咨询、活动内容、藏品目录及镇馆之宝等置入相应的栏目，提供浏览、下载功能或是相应的服务链接供用户使用。该网站不是对各博物馆网站内容或服务的简单罗列，而是对他们进行归纳、整理和分析，借助 RSS、Tag 等技术实现。这种更为集中的组合方式可以使用户在浏览网站的同时，一次性获得更多的博物馆咨询，并有选择性地享用服务。

(2)博物馆的服务可以基于第三方平台。数字博物馆 2.0 可以将资源按类型、按内容、按媒体形式、按用途、按受众等进行分解，与第三方平台合作，如视频分享网站 YouTube、图片分享网站 Flicker、Mooc(大型开放式网络课程)网站 Coursera、在线旅游服务网站途牛、电子商务网站亚马逊等，将藏品数字图像、专题讲座视频、课程视频、文创产品、研究文献与出版的书籍等内容嵌入，提供相应的浏览、观看或下载等功能供用户使用，并可同时附以数字博物馆的网站链接或博客、微博、微信等账号供用户进一步咨询。这种方式不仅能为更多用户提供服务，加强博物馆与普通公众的联系，提升博物馆资源的利用率，而且还可以扩大博物馆的宣传面，使一些从不问津博物馆的大众变为博物馆的热心参与者，以进一步扩大实体博物馆或数字博物馆的观众群。

第三节　Web 2.0 时代的社交媒体相关问题研究

一、定义及特点

社交媒体又称社会化媒体,是以 Web 2.0 的思想和技术为基础的互联网应用,用户可以借此进行内容创作、情感交流与信息分享。它并非一个全新的概念,最先出现于 2007 年一本叫作《什么是社会化媒体》(*What is Social Media*)①的电子书中。作者安东尼·梅菲尔德(Antony Mayfield)将社交媒体定义为一种给予用户极大参与空间的新型在线媒体,具有以下几个特征:参与、公开、交流、对话、社区化和连通性。社交媒体的最显著特点在于其定义的模糊性、快速的创新性和各种技术的"融合"。

传播学者安德烈·开普勒(Andreas Kaplan)和迈克尔·亨莱因(Michael Haenlein)对社交媒体所下的定义是:一系列建立在 Web 2.0 的技术和意识形态基础上的网络应用,它允许用户自创内容(User Generated Content,UGC)和交流②。根据牛津《媒体与交流辞典》,社交媒体通常指使群组的用户可以进行社交互动行为的一类交流性媒体,无论用户是否彼此认识或相处同一地点。它包括新闻小组,大型网络游戏和社交网站等新媒体平台。这种媒体可以被看作是拥有使用户交换媒体信息功能的虚拟集会地点,其中用户既是信息的生产者也是消费者③。托尼(Toni Ahlqvist)等人认为社交媒体是用户之间的一种社会交互方式,用户可以在虚拟社区和网络中创建、分享以及交换信息和想法④。维基百科关于社交媒体的定义为:社会媒体是人们用来创作、分享、交流意见、观点及经验的虚拟社区和网络平台,与一般社会大众媒体最显著的不同是,让用户享有更多的选择权利和编辑能

①　Antony Mayfield. What is social media [2014-11-30] http://www. au. af. mil/au/awc/awcgate/jfq/mayfield_strat_for_soc_media. pdf.

②　Kaplan, Andreas M. , Michael Haenlein. "Users of the world, unite! The challenges and opportunities of Social Media". *Business Horizons*,53(1):59-68.

③　翻译自牛津《媒体与交流辞典》(*A Dictionary of Media and Communication*)中的 Social Media 词条。

④　Ahlqvist, Toni; Bäck, A. ; Halonen, M. ; Heinonen, S (2008). "Social media road maps exploring the futures triggered by social media". VTT Tiedotteita - Valtion Teknillinen Tutkimuskeskus (2454):13.

力,自行集结成某种阅听社群,社会媒体并能够以多种不同的形式来呈现,包括文本、图像、音乐和视频。[①]

对于社交媒体的定义,存在着多个版本,虽然表述方式不一,但有着共同的内涵。可以发现"人数众多"和"自发传播"是构成社交媒体的两大要素。社交媒体最大的特点是赋予每个人创造并传播内容的能力。它是用来进行社会互动的媒体,是一种通过无处不在的交流工具进行社会交往的方式。它能够给予用户极大参与空间,不仅能够满足网民个人基础资料存放的需求,更重要的是能够满足用户"被人发现"和"受到崇拜"的心理感受需求,能够满足用户"关系建立"和"发挥影响"的需求[②]。

二、形态分类

社交媒体的内容极其丰富,有不同方面的应用。图 11-2 是 2014 年中国社交媒体概括图,基本涵盖了常用社交媒体的范围,涉及社交化生活、商务和交友等多个方面。而对于社交媒体的具体形态划分,不同的学者有不同的理解。安德烈·开普勒(Andreas Kaplan)和迈克尔·亨莱因(Michael Haenlein)用六种不同类型的社交媒体来区分社交媒体具体的表现形态[③]:合作类的项目,例如维基百科(Wikipedia);博客和微博客,例如推特(Twitter)和汤博乐(Tumblr);内容社区,例如 YouTube 和 DailyMotion;社交网站,例如脸谱网(Facebook);虚拟游戏世界,例如魔兽世界(World of Warcraft);虚拟社交世界,例如第二生活(Second Life)。

曹博林认为社交媒体分为博客及微博客(如国外的 Twitter 等,国内的饭否网等)、维基(如国外的 Wiki 等,国内的互动百科、百度百科等)、图片分享(如国外的 Flickr 等)播客及视频分享(如国外 YouTube 等,国内的土豆网、优酷网等)、论坛(如国内的天涯、凯迪等)、社交网络(国外的 MySpace、Facebook 等,国内的开心网、人人网等)和网络社区(如国内的猫扑等)等[④]。

---

① 社会化媒体.维基百科[2015-02-16]. http://zh. wikipedia. org/wiki/社会化媒体.
② 杨珍.社会化媒体引发了传媒业格局的改变.新闻知识,2010(5):59.
③ Kaplan Andreas M. , Haenlein Michael. Users of the World, Unite! The Challenges and Opportunities of Social Media. *Business Horizons*,2010,53(1):61.
④ 曹博林.社交媒体:概念,发展历程,特征与未来——兼谈当下对社交媒体认识的模糊之处.湖南广播电视大学学报,2011(3):65-69.

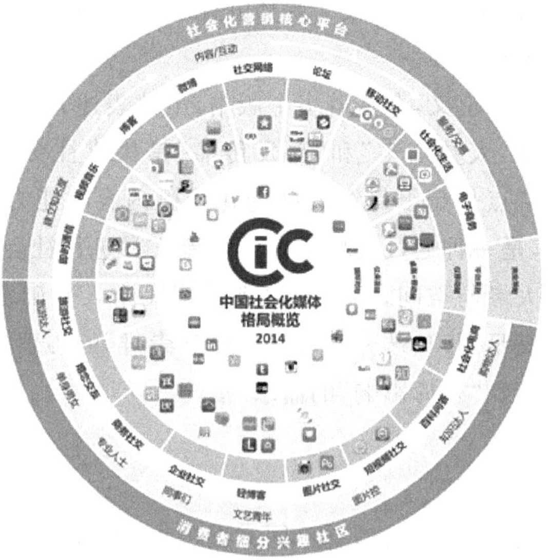

图 11-2　2014 年中国社交媒体概括图①

　　王晓光和郭淑娟②则把社交媒体的具体形态分为六大类：第一类为创作发表型，主要由博客网站（Blog）和论坛网站（Message Boards）组成；第二类为资源共享型，照片分享网站（PhotoSharing）、视频分享网站（Video Sharing）、音乐分享网站（Online Music）和评论网（Review）是内容共享型社会性媒体的典型代表；第三类为热点聚焦型，包括 Digg 和 Buzz 等，新兴的 Twitter 和微博等也归入该范畴内；第四类是协同编辑型，包括维基（Wikipedia）以及社交型问答网站（Q&A）；第五类是社交服务型，如社交网络（SNS）、Check-in、即时通信（Instant Message）、Mobile Chat 等；第六类是网络游戏型，包括 Second Life 和各种网络游戏。

第四节　数字博物馆对社交媒体应用之研究

　　社交媒体作为一种公众社交的成功应用平台，也得到了数字博物馆的关

---

① 引自中国互联网数据资讯中心网站［2015-03-01］. http://www. ciccorporate. com/images/stories/cic-2014-china-social-media-landscape-cn-large. png.

② 王晓光，郭淑娟. 社会性媒体初论. 网易新闻［2015-02-20］. http://news. 163. com/08/1217/14/4TCEO1DH000131UN. html.

注和青睐,数字博物馆结合各类形态社交媒体的特点,用于扩大博物馆的影响、增强宣传力度、拉近与公众之间的距离、开展形式多样的活动等。使得博物馆不再只是以单一、呆板的形式呈现,而是表现出更加灵活、丰富的形式。网络及其接入终端的发展,促使数字博物馆的各种社交媒体项目都得到了迅速的发展,并获得公众的广泛认同和赞许。以王晓光和郭淑娟提出的社交媒体的具体形态分类为依据,将数字博物馆应用社交媒体开展项目的情况进行如下梳理。

一、创作发表型

创作发表型社交媒体主要由博客网站和论坛网站组成,如 Blog、Livejournal、新浪博客、天涯论坛等。创作发表型社交媒体为用户提供了创作和发表平台。从内容性质上,这类媒体还可以细分为大众型和专业型,大众型主要面向普通大众,而专业型则要面向特定行业或职业的用户。在博物馆体系中,主要以 Blog 为主要创作发表类社交媒体的载体。从信息的组织方式来看,Blog 以个体为中心,借助链接和评论实现信息传播与交流。Blog 较为独立,更适合个体发表和个人网络身份的建构。[①] 博客综合了点对点与点对面两种交流方式,具有既不同于公开的私人日记又不同于直接向受众提供信息的外向型传播模式,它是一种内向型思考和外向型传播相结合的交流模式,与完全敞开的 Wiki 社区相比,博客多了社群成员相互交流中的约束规则。[②] 在博客这一社交媒体中,博客的介入其实是引进了新的"学习行为"。设计博客主页、撰写博客文章可以锻炼博物馆工作人员综合信息处理能力。

博物馆中,运用博客来开展活动的例子很多,例如明尼苏达科学博物馆(Science Museum of Minnesota)的"科学叽叽喳喳"(Science Buzz)[③]于 2004年 11 月由明尼苏达科学博物馆所建立(如图 11-3 所示),主要以每日更新的科学新知、馆内展览、地方关注及全球时事等为共同议题;撰文者通常以相关的研究作为谈论议题,借以激起参观者的好奇心,并加入讨论。同时馆方将

①　莫颖怡.博客与网络身份建构.国际新闻界,2006(5):48-52.
②　张玥,朱庆华.Web 2.0 环境下学术交流的社会网络分析——以博客为例.情报理论与实践,2009(8):28-32.
③　明尼苏达科学博物馆 Science Buzz 博客〔2015-02-12〕. http://www.sciencebuzz.org/blog.

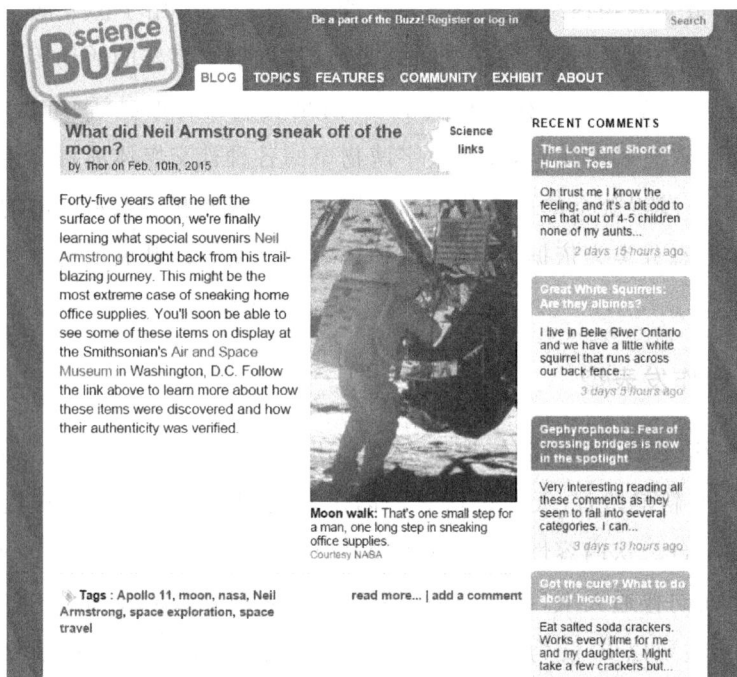

图 11-3　Science Buzz 博客

观众回应最热烈的内容组织到一个"热门故事"（Hot Stories）的主题区内，能让观众快速浏览到最受欢迎的新鲜议题，以凝聚更多社群的讨论。而芝加哥历史博物馆的博客主要用于提供关于展览、藏品和故事的信息，不仅为观众网上浏览专题展览提供了便利，同时也为观众进一步了解藏品及其背后的故事提供了方便。① 南京博物院则设有专家博客，将博物院各领域专家的博客内容进行汇集，为对博物馆学、考古研究、文物鉴赏、陈列艺术和文保技术等感兴趣的大众提供一个学习和咨询平台，充分发挥了博物馆专家的社会服务价值。② 国家博物馆则利用新浪博客，进行信息的发布和主题内容的介绍，如对中央电视台与国博联合摄制的 6 集大型历史人文纪录片《国脉——中国国家博物馆 100 年》播出预告，对国家博物馆网站域名的前世今生进行介绍等。③

①　美国芝加哥历史博物馆博客［2015-02-12］. http://blog. chicagohistory. org/.
②　南京博物院专家博客［2015-02-12］. http://blog. njmuseum. com/.
③　中国国家博物馆新浪博客［2015-02-12］. http://blog. sina. com. cn/chnmuseum.

值得关注的是在博客这一社交媒体上，很多博物馆专门设置了针对青少年的博客。例如位于纽约的鲁宾艺术博物馆（Rubin Museum of Art）专门设置了青少年博客①，在 Tumblr 上②可以看到 RMA Teens at the Rubin Museum of Art 这一博客的全貌。博客平台上汇集和展示了图片、声音和视频等多种媒体形式。博客内容主要是由青少年撰写的，主要取材于其参与博物馆各项活动的感受。与此类似，沃克艺术中心③、密尔沃基艺术博物馆④、华特美术馆⑤等也都设置了专门针对青少年的博客。其中一些博物馆还为青少年提供了其他形式的发表交流平台。例如美国的惠特尼美术馆（Whitney Museum of American Art）不仅仅设置了 The Whit Blog⑥这一专门针对青少年的博客，还在网站上开辟了针对青少年参与者的信息交流和作品交流专区⑦。同时，博物馆还在 Facebook 上创建了一个青少年组⑧，为青少年群体提供了互相交流的平台。该平台不仅汇聚了更多的青少年，而且也扩大了博物馆自身的影响。纽约大都会博物馆也设置了青少年博客⑨，主要由大都会博物馆青少年资讯小组（TAG）和一些特邀作者负责组织和撰写。博客除了提供基本展览、活动等信息之外，还为青少年提供了个性化搜索服务，青少年可以按照作者、艺术分类以及标签三个类别检索到相应的内容。

二、热点聚合型

热点聚合型应用最广的典型代表在国外是 Twitter，在国内是微博。Twitter 允许用户将自己的最新动态和想法以短信形式发送给手机用户或个性化网站群。所有的 Twitter 消息都被限制在 140 个字符之内。这种及时发布信息的方式使得用户能获得较好的体验，能够在第一时间发送或接受重要的信息。目前，拥有 Twitter 账户的博物馆超过 1000 家，这些机构吸引了

---

① 鲁宾艺术博物馆的青少年博客[2015-02-14]. http://www.rubinmuseum.org/pages/load/299.
② Tumblr 上的地址：http://rmateens.tumblr.com/.
③ 沃克艺术中心青少年博客[2015-02-20]. http://blogs.walkerart.org/teens/.
④ 密尔沃基艺术博物馆青少年博客[2015-02-20]. http://blog.mam.org/2014/05/06/teen-voices-in-the-museum/.
⑤ 华特美术馆青少年博客[2015-02-20]. http://www.museumteensummit.org/.
⑥ Thew Whit Blog[2015-02-20]. http://whitney.org/Education/Teens/TeensBlog/.
⑦ 详情参见 http://whitney.org/Education/Teens/Participants/20122013YI.
⑧ https://www.facebook.com/groups/whitneyyouthinsights/Group.
⑨ http://www.metmuseum.org/learn/for-teens/teen-blog.

数百万来自全球各地的"粉丝",每天都会有成千上万的用户就博物馆和各类展览的相关话题进行即时的交流和讨论。在国内,各大博物馆热衷于微博,目前经统计在新浪微博上有超过 300 个经过认证的博物馆官方账号。①

国外博物馆针对 Twitter 或微博的特点组织和开展了多种类型的活动。英国泰特美术馆在 2009 年就运用 Twitter 举办了"与艺术家 David Hockney 对话"的活动,实现观众与艺术家的零距离交流,以加强观众对 David Hockney 作品的深入理解。② 布鲁克林博物馆(The Brooklyn Museum)在 2009 年对馆藏的四个木乃伊进行 CT 扫描,期间就利用 Twitter 向公众进行实时跟踪报道。③ 2009 年在伦敦奥运会举行期间,美国旧金山当代艺术博物馆以及大都会艺术博物馆等机构联合在 Twitter 上发起由公众担任评委的"博物馆奥林匹克"竞赛活动④。各大博物馆纷纷从各自的馆藏中挑选出与运动相关的藏品图像,从肌肉结实的宗教雕塑到拳王默罕默德·阿里的肖像画,所有符合奥运主题的艺术品图片都被发上了微博。观众从作品表现的动感、力量、准确等运动元素出发,为其投票打分。此外,国际博协在 2011 年国际博物馆日发起的以"博物馆和记忆"为主题的活动也使用了 Twitter。⑤ 参与者使用"♯博物馆记忆(♯MusMem)"作为话题标签,发布他们关于某个博物馆最为深刻的记忆内容。据统计,此活动在世界上的 12 个国家成为热门话题,使用话题标签"♯博物馆记忆"的推文超过了 3000 条。由于活动获得了空前的成功,组织方于 2013 年和 2014 年又连续举办了两次。⑥

国内众多博物馆也充分利用微博开放平台组织许多活动,受到了广大公众的喜爱。以国家博物馆为例,其在新浪微博和腾讯微博上的粉丝已突破300 万人。国家博物馆举办过微博文化论坛,曾就"文艺复兴:名家名作展""道法自然:大都会艺术精品展"等展览邀请中央美术学院李建群教授、北京大学中文系教授张颐武等颇具影响力的学者与名人到博物馆参观、演讲,并

① 刘华. 新浪微博中的博物馆微博分析. 中国博物馆,2014(3):97-106.

② TateShots: Twitter With... David Hockney [2015-02-20]. http://www.tate.org.uk/context-comment/video/tateshots-twitter-david-hockney.

③ http://egyptology.blogspot.com/2009/06/brooklyn-museum-mummies-ct-scan.

④ 美国博物馆发起网络"微博奥林匹克". 湖南博物馆网站[2015-02-15]. http://www.hnmuseum.com/hnmuseum/generalIntro/introContent.jsp?infoid=0139321aeecb40288483392bf8b2000b.

⑤ Museum Memories. Museum 140 [2015-02-21]. http://www.museum140.com/portfolio/museum-memories/.

⑥ 同上.

发布微博,与公众进行互动。同时,国家博物馆也通过微博展示与国外博物馆的交流情况。2011 年 8 月 1 日至 5 日,国家博物馆与英国维多利亚和艾尔伯特博物馆(V&A 博物馆)以新浪微博为平台,联合举办了名为"国博·V&A 联展"的中西方古代馆藏饰品微博展示活动,受到了广大网友的普遍关注,被誉为微博时代的"新展览"①。图 11-4 显示的是两个博物馆的藏品比较展示情况。

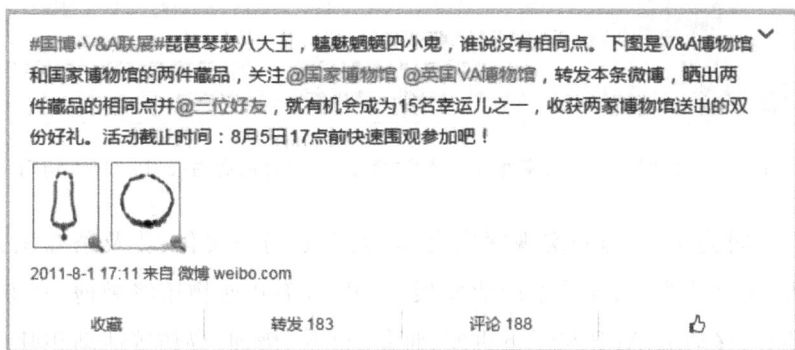

图 11-4　国家博物馆微博的"国博·V&A 联展"(2014-11-03 访问)

此外,于 2012 年"国际博物馆日"之际,国家博物馆联合首都博物馆、湖南省博物馆、山西博物院、湖北省博物馆四家博物馆在微博上开展"博物馆联萌"活动,主要是在微博上邀请网友为博物馆的文物设计对白、旁白。活动从"国际博物馆日"持续至"文化遗产日",为期近一个月,国家博物馆官网还为活动特别制作了"博物馆联萌"专题网页,在官网上进行展示。② 当专题网页的内容被反馈到微博中时,引发了新的关注热潮。图 11-5 显示的是微博粉丝为国家博物馆藏品"陶鹰鼎"设计的旁白。

广东省博物馆则充分利用微博配合组织一些寒假的专题活动,如 2014年寒假所举办的"重返十三行""文物医生养成记"和"外销瓷中的混血儿"等活动,通过微博介绍活动的内容和进展情况,不仅激发了微博"粉丝"的参与热情,也扩大了活动的影响面。中国茶叶博物馆则开通了中国茶叶博物馆茶友会微博,旨在搭建一个茶主题服务平台,组织茶学者、茶友、茶商以及跨行

---

① 李秀娜. 微博/微信:博物馆自媒体应用经验谈. 中国博物馆,2013(4):97-102.

② 博物馆联萌网站地址:http://www.chnmuseum.cn/portals/0/web/zt/bwglm.

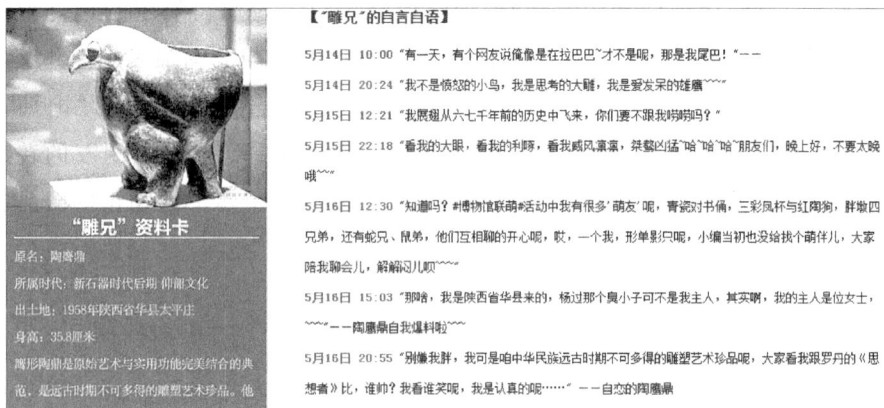

"雕兄"资料卡

原名：陶鹰鼎
所属时代：新石器时代后期 仰韶文化
出土地：1958年陕西省华县太平庄
身高：35.8厘米
雕形陶鼎是原始艺术与实用功能完美结合的典范，是远古时期不可多得的雕塑艺术珍品。他

【"雕兄"的自言自语】

5月14日 10:00 "有一天，有个网友说俺像是在拉巴巴"才不是呢，那是我尾巴！"——

5月14日 20:24 "我不是愤怒的小鸟，我是思考的大雕，我是爱发呆的雄鹰~~~"

5月15日 12:21 "我展翅从六七千年前的历史中飞来，你们要不要和我晒晒吗？"

5月15日 22:18 "看我的大眼，看我的利爪，看我威风凛凛，桀骜凶猛"哈"哈"朋友们，晚上好，不要太晚哦~~"

5月16日 12:30 "知趣吗？#博物馆联萌#活动中我有很多'萌友'呢，青瓷对书俑、三彩凤杯与红陶狗、胖瓶四兄弟，还有蛇兄、鼠兄，他们互相聊的开心呢，哎，一个我，形单影只呢，小编当初也没给我找个萌伴儿，大家陪我聊会儿，解解闷儿呗~~~"

5月16日 15:03 "那啥，我是陕西省华县来的，杨过那个傻小子可不是我主人，其实呢，我的主人是位女士，~~~——陶鹰鼎自我爆料呗"

5月16日 20:55 "别傻我呀，我可是咱中华民族远古时期不可多得的雕塑艺术珍品呢，大家看我跟罗丹的《思想者》比，谁帅？我看谁笑呢，我是认真的呢……"——自恋的陶鹰鼎

图 11-5　微博"粉丝"为国家博物馆藏品"陶鹰鼎"设计的旁白(2014-11-03 访问)

业用户共同关注、参与并实现深度合作，大力弘扬茶文化、普及茶知识、分享茶生活、交流茶体验、推动茶产业发展。① 中国茶叶博物馆将微博、官方网站（茶语网）、移动端 APP 与线下讲座、雅集、科普、培训、寻访等活动相呼应。

三、资源共享型

　　共享资源是互联网用户使用社交媒体平台的重要目的。YouTube、Flickr、Delicious、土豆网等网站是内容共享型社交媒体的典型代表。在这些网站上，用户通过上传视频、图片、网站地址等实现资源共享和传播。为了便于内容组织和资源发现，用户还利用标签（Tag）对各种数字资源进行标引和分类，由此形成分众分类（Folksonomy）。分众分类不仅便于信息组织和发现，还能帮助大众发现兴趣相似者，并建立各种社会链接和网络社区，以此增加社交媒体的价值。

　　YouTube 作为世界上最大的视频网站，在博物馆社交领域发挥着重要作用。新英格兰水族馆（New England Aquarium）运用 YouTube 分享海洋世界的真实画面，其在 YouTube 上上传了超过 350 个馆内的鱼类、海豹、企鹅等生物的视频，同时还上传了一系列讲座录像和慈善活动视频等。美国纽约的古根海姆博物馆（Guggenheim Museum）运用社交网络赋予"艺术民主

---

　　① 中国茶叶博物馆茶友会微博 http://weibo.com/myteaclub.

化"的新含义,2010 年与 YouTube 联合举办名为"YouTube Play"的创意视频双年展,其目的是挖掘并展示网络视频艺术家①。任何观众只要有摄像机和电脑就可以参与到项目中,将自己拍摄的视频在展览中进行展示。观众可以在博物馆和 YouTube 网站上观看这些视频作品。在这个艺术视频双年展上,全球范围内的 91 个国家一共提交了 23 万件作品,YouTube 网站上的访问量超过 2400 万。很多与博物馆相关的机构和组织也借助 Flickr 开展各类项目,如"博物馆 140"发起的"博物馆曝光"(Museum Exposure)活动,为了记录 2011 年 11 月 11 日这一特别的日子,以 Flickr 网络相册为平台,鼓励公众拍摄世界各地的博物馆照片并上传到 Flickr 上以制作时间胶囊(Time Capsule)。据统计,共约有 200 名参与者上传了将近 500 张照片。

Pinterest 相对较晚进入社交媒体领域。它是一个高度可视化的交流平台,允许用户根据主题去组织内容、在发帖板上贴照片。根据信息服务公司益佰利(Experian Hitwise)的调查,Pinterest 在美国是继 Facebook,Twitter 之后的第三大受欢迎的社交网站。美国大都会博物馆、洛杉矶艺术博物馆、加德纳博物馆(Isabella Stewart Gardner Museum)、英国自然历史博物馆等博物馆纷纷将自己的展览图片、藏品图片发送到 Pinterest 上。整个网站采用瀑布流的形式展现图片,用户只需浏览无须翻页,以唤起浏览者更多兴趣。图 11-6 显示的是美国大都会博物馆在 Pinterest 上的信息。

其他资源共享类社交媒体在博物馆领域的应用也非常多。如艺堆(ArtStack)②作为一个博物馆中的一个新的社交平台,在不到一年的时间中,已经吸引了超过 10000 位艺术家。超过 32000 件艺术品被来自 130 个不同国家的用户上传到 ArtStack 上,诸如北京尤伦斯当代艺术中心、伦敦当代艺术学院等博物馆或者美术馆都在 ArtStack 上拥有自己的空间。用户既可以创建自己的藏品主页,也可以在藏品下进行分享评论或者提出疑问。而美国亚特兰大高等艺术博物馆(High Museum of Art)创建的艺术消消看(ArtClix)项目将照片识别功能与社交媒体结合在一起,为参观者提供一种

---

① YouTube Play 创意视频双年展本周一开展. 艺术中国[2015-02-12]. http://art.china.cn/haiwai/2010-09/21/content_3737332.htm.
② ArtStack 网址:https://theartstack.com/.

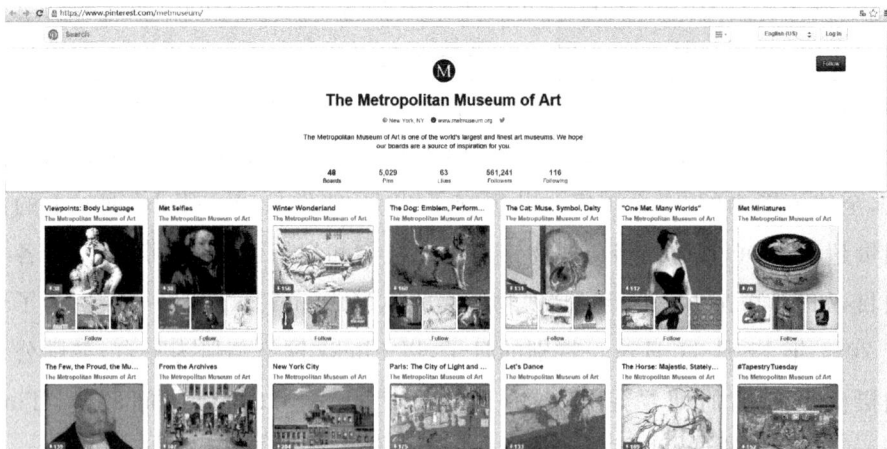

图 11-6　Pinterest 上的美国大都会博物馆信息(2014-11-13 访问)

交互体验。① 艺术品可以被自动辨认,参观者所拍的照片以及发表的评论被在线群体所共享。

国内,中国国家博物馆在优酷网站上专门开设了"中国国家博物馆官方视频空间",将宣传片、各类讲座视频、活动视频以及专题纪录片等放在网站上共享,用户不仅可分享和订阅,还可发表评论。② 浙江博物馆、天津博物馆、中国电影博物馆等也在优酷平台上建立了自己的视频空间。与国外的 Flicker 相对应,国内的 POCO 是国内最大的以原创图片为核心的分享平台。③ 博物馆工作人员向其上传拍摄有关的展览、藏品或者活动的照片,摄影爱好者、驴友上传和分享自己拍摄的有关博物馆的图片,浏览者可对图片进行收录、分享、投票和评论。

四、协同编辑型

协同编辑型主要包括维基(Wikipedia)以及社交型问答网站(Q&A)。当前又出现了一种新模式——众包。众包主要借助群众的力量解决问题、处理任务或汇集思想等,使得知识共建成为可能。社交媒体的发展,为众包提

---

① 详情参见 https://go.nmc.org/azman.
② 中国国家博物馆的频道.优酷[2015-03-11].http://i.youku.com/u/UMzU1NzYzMzI4.
③ POCO 网址:http://www.poco.cn/.

供了强大的人脉基础及互动平台,凸现了合作与对话的力量,不少博物馆在面对较为庞大的资源整理或信息鉴别等任务时,开始借助社交媒体向广大网友求助,集众人之智,共同助力资源建设。①

　　当前,很多博物馆利用众包模式来推动公众对博物馆事务的参与,通过诸如 Facebook、Twitter 以及其他社交媒体平台,博物馆能从更广泛的人群中获取集体智慧和力量,为博物馆缺乏数据内容的藏品或者尚待描述的器物征集信息。如美国艾斯格昆虫博物馆(Essig Museum of Entomology)与其他加利福尼亚 8 家收藏节肢动物标本的博物馆于 2010 年联合发起了"CalBug"项目(如图 11-7 所示)②,旨在为来自目标地区和群体的 100 多万个陆生节肢动物标本进行数字化和建立地理位置信息。该项目采用了众包模式,与著名的公众科学网站 Zooniverse 协作,发起了一个名为"Notes from Nature"的活动,以便公众更快、更全面地获取信息,让公众参与转录标本标签的工作。

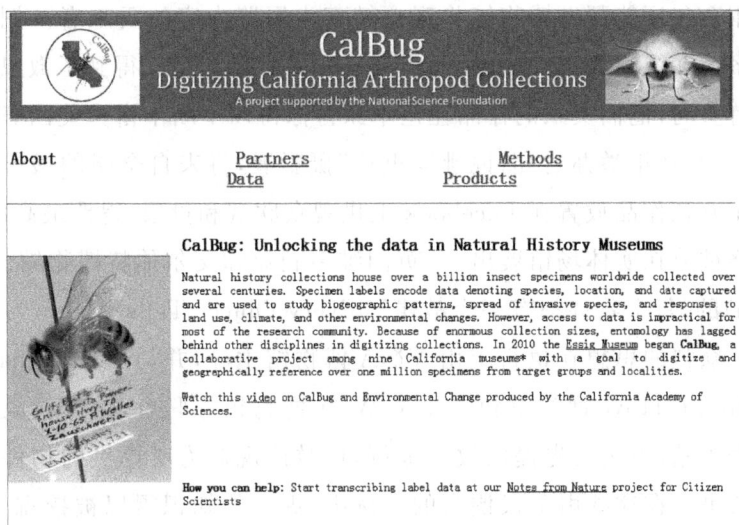

图 11-7　CalBug 项目(2014-12-03 访问)

　　美国自然历史博物馆在 2011 年发起的首次鱼类识别调查项目,在

---

① 张靖,龚惠玲,陈朝晖,等.基于社交网络的国外博物馆新型传播服务及其对图书馆的启示.图书与情报,2013(4):80-84.

② CalBug 网址:http://calbug.berkeley.edu/index.html.

Facebook 上贴出超过 5000 个识别难度较高的样本图片让网友帮助识别,在不到 24 小时的时间里 90％的样本通过网友识别得到了确认。此外台湾特有生物研究保育中心的"慕光之城—蛾类世界"兴趣社区,通过开展相关活动,鼓励广大网友提供各种蛾类照片并对已有的蛾类信息进行鉴定和补充。这种借助网友力量的做法成为了资源建设和完善的一种重要形式。据不完全统计,该中心目前已有的蛾类数据库资料中,有 50.4％的资源来自Facebook 网友的贡献①。国内南京博物院组织专家从院藏中选出近百件有代表性的文物,经过多轮研讨后最终确定代表各个历史时期、各种类型、各个地域的 42 件(组)藏品作为'镇院之宝'的入围藏品。在入围藏品公布后,由专家和公众通过手机短信和网上投票方式初选 20 件作为"镇院之宝"的候选藏品。专家和各界人士再对这些候选藏品进行讨论最终确定了 18 件"镇院之宝"用以展览。整个活动得到了大批网友和手机用户的鼎力支持,取得了非常好的效果。

利用众包还能帮助博物馆将观众转变为展览内容的贡献者。例如美国艺术档案馆在维基百科发起的 Portraits of Artists 活动②得到了数以万计公众的支持参与,他们贡献的作品让艺术家肖像得以不断丰富。美国奥兰多艺术博物馆 2012 年举办的"图说佛罗里达"摄影展,将来自全州的摄影爱好者提交的 120 幅作品放置在 Facebook 上供观众欣赏和投票,得票最高的 45 幅作品最终被放在实体场馆展出③。英国维多利亚和艾尔伯特博物馆(V & A Museum)的"每个物件都有一个故事"(Every Object Tells A Story)应用④,也借用了众包的思想在执行上由 V&A 博物馆主导,并与 Birmingham 美术馆、Brighton&Hove 博物馆和 Tyne&Wear 博物馆等联合,馆方将故事集分类成九个主题,由馆员先提供故事范例,再邀请观众为所提供的物件来撰写有关的故事。在这些由草根撰写的案例中,更多的知识得以被挖掘。此外,

①　徐典裕,等.全方位数位博物馆建置[2015-02-08]. http://content. teldap. tw/index/? dl_id＝693.

②　Portraits of Artists[EB/OL][2015-02-15]. http://www. flickr. com/photos/smithsonian/sets/72157605409711458/.

③　奥兰多艺术博物馆让公众决定展品 [EB/OL]. [2015-02-15]. http://www. hnmuseum. com/hnmuseum/museum/museumContent. jsp? infoid ＝ 01381c0f9041402884833818b5cf007a&columnid＝01380d5f4e5d4028848337deb0d20831&preid＝null&pppid＝null.

④　http://everyobject. net/index. php.

V&A 借助"众包"发动社区观众的力量,请社区观众在展厅拍照并将照片上传至 Flickr 等图片共享网站。这种方式不仅汇聚了更多高质量的藏品照片,而且也增强了博物馆的宣传力度①。以色列博物馆(Israel Museum)创建的数字化死海古卷②定期向公众发布高分辨率的古代手稿图像,观众可以对其进行评论或提问,进一步引发关于手稿本身及其背景的深层次内容探讨。这些探讨的成果日益汇集成关于手稿的全方位、多层次、多维度的研究资料。

五、社交服务型

Facebook、MySpace、人人等网站是社交服务型社会性媒体的代表。这类网站的功能更加丰富,提供的服务常包括 Blog、BBS、个人主页等,这些功能主要用来维护和拓展个人关系网,保持朋友间的日常联系。随着互联网用户的增加,社交服务越来越受欢迎,用户在这类媒体上消耗的时间也逐渐增多,由此导致社交服务网站的传播价值日益高涨③。博物馆也充分利用社交服务型社交媒体的优势,开展自己的活动。

在 Facebook、Myspace 等社交网络上众多博物馆都开设了专属空间,它们拥有着相当数量的"粉丝"群。波士顿科学博物馆④将 Facebook 作为一个社交平台来分享照片和视频,介绍藏品、展览或者相关活动,并与"粉丝"进行互动,分享有趣的项目、图片以及来自参观者的相关链接或"粉丝"的资料。波士顿美术博物馆(Museum of Fine Arts)对相关信息按展出情况、节庆活动和翻新后的美术馆等进行分类,已将 59 个类别的相册上传到了 Facebook 上,在不断更新或完善各相册内容的同时也在添加新的类别。

六、网络游戏型

网络游戏型社交媒体包括 Second Life 和各种网络游戏。当前博物馆领域中的网络游戏主要有博物馆主导开发和游戏公司主导开发两大类。在以

---

① 　Aedin Mac Devitt/著 李慧君/编译. 国际博物馆协会最佳做法系列(八):藏品数字化——英国伦敦维多利亚与阿尔伯特博物馆藏品数字化实践. ICOM 资讯,2011(7)http://www. hnmuseum. com/hnmuseum/generalIntro/introContent. jsp? infoid=0146ea5dbf6d4028848346d250040438.

② 　详情参见 http://dss. collections. imj. org. il/.

③ 　王晓光, 郭淑娟. 社会性媒体初论〔2015-03-02〕. http://news. 163. com/08/1217/14/4TCEO1DH000131UN. html.

④ 　详情参见 http://go. nmc. org/scie.

博物馆为主导的游戏开发中，以卢浮宫为首的一些博物馆则在网上虚拟空间"第二人生"（Second Life）之中创建了自己的完整虚拟映射，为用户提供角色扮演等游戏功能。2008 年，故宫博物院与 IBM 合作推出了线上游览游戏"超越时空的紫禁城"，游戏者可以在其中游览各个宫殿，与虚拟人物进行互动。由游戏公司所主导的以博物馆为背景或主题的游戏从 20 世纪 Cryo Interactive Entertainment 发行的"凡尔赛 1685"以来，佳作不断涌现。在小型游戏方面，Gazzy Boy 游戏制作组设计和开发了"逃离亚利桑那博物馆"（Arizona Museum Escape），不仅受到游戏玩家的好评，而且也收到了博物馆爱好者的青睐。大型游戏之中，育碧（Ubisoft Entertainment）出品的"刺客信条"系列和大鱼（Big Fish Games，Inc.）的"隐藏的秘密"（Hidden Mysteries）系列都获得了极高的评价，特别值得一提的是由育碧娱乐软件公司制作的"刺客信条"系列，这个系列从 2006 年至今已经发行了十多部，囊括了手机、PC、XBOX、PS3 和 PS4 等多个平台。截止到 2014 年 4 月，《刺客信条》目前全系列销售量已经突破了 7300 万套，囊获多项国际大奖，在游戏玩家之间有着巨大的影响力和号召力。它再现了欧美各个历史时期的重要城市，主要涉及众多的历史建筑和博物馆，让游戏玩家体验一座座古老城市的风云变幻。游戏之中提及的诸多古建筑和博物馆已经成为了游戏者们的朝圣地。这类具有独立运作平台的商业游戏相对于博物馆网站上提供的小游戏而言，游戏体量不固定，游戏时间从几十分钟到数十个小时不等，其游戏内容取材多样，游戏角色丰富，游戏情节更为生动，其受众面更加广泛。其中的一些大型游戏以过去或现在时空背景下的一个或者数个博物馆为场景，为游戏者提供了一次畅游多个博物馆或古迹的机会，并能使他们穿越在不同时空之间，领略到不同时期的对象面貌。网络游戏型的社交媒体突出了寓教于乐的特点，在满足游戏玩家娱乐的同时，也使其接受了一次历史文化教育。

七、综合运用

除对各类社交媒体的单独利用，数字博物馆也常采取将多种社交媒体综合起来运用的方式。借助移动互联网，通过智能设备等，数字博物馆可实现跨媒体、跨机构和跨平台的运用，以增进与公众的联系。在这样的创新运用中，博物馆不仅为用户提供了更多参与博物馆知识构建的机会，而且也为知识的广泛应用拓宽了渠道。

史密森协会(Smithsonian Institution)一直积极鼓励旗下会员对社交媒体的运用。据 2011 年的报告统计,史密森协会成员共拥有 342 个社交媒体账号,其中 Facebook,Twitter,Flickr,YouTube 位于前四位,占 67%。他们通过这些账号发布博物馆各类展览和活动消息,分享藏品图像,推送活动照片和视频等,起到了很好的宣传作用,吸引了更多的公众参观博物馆并参与到博物馆的各项活动中。英国泰特美术馆在 2011 年推出新网站之际就引进了融和社交媒体应用功能的内容管理系统,可以使用户能够及时向Flickr、Facebook、Twitter 等社交平台发送信息、分享心得、讨论话题等。英国罕布什尔地区(Hampshire)和索伦特(Solent)地区的博物馆和档案馆联盟,建立融合了 QR 码、社交网络以及 3D 技术的"遗产 100(Heritage 100)"专题网站[①],以全新的方式来引领用户的需求,提升公众的参观体验。此外,一些博物馆和机构还将社交网络与博物馆资源库建立链接,用户不用访问博物馆网站就可以通过社交网络浏览到相关信息,如美国国家科学院允许公众通过 Facebook、Twitter 查看 NAS 相关项目,也可以在 YouTube 上收看会议视频[②]。印第安纳波利斯艺术博物馆(The Indianapolis Museum of Art)联合纽约公共图书馆以及史密森博物学院等机构在融合了云技术、Twitter 等多种社交网站的基础上,推出了一个专门针对艺术视频的在线平台ArtBabble[③],用户能够在获得更多知识链接的同时,随时对视频进行分享和评论。安迪沃霍尔博物馆(Andy Warhol museum)将沃霍尔所传达的流行文化对接进 Twitter,Facebook,Google+和 Vine 等社交媒体[④]。博物馆的社交队伍为每位参与者提供了一个展示平台,使其能够展示和分享自己的"15分钟",制作了 The Warhol 应用,公众可以借助这个应用制作自己的"流行"作品。同时博物馆还鼓励观众创建他们心中的沃霍尔形象并通过社交媒体与他人分享。这些形式为不能到实体博物馆参观的沃霍尔的粉丝提供了便利,使其在欣赏沃霍尔作品的同时,可以制作和展示自己的作品,并能与更多

---

① Heritage 100 网址:http://www3.hants.gov.uk/heritage100.
② 张靖,龚惠玲,陈朝晖,田蕊,刘雯.基于社交网络的境外博物馆新型传播服务及其对图书馆的启示,图书与情报,2013(4):80-84.
③ 林国平,蔡依儒.博物馆行动云端科技创新服务之探讨.研考双月刊,2012,36(4):142-154.
④ 详情参见 http://blog.hootsuite.com/social-museums-art-organizations/.

爱好者互动交流。澳大利亚国家图书馆和雅虎旗下 Flickr 合作共建了
"Click 和 Flick"①项目,在这一平台上,博物馆、研究机构和个人都可以将自
己的图片上传到 Picture Australia② 这一图片库中,后台系统对这些资料进
行组织和整合,构建更为全面、丰富的资料库,以提供多层次、多面向的图片
检索和浏览服务。丹麦国家美术馆及其他 9 家博物馆也运用 Twitter 加强
与观众的互动。各博物馆在场馆内的艺术品旁放置一个二维码或者一个网
络链接地址以供参观者使用。参观者只需用智能手机扫描二维码或者访问
网络地址就可以获取当前艺术品的介绍以及与其关联的其他艺术品信息,并
通过 Twitter 与同伴或其他用户进行讨论、与策展人进行互动交流,进一步
了解关于展览的其他内容。"博物馆 140"③(Museum 140)是一个以博物馆
为中心而开发的具有趣味性和参与性的综合社交媒体项目(如图 11-8 所

图 11-8　"博物馆 140"网站(2014-12-23 访问)

---

① PictureAustralia and the flickr Effect. Gateways [2015-01-21]. http://www. nla. gov. au/pub/gateways/issues/80/story01. html.

② Australian pictures in Trove. Trove[2015-01-21]. http://www. pictureaustralia. org/index. html.

③ 博物馆 140 网址:http://www. museum140. com/.

示），由 Jenni Fuchs 于 2011 年 3 月建立。这一项目并不附属于任何一个特定的博物馆，其目的在于通过 Facebook、Twitter、Flickr 和 Pinterest 等社交媒体将世界各地不同的博物馆和博物馆爱好者联系在一起。

名词解析

- Copyleft：一种在现有著作权体制下的授权方式，它要求使用者必须要以同等的授权方式回馈社群。Copyright 的概念是为了限制他人任意使用创作物的自由，而 Copyleft 则是为了保护这种自由而定义的概念，允许他人任意的修改和散布作品。

- YouTube：世界上最大的视频分享网站，系统每天要处理上千万个视频片段，为全球成千上万的用户提供高水平的视频上传、分发、展示、浏览服务。

- Flickr：一家提供多张照片储存、分享方案的线上服务商，以图片服务为主，并提供图片存放、交友、组群、电邮等功能，将基于社会网络形成的人脉关系进行拓展和组织。

- Pinterest：堪称图片版的 Twitter，网民可以将感兴趣的图片在 Pinterest 保存，其他网友可以关注，也可以转发图片。采用的是瀑布流的形式展现图片内容，无须用户翻页，新的图片不断自动加载在页面底端，让用户不断的发现新的图片。

- Artstack：艺堆网的使用者遍布全球，包括世界知名的艺术家、图书馆、画廊和博物馆的管理者、艺术史学者，以及其他富有创意的人，例如 Hans Ulrich Obrist，Vanessa Beecroft，UCCA，Serpentine Gallery，Sterling Ruby，Conrad Shawcross，Matthew Slotover and Amanda Sharp（Frieze），Malcolm Gladwell，以及英国文化部长等人，都是艺堆网的用户。

- 话题标签：Hashtag，也称为主题标签，是指一个"＃"加上一个词、单字，或没有空格的一句话，用来标明一条推文上的关键词或者话题，最早始于 Twitter，主要使用"＃"来标记不同的话题。在一条推文上选定一个话题标签，就可以看到有着同一话题标签的其他所有推文，因此话题标签也具有某种搜索功能。非常流行的话题标签会成为"热门话题"，这意味着许多人同时使用了这一话题标签。目前，几乎所有的社交媒体都引入了话题标签，如新浪微博、Google＋、Facebook、Pinterest、Instagram 等。

• Folksonomy：一个创造词，由社会性书签服务中最具特色的自定义标签(Tag)功能衍生而来。Folksonomy＝Folks＋Taxonomy。Folks 在英文中是比较口语化的词，表示一群人，一伙人的意思。Taxonomy 则是指分类法，它是信息构架(Information Architecture)中一个重要部分。而 Folksonomy 是指"群众"自发性定义的平面非等级标签分类，被称为"分众分类"，也有人将之解释为 Social Classification。简单理解这个概念就是 Tags(标签)。Folksonomy 就是由网络信息用户自发为某类信息定义一组标签进行描述，并最终根据标签被使用的频次选用高频标签作为该类信息类名的一种为网络信息分类的方法。

• 公众科学：Citizen Science，也称公众参与式科学研究（Public Participation in Scientific Research），是指由非职业科学家、科学爱好者和个人志愿者参与的科研活动，其涵盖范围包括探索科学问题、发展新技术、收集与分析数据等。公众科学项目一般由公众和科学家进行合作，但其重要特征不是科学家的参与，而是公众参与科学研究。随着信息和互联网技术的发展，公众科学项目正在不断扩展人类的科学知识，提高公众对科学的理解，并直接影响政府的管理和决策行为。

第十二章
论智慧型博物馆

　　近年来,大数据、云计算和物联网的出现,为数字博物馆的发展带来了新的机遇和挑战。如同社会其他领域一样,数字博物馆正在经历着一次新的飞跃——逐步发展成为以感知、互联和智能为特点的智慧博物馆,以实现"物"与"物""人"与"物"的信息交互。智慧博物馆能够很好地解决博物馆内各部门和各环节之间的资源割裂状态和存在的信息孤岛问题,以使各部门的职能发挥得更有效,使各类资源的利用最大化。为了更好地迈向智慧博物馆,需要厘清智慧博物馆的产生背景、概念、研究内容及关键技术,对其在智慧管理、智慧保护和智慧服务方面的内容进行初探,并对目前的实施状况进行分析,为后续的发展奠定基础。当然,对于仍处于起步阶段的智慧博物馆,体系的最终完善和成熟需要更多不同学科的专业人员进行资源整合,相互协作,持续不断地努力和探索。

第一节　智慧博物馆相关问题

一、产生背景

　　2008 年 11 月初,在纽约召开的外国关系理事会上,在题为《智慧地球:下一代领导人议程》的演讲报告中 IBM 正式提出"智慧地球"(Smart Planet)的概念。2009 年 1 月,"智慧地球"成为美国国家战略的一部分。"智慧地球"主要指通过低成本的传感技术和网络服务,将传感器嵌入或装配到电网、铁路、建筑、大坝和油气管道等对象中构建"物—物相联",再通过超级计算机和云计算将其整合,实现人类社会与物理世界的高度融合。其核心思想是以一种更智慧的方法通过利用新一代信息技术来改变政府、公司和人们相互交互的方式，以便提高交互的效率、灵活度和响应速度。"智慧地球"的概念从发展的角度提出了未来社会信息化发展的三个基本特征：(1)世界正在向仪器/工具化方向演变——The world is becoming instrumented；(2)世界正在向互联化方向演变——The world is becoming interconnected；(3)所有事物正在向智能化演变——All things are becoming intelligent。

仪器/工具化、互联化与智能化将是世界不可避免的发展趋势，也是"智慧地球"概念的三个支柱。IBM"智慧地球"的网站上有较为详细的表述①②：截止到 2010 年，集成电路的发展已可以为每一个地球人分配 10 亿只晶体管，而每只晶体管的成本大约仅为千万分之一美分，因而我们生活的世界正在走向仪器/工具化；已有的万亿件网络链接起来的物品——汽车、铁路、管线、各种器具、医用药品与器械，甚至牲畜，相关的信息在以指数性增长，因而我们生活的世界正在走向互联化；各种算法和强大的系统可以分析复杂的问题，并将堆积如山的数据转化为实际的决策和行动，使得我们生活的世界运转的更好、更智慧，所有的物品正在走向智能化。IBM 也给出了进一步的解释③④：第一，世界正在走向仪器/工具化。每一个人可以分到十亿只晶体管。传感器可以嵌入汽车里、各种用具中、摄像与照相机中、道路上、管线上，甚至医疗器械材料中和牲畜中。第二，世界正在走向互联化。互联网上的网民数量已接近 20 亿，但系统和对象尚不能相互对话。而万亿互联智能物品的出现可以构成全面互联，并产生庞大的数据。第三，所有的仪器/工具化与互联化的物品正在变得智能化。他们正在被连入强大的新系统。新系统可以处理所有互联对象产生的数据，并以实时分析的方式将结果呈现出来。

IBM 提出"智慧地球"概念的同时给出了 21 个涵盖人们生活、学习和工作的智慧主题，包括能源、交通、食品、基础设施、医疗保健、城市、水、公共安全、轨道交通、产品、教育、政府和电信等。在这些领域实现智慧互联、信息即时共享与优化利用，实现智慧地球的构想。随后，"智慧地球"作为一个全球

① What's new on a Smarter Planet?. IBM [2015-03-03]. http://www.ibm.com/smarterplanet/us/en/overview/ideas/? re＝spf.

② 武岳山."智慧地球"概念的内涵浅析——IBM 的"智慧地球"概念说了些什么?. 物联网技术，2011(06):1-2.

③ 武岳山."智慧地球"概念的内涵浅析——IBM 的"智慧地球"概念说了些什么?. 物联网技术，2011(06):1-2.

④ 摘自智慧地球博客.[2015-03-03]. http://asmarterplanet.com/.

战略被许多国家所接受,与"智慧地球"密切相关的物联网、云计算等,更成为科技发达国家制定本国发展战略的重点。自 2009 年开始,美国、欧盟、日本和韩国等纷纷推出本国的物联网、云计算相关发展战略,并开始建立智慧城市、智慧校园、智慧社区等系统。与此相应,2009 年中国也提出了"感知中国"的概念,以物联网等先进技术为依托开始建设各类智慧系统。

智慧系统强调"物"与"物"的信息交互、"人"与"物"的信息交互,以及如何通过云计算和大数据分析技术,实现智能化的信息处理与分析,其特点可以被归纳为以下三个方面:

1.更透彻的感知。充分利用任何可随时随地感知、测量、捕获和传递信息的设备、系统等,对信息进行实时采集、按需采集和自动采集,并可自行调整进行深入采集。

2.更全面的互联。一是指网络联通对象的范围广,二是指网络联通方式多样。

3.更深入的智能。基于大数据,借助云计算更智能地洞察世界,提供决策管理依据,进而创造新的价值。

二、内在前提

在 2007 年 8 月 24 日国际博物馆协会给出的博物馆定义中已经明确表述出博物馆的职能:博物馆是一个为社会及其发展服务的、向公众开放的非营利性常设机构,为教育、研究、欣赏的目的征集、保护、研究、传播并展出人类及人类环境的物质及非物质遗产。所以如何提升博物馆的公众服务水平,能够满足不同观众群的需要,是博物馆最为关注的问题。其问题的解决,需要从博物馆的藏品管理、保护、研究到藏品展览、传播以及教育活动等多个方面着力,相互协作共同来实现。目前全国馆藏文物达到 3100 万余件①,全国博物馆共计 3866 座,包括公立综合博物馆、行业博物馆和民办博物馆,每年推出的展览大约是 2.2 万个,接待观众达到 5.6 亿人次②。虽然这些数据令人非常鼓舞,但事实上许多博物馆并未充分发挥其资源优势进行社会服务和

---

① 来自中国第三次文物普查结果。

② 中国目前有博物馆 3866 座,实行免费开放的约 2500 个. 中国新闻网[2015-03-05]. ttp://www. chinanews. com/gn/2014/02-24/5873408. shtml.

公众教育。其原因在于博物馆的很多资源或环节仍处于割裂状态、缺乏互通和联系,南京博物院信息中心主任张小朋研究员在《智慧博物馆:博物馆发展的新动力和新趋势》一文中对其具体表现进行了总结[①]:

1.藏品和藏品之间:不言而喻,藏品之间是有关联性的。同一个考古遗址,尤其是同一墓葬、地层中的出土物是密切相关的,即使是征集收购来的藏品也有可能出现相关性,如同一人、同一派别、同一地域、同一时期的物品。但在我国大部分按质地进行库房管理的博物馆中,这些藏品被分别保存,尤其是一些藏品数量众多的博物馆,仅通过手工藏品总账和分类账,极难将这些藏品迅速关联起来,年深日久,这种关联性就会慢慢湮灭在博物馆中。

2.藏品和展品之间:展览的空间相对于藏品而言一般是不够的,或者是策展人主观地挑选出"典型器物"作为代表入选展览。这种将展品与相关藏品之间分离,并且不提供其他藏品信息的做法,大大局限了贴近真实的信息传递,尤其对那些人类集体失去了记忆的物品更是如此。对大部分普通受众而言只能被动接受展览所传递的信息。

3.研究者和策展者之间:对藏品的研究是了解、解释历史,提供展览依据的基础,展览是史实或现象、规律、艺术和心理学的综合体。专业学科的研究者多数局限于本学科的内容,注重对能作为本学科物证的藏品研究,而缺乏对关联性和艺术性要求很高的展览的策展能力;策展人员通常注重内容的关联和艺术性、受众心理的把握,而对专业学科的研究了解不多,这样被策划出来的展览或是曲高和寡,或是流于平庸,主要原因在于研究者和策展者之间缺乏有效、快速的交流、融合,缺乏全面、及时的信息资源协助。

4.受众和展品之间:绝大部分博物馆的展览都是由馆方根据博物馆定位、藏品类型和数量、研究成果等因素举办的,受众对于展览、展品一般只能是被动地接受,没有对展览内容调整的权力,更没有使用展品的权力。而受众对展品仅仅以看的方式是无法取得其全部信息,因此要充分利用各种感知方式来了解、使用展品,并通过知识的综合运用和推断来形成自己的认知。

5.藏品/展品和保护之间:藏品是实体博物馆存在的基础物质,各种质地的藏品对温、湿度有着不同的要求,许多藏品对环境的变化非常敏感。在我

---

① 张小朋.智慧博物馆:博物馆发展的新动力和新趋势.西安市文物局[2015-03-05]. http://www. xawwj.com/ptl/def/def/index_1270_2570_ci_trid_793739.html.

国的绝大多数博物馆中,当藏品被集中保存在库房时,温、湿度的变化一般能做到良好地调控,但当藏品进入展厅成为展品时,由于缺少展柜的小环境调控手段,温、湿度就很难被控制在适合的范围内,多数是让展品适应公共空间中以人的舒适度为满足条件的温、湿度调节。

以上这些状况使得信息难以被共享和全面利用。同时因数据的价值挖掘程度有限,所以即使数据被局部使用也没有发挥其应有的作用,严重制约了博物馆的进一步发展。数字博物馆对信息割裂的状况有所改善,改变了博物馆与观众之间、观众与藏品之间的单向信息流动的状况,观众可以从自身需求出发向博物馆、藏品了解更多的信息,参与到围绕藏品的一系列活动中。观众不仅可以通过在线藏品检索功能查询、浏览到大量的藏品,而且还可以获取藏品的研究信息,并能够进一步收集自己感兴趣的内容,构建自己的博物馆空间。此外,观众可以通过在线留言板、电子邮箱、论坛、博客、QQ、微信等发表自己对展览、藏品、服务、活动等的评论和意见,并直接向策展人员提出期望,向管理人员提出建议,向研究人员进行咨询。虽然这种方式方便了观众与博物馆之间的交流互动,然而它还是不能解决藏品和藏品之间、藏品和展品之间、展览和保护之间的信息交流问题。此外,不论是实体博物馆内的观众参观行为分析还是数字博物馆网站上的观众访问、浏览行为分析都是难以解决的问题。传统方式和技术不足以应对以上问题,只有通过新一代信息技术实现更彻底的感知、更广泛的互通、更深入的智能化,才有望弥合这些不同层面的信息断层,充分发挥博物馆教育大众、服务社会的职能。而物联网、云计算、大数据、移动互联等的出现正是为问题的解决带来了希望,为博物馆的进一步发展和提升注入了新动力。

三、名称及概念

智慧博物馆的名称取自 IBM 的"智慧地球",因此其相应的英文名称应为"Smart Museum",也有部分学者使用"I-Museum"的英文译名,强调智慧博物馆要围绕以人为本,可理解为"我的博物馆"[①]。"Intelligent Museum"的用法也有部分出现。

---

① 张遇,王超.智慧博物馆,我的博物馆——基于移动应用的博物馆观众体验系统.中国博物馆,2012(1):49.

目前关于智慧博馆的确切定义还没有形成一个统一的表述,但是许多专家和学者都给出了较为直观的描述。Eiji Mizushima 曾在"What is An 'Intelligent Museum'? A Japanese View"一文中对智慧博物馆进行了如下的描述[①]:智慧博物馆能够(1)自动控制博物馆的运行、管理和展览;(2)控制博物馆的环境(展览环境和保存环境);(3)具有信息和通信的能力;(4)能够控制计算机和新媒体设施。而 Eduardo Viruete 等人在"e-Museum"项目中指出智慧博物馆能够解决观众的需求,观众在虚拟人物的引导下参观展厅并可获得相应的信息咨询服务[②]。Tuukka Ruotsalo1 等研究人员在"Smartmuseum"项目中认为智慧博物馆通过自适应的观众分析,来增强观众现场访问数字文化遗产的个性化体验,主要利用现场知识库、全球数字图书馆和观众体验知识,借助数字文化遗产资源,提供增强观众与文化遗产对象交互的多语种服务[③]。

中国博物馆协会理事长宋新潮认为"智慧博物馆,狭义的是指基于博物馆核心业务需求的智能化系统;广义的则是基于一个或多个实体博物馆(博物馆群),甚至是搭建在文物尺度、建筑尺度、遗址尺度、城市尺度等范围内的一个完整的博物馆智能生态系统。智慧博物馆通过多模态感知'数据',并以此为基础,建立更加全面、深入和泛在的互联互通,使人与人、人与物、物与物之间形成系统化的协同工作方式,从而形成更为深入的智能化博物馆运作体系。"[④]陈刚在《智慧博物馆——数字博物馆发展新趋势》一文中指出"智慧博物馆是以数字博物馆为基础,充分利用物联网、云计算等新技术,构建等以全面透彻的感知、宽带泛在的互联、智能融合的应用为特征的新型博物馆形态。"[⑤]台湾"智慧化居住空间"项目网站上的"智慧化居住空间创新应用案例报到—智慧型博物馆,以故宫及科博馆为例"一文提到"所谓「智慧型博物馆」就是运用无线网络基础建设的完备,让更多人透过行动科技,在任何时间、地点取得博物馆咨询服务;同时,运用互动式数位科技艺术(Installation Art),

① Eiji Mizushima. What is an 'Intelligent Museum'? A Japanese View. *Museum International*,2001,41(4):69.

② eMuseum. eMuseum[2015-03-06]. http://emuseum. unizar. es/eng/emuseum. html.

③ Ruotsalo T, Haav K, Stoyanov A, et al. SMARTMUSEUM: A mobile recommender system for the Web of Data[J]. Web semantics: Science, services and agents on the world wide web,2013,20:50-67.

④ http://www. cssn. cn/zx/yw/201410/t20141018_1368068. shtml.

⑤ 陈刚. 智慧博物馆——数字博物馆发展新趋势. 中国博物馆,2013(4):4.

活化博物馆之典藏内容,创造新的互动式学习方式。"①综合以上各位研究人员的描述,可以看出智慧博物馆是数字博物馆的进一步发展形态,主要利用物联网、大数据、云计算和移动通信等新技术,以人为本,加强"物"与"物"之间、"人"与"物"之间的信息交互,以更好地完善和强化博物馆、藏品和观众之间的关系,为公众提供更加智能化、个性化、多样化的服务。智慧博物馆是一种发展基调的回归,将信息化过程中的博物馆实际业务需求放置到了主导地位,以观众需要什么、藏品需要什么、展品需要什么等为出发点,进一步提高藏品管理的能力、藏品保护的能力、展览展示的水平、观众服务的水平等。

智慧博物馆与数字博物馆相比,主要体现在:(1)技术不同,智慧博物馆更加倚重于物联网、云计算和大数据等来实现全面的感知、实时的交互等;(2)侧重不同,智慧博物馆强调以各层面业务需求为驱动,重新梳理和构建博物馆各要素,提供"物、人、数据"三者之间的双向多元信息交互通道;(3)中心不同,智慧博物馆更加突出"以人为中心",以公众实际需求为出发点,综合分析公众的参观行为、兴趣爱好、通信习惯等,为公众提供随时随地的个性化服务;(4)角度不同,智慧博物馆主要面向整体博物馆系统,优化管理模式和工作机制,整合博物馆信息资源,重建信息交流通道,提升博物馆各业务层面的能力,强调实现智慧管理、智慧保护和智慧服务。

四、研究内容

智慧博物馆主要研究:

1.智慧管理,通过相关技术的运用,最大限度地去减少馆内闭环的管理的人工参与,提高管理智能化。

2.智慧保护,利用新技术、新方法、新仪器或设备,借助新思路来支撑、提高藏品或展品保护的深度和力度。

3.智慧服务,采用新理念,结合新途径,增强观众与博物馆、藏品之间的高度联系,建立实时互动机制,并能够为观众提供个性化的参观导览、信息定制、藏品推荐等服务。

———————————

① 智慧型博物馆以故宫及科博馆为例.智慧化居住空间.[2015-03-06].http://www.ils.org.tw/IlsGoto.ashx? guid＝7175E6F82C3CB18BC272F23FA50FCE44D20247EE242317AB0336796794A2D0786D09C715D8249A30.

第二节　智慧博物馆关键技术

　　智慧博物馆的实现主要依赖于物联网、大数据、云计算和移动通信技术。物联网是实现智慧博物馆的基础，负责透彻地感知、全面地互联。大数据是智慧博物馆的资源，是产生智慧决策、管理和服务的基础。云计算是大数据得以发挥作用的基础，实现快速、高效地大数据处理和分析。移动通信与互联网的作用一样，在智慧博物馆中源源不断地向大数据层汇聚数据和接收数据，同时为用户随时随地的体验、使用和访问提供支持。

一、物联网

　　物联网英文名为 The Internet of Things，是物与物、人与物之间的信息传递与控制，它具有普通对象设备化、自治终端互联化和普适服务智能化 3 个重要特征。其概念最初由美国麻省理工学院（MIT）Kevin Ashton 和他的同事在 1999 年建立的自动识别中心（Auto-IDLabs）提出[①]。他们主张将射频识别技术（Radio Frequency Identification，RFID）和互联网结合起来，为每个产品建立全球唯一的标识——产品电子代码（Eleetronic Product Code，EPC），采用射频识别技术实现对产品的非接触式自动识别，然后通过互联网实现产品信息在全球范围内的识别和管理，形成 The Internet of Things。在 2005 年国际电信联盟（International Telecommunication Union，ITU）在突尼斯举行的信息社会世界峰会（Would Summit on the Information Society，WSIS）上正式确定了"物联网"的概念，发布了报告《ITU Internet reports 2005——the Internet of things》，并将物联网定义为[②]：通过将短距离的移动收发器内嵌到各种配件和日常用品中，人与人、人与物、物与物之间形成了一种新的交流方式，即在任何时间、任何地点都可以实现交互。随着物联网的发展，其定义和范围已经发生了变化，覆盖范围有了较大的拓展。2009 年 IBM 公司首席执行官彭明盛在"智慧的地球"理念中对物联网进行了如下描

---

① 摘自 AutoID Labs 网.［2015-03-06］. http://www. autoidlabs. org/.
② International Telecommunication Union. Internet Reports 2005：The Internet of things. Geneva：ITU，2005.

述：运用新一代的 IT 技术，如射频识别技术、传感器技术、超级计算机技术、云计算等，将传感器嵌入或装备到全球的电网、铁路、公路、桥梁、建筑、供水系统等各种物体中，并通过互连形成"物联网"；而后通过超级计算机和云计算技术，对海量的数据和信息进行分析与处理，将物联网整合起来，实施智能化的控制与管理，从而达到全球的"智慧"状态[①]。目前对物联网较为常用的定义是[②]：通过射频识别、红外感应器、全球定位系统、激光扫描器等信息传感设备，按约定的协议，将任何物品与互联网相连接，进行信息交换和通信，以实现智能化识别、定位、追踪、监控和管理的一种网络。物联网的基本特征是全面感知、可靠传送和智能处理。全面感知主要是指利用射频识别、二维码、传感器等感知、捕获、测量技术，随时随地对物体进行信息采集和获取。可靠传送是指通过将物体接入信息网络，依托各种通信网络，随时随地进行可靠的信息交互和共享。智能处理是指利用各种智能计算技术，对海量的感知数据和信息进行分析并处理，实现智能化的决策和控制。

物联网的体系结构主要分为三个层次：感知层、网络层和应用层。感知层相当于人的感知觉层面，用于识别物体、采集信息，主要利用二维码标签和识读器、RFID 标签和读写器、摄像头、扫描仪、GPS、传感器、传感器网络等实现。在智慧博物馆中，主要采集文物保存环境的湿度、温度、二氧化碳浓度、粉尘颗粒浓度等，参观人员的数量、行为、位置等，展品的位置、基础环境情况等。网络层，主要借助于已有 PSTN 网络、2G/3G 移动网络、互联网等把感知层获取的信息快速、可靠、安全地传送到各个地方，实现远距离、全方位的通信。在智慧博物馆中，主要实现部门与部门之间、人与人之间、物与物之间、人与物之间的信息交流。应用层完成信息的汇总、计算、分析、知识挖掘等功能，相当于物联网的控制层、决策层，提供丰富的应用项。在智慧博物馆中，应用层主要实现智慧管理、智慧保护和智慧服务。图 12-1 描绘了智慧博物馆系统中的物联网体系结构。物联网的关键支撑性技术有：传感网、RFID 和机器之间的通信（Machine to Machine，M2M）等。

---

① 黄迪.物联网的应用与发展研究.北京：邮电大学，2011.
② 孙其博，刘杰，黎羴，范春晓，孙娟娟.物联网：概念、架构与关键技术研究综述.北京邮电大学学报，2010，33（3）：3.

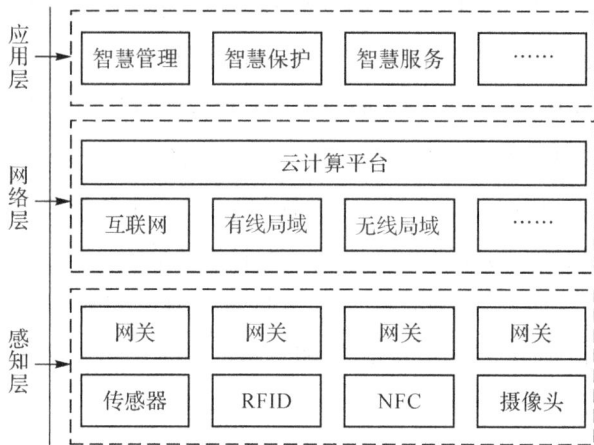

图 12-1 智慧博物馆系统中的物联网体系结构

二、大数据

大数据英文名为 Big Data,意为一个体量特别大,数据类别特别大的数据集,并且这样的数据集无法用传统数据库工具对其内容进行获取、管理和处理。大数据的特点主要体现在以下四个层面[①]:(1)体量巨大,现在的大型数据集数据量一般在 10TB 规模左右,但在实际应用中,很多用户把多个数据集放在一起,已经形成了 PB[②] 级的数据量;(2)类型繁多,数据来自多种数据源,数据种类和格式不断扩充,已不再局限于结构化数据范畴,囊括了半结构化和非结构化[③]数据,如网络日志、视频、图片、地理位置信息等;(3)处理速度快,在数据量非常庞大的情况下,也能够做到数据的实时处理;(4)价值密度低,价值密度的高低与数据总量的大小成反比,即数据量呈指数增长的同时,隐藏在海量数据的有用信息却没有相应比例增长,反而使人们获取有用信息的难度加大,以视频为例,一部 1 小时的视频,在连续不间断的监控

[①] 大数据的四个典型特征. 电子信息产业网[2015-03-07]. http://cyyw.cena.com.cn/a/2012-12-04/135458292978407.shtml.

[②] PB 指 petabyte,它是较高级的存储单位,1PB=1024TB。

[③] 结构化数据是一种用户定义的数据类型,它包含了一系列的属性,每一个属性都有一个数据类型,存储在关系数据库里,可以用二维表结构来表达实现的数据。非结构化数据是指不方便用数据库二维逻辑表来表现的数据,包括所有格式的办公文档、文本、图片、图像和音频/视频信息等。半结构化数据是指介于结构化数据(如关系型数据库、面向对象数据库中的数据)和非结构的数据(如声音、图像文件等)之间的数据,半结构化数据模型具有一定的结构性,但较之传统的关系和面向对象的模型更为灵活。

中,有用数据可能仅有 1、2 秒。

　　智慧博物馆中的大数据来自日积月累的藏品、观众、环境、设施等,以及网络空间的微博、博客、播客等多方面数据,数据量异常庞大;在类型上,不仅包括结构化的数据、二维数据表等,也包括半结构化数据、邮件、资源库等,还包括非结构化数据,如藏品图像、藏品三维模型、展览视频、讲座录像、观众语音留言等,数据类型多样。在处理速度上,由于智慧博物馆要及时地为观众提供个性化的服务,因此需要实时采集、处理、分析大量与观众参观行为、使用偏好、互动交流相关的数据,数据处理速度快,响应及时;在价值密度上,智慧博物馆中的各类数据随时间的日益增加并不会将有价值的信息自动呈现出来,比如关于 5 年、6 年甚至 10 年内的观众参观数据看上去并没有明显差异,需要利用更为快速、复杂、智能化的数据分析方法来挖掘其中的有用信息,将信息转换为特定领域的知识,以指导决策。对大数据而言,其基本处理流程包括数据采集、数据处理和集成、数据分析和数据解释。围绕这些基本步骤,一批涉及数据存储、管理、处理和分析等的关键技术不断涌现出来,具体包括数据挖掘、关联规则学习、数据融合与集成、情感分析、网络分析、时间序列分析、分布式文件系统、分布式数据库、非关系数据库和数据可视化等。

三、云计算

　　云计算英文名为 Cloud Computing,其概念和理论于 2006 年由谷歌在"Google 101 计划"中正式提出。此后,云计算进入了公众视野。云计算是由分布式计算、并行处理、网格计算发展而来,是一种新兴的商业计算模型。也是虚拟化、效用计算、将基础设施作为服务、将平台作为服务和将软件作为服务等概念混合演进并提升发展的结果。目前,人们关于云计算的认识还在不断发展变化中,仍没有形成统一的定义。美国标准化技术机构(National Institute of Standards and Technology,NIST)定义[①]:云计算是一种资源利用模式,它能以方便、友好、按需访问的方式通过网络访问可配置的计算机资源池(例如网络、服务器、存储、应用程序和服务),在这种模式中,可以快速供应并以最小的管理代价提供服务。中国网格计算、云计算专家刘鹏给出如下

---

① Mell P、Grance T. The NIST definition of cloud computing. National Institute of Standard and Technology,U S Department of Commerce,2010.

定义[①]:云计算将计算任务分布在大量计算机构成的资源池上,使各种应用系统能够根据需要获取计算力、存储空间和各种软件服务。简单理解就是云计算是一种方便的使用方式和服务模式,通过互联网按需访问各类资源池。

云计算的主要特点:(1)按需服务,用户可以根据自身实际需求按需购买云计算资源,就像使用公共服务中的水、电和煤气一样;(2)服务资源池化,服务提供者将各类资源(存储、处理、内存、带宽和虚拟机等)汇集到资源池中,通过多租户模式共享给多个用户,根据用户的需求对不同的物理资源和虚拟资源进行动态分配或重分配,对用户而言,具体物理资源的位置对他们是透明的;(3)高可扩展性,用户随时随地可以根据实际需求,快速弹性地请求和购买服务资源,扩展服务内容,比如计算资源、存储资源等;(4)广泛的网络访问,用户可以用不同的设备,包括 PC、手机、平板电脑等通过网络获取云计算资源,享受所提供的服务;(5)可度量的服务,云服务系统可以根据服务类型提供相应的计量方式,报告给用户和服务提供商,并可根据具体使用类型收取费用,还可以监测、控制和管理资源使用过程。从云计算部署的角度出发,云计算分为私有云、社区云、公共云和混合云。私有云是由一个组织进行管理和操作的。社区云由多个组织共同管理和操作,具有一致的任务调度和安全策略。公共云由一个组织进行管理维护,提供对外的云服务,可以被公众所使用。混合云是以上两种或两种以上云的组合。从云计算服务的角度出发,云计算服务类型可以分为基础设施即服务(Infrastructure as a Service,IasS)、平台即服务(Platform as a Service,PaaS)和软件即服务(Software as a Service,SaaS)。在智慧博物馆中,云计算将各种存储、处理、分析等资源进行集中管理,实现了计算功能的超强组合,能够将大数据的作用充分发挥出来,可以实现对海量多格式、多模式数据的跨系统、跨平台、跨应用的统一管理、高效流通和实时分析,过滤无用信息,充分挖掘其价值。然而,如果没有大数据的信息积累,智慧博物馆的云平台也不能完全发挥作用,所以两者关系相辅相成,需要共同建设和发展。

---

① 刘鹏. 云计算的定义和特点. 中国云计算网[2015-03-08]. http://www.chinacloud.cn/show.aspx?id=741&cid=17.

四、移动通信

移动通信英文名为 Mobile Communication,是移动对象之间的通信,或移动对象与固定对象之间的通信。移动对象可以是人,也可以是汽车、火车、轮船、收音机等在移动状态中的物体。移动通信系统从 20 世纪 80 年代诞生以来,已经经过 4 代的发展历程:20 世纪 70 年代中期至自 20 世纪 80 年代中期的 1G,模拟制式的移动通信系统;20 世纪 80 年代中期至 20 世纪末的 2G,风靡全球十几年的数字蜂窝通信系统;自 2000 年左右开始的 3G,移动多媒体通信系统,提供的业务包括语音、传真、数据、多媒体娱乐和全球无缝漫游等;2010 年 3G 过渡到 4G,4G 是真正意义的高速移动通信系统,集 3G 与 WLAN 于一体,并能够快速传输高质量图像、音频、视频和 3D 动画等,支持交互多媒体业务,是宽带大容量的高速蜂窝系统。除蜂窝系统外,宽带无线接入系统、毫米波 LAN、智能传输系统(Intelligent Transport Systems, ITS)[①]和高空同温层平台(High Altitude Platform Station,HAPS)[②]系统将陆续投入使用。2020 年以后,将迎来 5G 时代,它具有超高的频谱利用率和能效,在传输速率和资源利用率等方面较 4G 移动通信提高一个量级或更高,其无线覆盖性能、传输时延、系统安全和用户体验也将得到显著的提高。5G 移动通信将与其他无线移动通信技术密切结合,构成新一代无所不在的移动信息网络,满足未来 10 年移动互联网流量增加 1000 倍的发展需求[③]。5G 系统还具备充分的灵活性,具有网络自感知、自调整等智能化能力。移动通信的最终目标是与其他通信手段一起,共同实现任何用户在任何时间、任何地点与任何人通信的目的。

移动通信的发展极大地促进了移动终端的丰富和扩展,手机、平板电脑、iPad 等都成了接入设备。在智慧博物馆系统中,基于移动通信平台,观众通过各种移动终端可随时随地地获取有关展览、藏品、活动等信息。观众通过

---

① 将信息技术、数据通信技术、传感器技术、电子控制技术以及计算机技术等有效地综合运用于整个传输管理体系,从而建立起一种大范围内、全方位发挥作用的,实时、准确、高效的综合管理系统。
② 平台位于高 20 公里的同温层中,通过互通链路在天空构成网状网络,而平台和用户台之间由宽带接入链路连接,接入链路的频率采用毫米波。
③ 尤肖虎,潘志文,高西奇,曹淑敏,邬贺铨.5G 移动通信发展趋势与若干关键技术.中国科学,2014,44(5);551.

手机订制博物馆推送的信息类型,观看各类讲座视频,参与互动游戏,建立自己的线上藏品库,甚至可以构建自己的博物馆空间。观众获取资料的类型不仅有文字、图像和视频,而且还包含 3D 模型、虚拟现实场景等,极大丰富了可视化、可听话、可感化的体验。实体参观中,观众不仅可以利用智能手机、iPad 等享受到基于位置的参观服务,而且也可以自助扫描二维码等获取藏品解读信息,并可与其他参观者进行线上互动讨论、分享照片和参观体验。移动通信的出现为"掌上博物馆""移动博物馆""无处不在的博物馆"的实现奠定了技术基础。

第三节 智慧管理初探

博物馆是一个庞大、复杂的系统,如何调节各部门之间的关系,如何有效地组织和管理资源,如何动态调配技术、财力、人力和物力,如何在第一时间处理突发事件,如何对观众进行实时引导等都将影响到其实际运作的效率,关系到博物馆的可持续发展。因此,在智慧博物馆建设中,必须借助新的数据采集、管理和分析技术,优化博物馆管理模式和工作机制,为博物馆决策提供支持,实现智慧化管理。以博物馆中的资源类型作为划分依据,可将智慧管理分为以下几个方面:

1. 藏品管理

藏品的智慧管理,体现在自藏品入馆之时开始,所有关于藏品本体状况、藏品本体存储、藏品解读研究、藏品基本保护、藏品展览外借等方面的信息都要进行有效地记录、组织和管理,并能让相关人员在各类与藏品有关的活动中及时掌握藏品的状况等。换句话而言,就是博物馆能够对藏品进行动态监控,跟踪到每一件行为、事件或活动,做到对藏品信息的实时掌握,并可以动态分配和管理相应资源。目前最为常见的方式是将 RFID 应用到藏品管理工作。主要将保存数据的电子标签附着在目标物体的表面,之后访问者可利用阅读器无接触地读取并识别电子标签中所保存的内容。在藏品管理中,即为每件藏品建立 RFID 标签,使其拥有唯一的身份凭证,加之将 RFID 标签与藏品数据库相结合,使管理人员能够实时获取具体藏品的详细信息,包括藏品基本属性信息、研究信息、库存位置信息、在展位置信息等。此外,可将多个标签通过读写器进行关联,如在每一个工作环节中只要使用读写器同时读取藏品标签和工作人员的标签,就可方便快速地将二者进行关联,能够更加清楚地把握环节中的人员分工情况。同时,可基于 RFID 实现门禁自动侦测系统,监测器可及时通知工作人员实时记录藏品出入库情况等,能够更加规范藏品的出入库制度。目前,秦始皇帝陵博物院、南京博物院等已将 RFID 应用于文物管理,将 RFID 标签与文物藏品数据库相结合,使管理人员方便进行文物查询、浏览和统计。同时,南京博物院还将 RFID 技术应用于库房管理,在文物入库前预先录入电子标签,此后文物进出库房,系统会进行自动扫描,并将扫描信息录入计算机,为库房管理提供有效的管理依据和手段[①]。

2.展品监控

展品的监控不仅有利于布展人员实时掌握展品的空间位置变化,同时还可以为展品的安防和安保起到很好的支撑作用。展品的监控也可通过 RFID 技术实现。相关工作人员需要在布展时将展品的位置进行原始定位,在展览期间实时监控电子标签发送过来的位置信息,接收器一旦发现展品发生位置上的偏离或是不一致,与 RFID 相连的报警系统会发出警报信号,及时通知工作人员,工作人员依据具体情况采取相应策略。此外,还可依据展品标签发送过来的信号,进行展品的统计和盘点。

3.博物馆人员工作管理

博物馆人员是博物馆维持日常事务运行的主要执行者,对于工作人员的有效管理、工作业务的动态规划和紧急事件的处理是非常重要的方面。一是可以借助 RFID 技术建立工作人员门禁考勤系统,为博物馆工作人员每人配置 RFID 电子标签一张,该标签既是门禁考勤卡,也是通行证件。只要标签处于识读器有效识别范围,则识读器便可自动识别该标签信息。二是利用近场通信(Near Field Communication,NFC)技术为每位工作人员配备一张门禁卡或支持 NFC 的手机,建立门禁系统。工作人员只需要将门禁卡或手机放在门禁读卡器前,就可被认证。门禁系统若判定信息为有效,则通知管理系统自动记录考勤信息,若判定为无效,则启动报警装置。此外,检测系统也

---

① 从数字化到智慧花 智慧博物馆呼之欲出.中国文化报[2015-03-08]. http://epaper.ccdy.cn/html/2014-10/30/content_139051.htm.

可以通过红外探测等检测到非法入侵，并发出报警信息。基于证件卡、门禁卡等使用的进一步延伸，博物馆管理人员可以掌握工作人员的活动情况，及时了解其活动时间、活动位置和活动空间范围等。以工作人员的这些活动信息为基础，借助博物馆内的有线、无线通信系统，以及涉及藏品资源库、主题知识库在内的各类资源库和相应的信息系统，可以建立工作人员的协同作业平台，将藏品信息、展品信息、展览信息与各方面工作联系起来，使博物馆内部各业务模块能有效而及时地围绕着藏品/展品等直接相关物件开展协同工作，扁平化信息流程、全局化工作视野。在协同工作中，每一位博物馆工作人员能够及时了解自身所处的位置，了解总体业务流发展动态和现状，实时调整自己的业务进度和信息产出情况以更好地配合其他环节整体性发展。在整个工作流中，工作人员彼此互通，资源按需动态分配，工作脉络清晰，下可延展上可回溯，阶段任务清晰，人员责任明确。当出现问题或差错时，可找到相应的环节，对应具体的责任人或执行者。当发生突发事件时，可在第一时间做出响应，动态调配人力、财力和物力等，控制或引导事情的发展，将损失减少到最低程度。

4.观众参观行为管理

观众的参观人数、流量分布、行进路线、速度、停留等情况可以反映出其对展览、展品的态度、想法如何。传统博物馆难以获取观众参观行为数据，因此很难第一时间掌握观众的参观情况。智慧博物馆一方面可以利用射频识别技术，另一方面也可以使用视频跟踪和识别技术等对参观者进行无干扰的检测，通过合理部署传感节点，收集参观者自入馆之后的行动轨迹、参观路线、停留区域、停留时间、速率变换、往返次数等数据。这些数据通过馆内局域网或无线网等传输到后台处理中心，由计算处理平台进行数据的统计和分析。数据处理平台在基本数据分析的基础上，可进一步使用贝叶斯网络、神经网络等工具进行数据关联分析，寻求监测数据的合理解释，深入挖掘观众行为数据间可能存在的逻辑关系，以供博物馆工作人员参考。通过检测系统的反馈，在总体参观方面，博物馆工作人员可以实时掌握馆内观众保有量、出入口流量信息，如遇到突发事件，可以第一时间做出响应，给出疏导方案。此外，博物馆工作人员根据客流变化的趋势，可以动态调配人力、物力资源，根据观众流量分布，合理安排参观路线，以保证参观的秩序。在个体参观方面，博物馆工作人员可以详细了解观众在每个展项或展品前的停留时间,从而进一步了解观众最为喜欢的展项或展品是哪个(件);可以了解观众不同展厅的时间分配情况,从而进一步了解观众更为关注的主题是什么;可以了解观众的参观路线的实施情况,从而进一步分析与所设定的参观路线发生出入的原因,以便发现潜在的问题并进行及时调整;可以掌握观众操作互动装置的时间、步骤等,从而进一步分析操作说明书的易读性如何、互动装置设计的可操作性如何等。苏州博物馆、陕西历史博物馆等已开始建设较为完善的观众行为管理。

5.财务动态管理

财务动态管理是博物馆非常重要的方面,实际操作中往往出现规章遵循不严,变化反应滞后,资产被随意侵占、闲置或浪费等情况。智慧博物馆构建了物、人、数据之间的互通,在博物馆各部门之间搭建了多渠道、多方式联动平台,为财务动态化、智能化管理奠定了基础。博物馆的财务管理系统与综合业务管理系统相结合可使管理者对于资金流的动态跟踪和检测、固定资产的内部控制更加方便,可以及时掌握各环节流动资产的变化、固定资产的状况,并完成流动资金的清理和审查,对资产的使用进行合理配置。大数据和云计算平台可以更加有效地揭示博物馆财务活动的规律、更加准确和客观地分析预算执行情况,并能可靠地为进一步的财务支出进行科学预测,为财务管理者提供决策依据,提高博物馆的财务分析管理水平。

第四节　智慧保护初探

藏品的有效保护是博物馆一直以来特别关注的问题,藏品在材料、工艺、现存状况等方面的差异性也决定了藏品所需要的存放环境、保护方式、保护材料和技术等的差异性,这些给具体保护工作带来了挑战。此外,藏品在博物馆展览、研究等过程中与人、环境和其他物体的接触又为保护工作带来了更多不可控的风险。智慧博物馆建设中的一个重要内容就是更好地解决藏品保护问题,借助物联网技术等实现一个保护力度更大、保护范围更广、保护效度更高的方案。具体到智慧保护的方面,可以分为以下几点:

1.藏品的本体监测

藏品保护的原则是保存其原状,涉及其造型、纹饰、铭文、色彩、质地、质感等方面的原状。因此如果博物馆文保人员能及时掌握藏品本体在各方面的现状和变化,并能了解其变化趋势并做出预判和决策将对藏品保护起到关键性的作用。智慧博物馆可以将各种无损检测设备或仪器等接入物联网,对文物本体进行实时监测,获取其结构、形状、颜色、附着颗粒等实时数据,并进一步采集裂隙形变、翘曲、褪色、变色、位移等微变化信息,将数值、文字、符号、图表、照片、视频等承载的信息传输到监控中心,监控中心对数据进行汇集和整理后交与计算、处理中心,由其负责进行智能分析、挖掘其有用的内容,利用回归平面分析、曲线拟合、云模型等方法,结合形变监测模型,对形变过程进行描述、识别藏品形态的差异,掌握藏品正在发生的破坏性变化,并建立模型预测其未来的变化趋势,包括速度、方向、水平、大小等。通过图表、图像、三维模型等可视化其结果,决策中心会对结果进行判断,并根据现实情况给出解决方案。这样一套完整的涉及藏品监测、分析、处理和决策的系统,可以真正实现中国博物馆协会理事长宋新潮所提到的"风险可识别、险情可处理、效果可评价"的预防性保护目标[①]。秦始皇陵博物院已实施了文物本体检测系统,主要对文物本体的温度、湿度、裂隙形变、微震动、位移等微变化参数进行长期实时的监测与预警[②]。

2.藏品/展品的外环境调控

保存环境是影响藏品/展品状况的直接因素,然而由于环境的复杂性和包含因素的多样性,加之时间和空间的限制,传统方法难以确切获得关于环境完整、系统化的信息。此外,环境数据的多模态性和多维性,也使得数据的保存、处理成为难以解决的问题。智慧博物馆可以充分发挥优势弥补传统方法的不足。应用物联网技术实现博物馆中库房、展厅环境的实时检测,在相应的监测区域设置环境专用传感器,采集温度、湿度、气压、二氧化碳、烟感、倾角、噪声、空气质量、光照等方面的数据。并将采集所需的数据实时地传送

---

① 博物馆也得是智慧的——访中国博物馆协会理事长宋新潮. 光明日报[2015-03-08]. http://epaper.gmw.cn/gmrb/html/2014-10/18/nw.D110000gmrb_20141018_2-09.htm.

② 物联网 让文物保护更"智慧". 中国文化报[2015-03-09]. http://epaper.ccdy.cn/html/2013-12/10/content_113231.htm.

给监控终端,由监控终端进行存储和预处理,随后交由分析处理平台,由其进行具体计算和分析,进行评估和预警,对于超出正常范围的情况发出报警信号,实施智能处理,如控制博物馆电力系统、暖通系统、照明系统等,将超标的环境因素调控到相对稳定的状态。检测系统的部署对环境本身的影响小,不会影响到藏品或展品本身。此外,专用传感器网络中的每个节点都具有实时定位、采集和报警的能力,既可以对整体环境进行检测和调控,也可对局部环境进行重点防范和控制。基于大数据和云计算的支撑,环境检测的积累数据可以得到有效的存储、管理、处理、计算和解释,并被进一步挖掘出潜在信息。金沙遗址博物馆已在陈列馆第三、四展厅设置了环境检测系统,能够对大气温湿度、二氧化碳、光照紫外线、有机挥发物等进行检测,系统能够及时、迅速地解读数据,并进行自动预警[①]。秦始皇陵博物院则在秦兵马俑陪葬坑、文物库房、综合陈列楼、修复室部署了环境监测传感器,综合实现了文物保存环境的整体检测[②]。

3.遗址环境检测

对于遗址类博物馆而言,其藏品和展品主要是遗址本身,涉及聚落、城址、宫室、陵寝墓葬等。增强遗址自身抵抗外在环境破坏的能力,维持或改善遗址的保存环境将对遗址的长久保存起到积极的作用。由于遗址的空间复杂、结构多样、覆盖范围广等特点,传统方法主要是依靠遗址工作人员手工测量、计算,工作量庞大,实时性差,难以对其环境进行全方位、多层次、多类型地检测,难以对海量数据进行融合分析,数据缺失严重,缺乏科学性和智能性,从而使得保护人员不能及时发现问题,制订出全面有效的整治方案。而智慧博物馆可以综合利用传感器、射频识别器、全球定位系统、红外感应器、激光扫描仪、气体感应器等各种装置与设备,对遗址的气象环境(大气压、风速、风向、降雨量、温湿度等)、土壤环境(土壤温度、土壤湿度、含水情况、土壤孔隙率与结构等)、水体环境(水温、pH 值、溶解氧、氟化物、氰化物、硫化物、氨氮、总氮、总磷等)、空气质量(二氧化碳浓度、光照度、紫外线辐射强度、浮

---

① 金沙遗址博物馆:文物预防性保护从理论迈向实践.中国社会科学网[2015-03-09].http://www.cssn.cn/kgx/kgdt/201408/t20140802_1276784.shtml.

② 物联网 让文物保护更"智慧".中国文化报[2015-03-09].http://epaper.ccdy.cn/html/2013-12/10/content_113231.htm.

尘、总挥发性、有害气体含量等)进行实时监测。基于这些装置和设备所构建的无线智能检测系统,可以实现对遗址环境信息采集的自组织传输和智能控制,可对环境中各节点自动组网和多跳路由,实现全方位、全时空、全天候的环境检测。系统根据检测数据的类型,建立相应气象环境数据库、土壤环境数据库、水体环境数据库、空气质量数据库、综合环境数据库等。这些数据库不仅能够提供各类环境的历史变化信息,同时也可为环境变化模型的建立提供有力的支持,并可进一步为环境的未来变化做预测。保护人员可以依据数据计算、分析的结果探索环境的静、动态因素对遗址保护的作用,从不同层次阐明遗址生存的机理,需找遗址生存环境优化的机制,并进行保护决策,或是限制客流量减少二氧化碳浓度、或是减少土壤含水量以坚固基底、或是增加周边环境的植被削弱风沙的影响等。这些针对性强、作用直接的措施为遗址整体环境的改善和维系提供了有效的实现途径。敦煌莫高窟已建立了涵盖莫高窟大环境、洞窟微环境的检测系统。敦煌研究院在 60 多个洞窟安装了200 多个传感器,包括温湿度、CO_2 监测设备、崖体内部温湿度、崖体裂隙、壁画病害等传感器。山顶和窟区布置气象站和风沙监测站,窟区安装空气监测站。检测系统不仅为敦煌莫高窟的风险评估预警提供监测数据,而且还为遗址的预防性保护提供了依据。秦始皇陵博物院利用综合传感器、视频图像以及无线射频等物联网相关技术,在 3 个秦兵马俑陪葬坑以及骊山园部分遗址部署了环境监测传感器,实现了对遗址的远程、大范围的监测。检测对象包括遗址区的温湿度、颗粒物、有害气体、光照、紫外线强度等环境要素。

第五节　智慧服务初探

　　为社会服务,即为社会公众服务是博物馆的宗旨。服务公众的质量将直接影响到来馆参观或访问博物馆网站的观众数量,关系到博物馆的自身生存与发展。因此如何提升公众的服务水平、丰富服务内容是博物馆重点关注的问题。智慧博物馆以公众需求为出发点,考虑到公众在服务内容、表现形式、获取途径等多方面的差异,能更好地提供内容丰富、层次多样、形式灵活、方便获取的智能化、人性化服务。在智慧服务的氛围中,公众能够与博物馆、与藏品充分交流与互动,形成彼此之间的高度融合。智慧服务将有效提升博物馆的服务效率和水平,增强博物馆的生命力。对智慧服务的体现方面进行梳理,可归结为以下几点。

1. 与社会的全方位互联互通

博物馆与社会的融合需要在博物馆与公众之间建立多模式的信息通道,即在传统媒体、数字媒体上建立互通互联。能够让公众通过电视、手机、计算机、平板电脑等设备随时随地地获取博物馆的相关内容。智慧博物馆所依托的技术基础正好满足以上互通互联的基本需求。随着电信网、广播电视网、互联网在向宽带通信网、数字电视网、下一代互联网演进过程中逐渐出现了技术功能趋于一致、业务范围趋于相同的趋势。在这种趋势下,三网联合为公众提供多样化、多媒体化、个性化的服务目标正在实现。借此,博物馆的信息可以步入企业、社区、学校、家庭,出现在电视、个人台式机、笔记本、智能手机、平板电脑等移动终端,可随时随地被公众所获取、观看或访问。公众还可进一步与博物馆产生互动,在线留言、发表评论、参与论坛、点播讲座、搜索资料等,不再受到空间、时间或身体状况、经济条件等的限制。这种博物馆与社会全方位互联互通的模式不仅增强了博物馆的开放性、提升了博物馆的宣传力度,扩大了博物馆的影响力,而且也提高了博物馆资源的利用率,促进了博物馆与其他行业的交流和合作。

2. 充当知识中心

博物馆与社会的互通和互联,进一步促进了博物馆与公众之间的信息双向流动。公众参观或访问博物馆的需求更加趋于多样化,或是为了欣赏展品,或是为了了解特定领域的信息,或是为了获取设计灵感,或是为了完成报告获取文物保护内容等。这些需求不仅涉及博物馆的藏品信息、研究信息和保护信息,还涉及教育活动信息等。因此博物馆需要对馆内各类资源进行领域知识的抽取和整合,形成一个庞大的知识库来应对不同公众的诉求。同时,一方面博物馆通过互联网、移动互联网等加强馆际之间的资源、信息共享,进行二次知识挖掘,另一方面博物馆也将系统外的知识进行整合,如同维基百科开放编辑、谷歌地球元素标注的方式一样来丰富自身知识体系。这些变化,使得博物馆正逐步发展成为重要的知识中心,充分践行博物馆为社会及其发展服务的目标。

3.提供智能化导览

借助物联网、移动互联网等,观众可以利用自带设备或智能终端获得智能导览服务。该导览具有智能化、人性化和个性化的特点,可以为观众提供文字、图像、声音和视频等内容,与基于地理位置的即时信息推送服务相结合,为观众在博物馆中进行自主探索和实践开拓了一条全新的道路。在智能化导览实践中,智能手机和平板电脑是最常使用的导览平台,针对其所开发的各种导览类应用软件应运而生。软硬件所构建的导览系统可以让观众借助自带移动设备通过 NFC 标签、RFID 标签、二维码等自动获取关于展厅、展品和设施等各方面的信息。这些信息主要有:

(1)空间布局信息:获得关于场馆、展厅的空间布局,以及不同展项之间的空间关系等。这些信息通常以平面地图或是立体三维结构图来显示。

(2)空间位置信息:获得关于具体展厅、展项、展品以及场馆基础设施或设备的位置信息。这些信息通常以图例标示的形式显示。

(3)路径信息:获得关于博物馆根据观众参观需求而推荐的参观路径信息、观众自我规划的参观路径信息,以及观众从当前位置出发到达下一个定点位置的推荐路径信息等。这些信息通常以图例标示的形式显示。

(4)参观情况:获得观众已参观展项或展品的数量、已经形成的路径信息,参观所用的时间等,未参观或疏漏掉的展品数量、位置等。这些信息通常以文字、列表、图例标示的形式显示。

(5)解读信息:获得关于某个展项或展品的解读信息以及背景资料等,涉及文字、图像、声音、视频、三维模型和动画等多种形式。

除此之外,观众还可以通过微博、微信、博客等新媒体发表自己的即时感想、分享自己的参观心得、发布照片等。这种智能化导览服务充分体现了以"人"为本的服务理念,使得观众的自主性和自由性得到了很好的发挥。

4.增强参观体验

基于传感技术、移动互联技术以及虚拟现实、增强现实技术提升观众的参观体验。观众参观体验不再局限于传统的场馆内的展品实物、解说牌、图文版、多媒体解说装置等,而是可以根据自身需求进行自助式的内容扩充和形式选择,实现听觉、视觉、触觉、运动觉的多通道的感知,获得真正交互式、沉浸式的体验。具体可以从以下几个方面来增强观众的参观体验。

(1)展览内容的扩充：借助互联网、移动互联网，可以向观众的自带设备，笔记本、智能手机、平板电脑等推送更多的展览内容，既包括往期实体馆展览内容的再现，也包括各类线上专题展等。观众不再受到实体馆场地大小、开放时间等的限制，可以接触到更多的展览。

(2)展品信息的定制：不同的观众对于展品的信息有着不同的侧重和偏好。博物馆借助庞大的藏品信息资源库以及移动通信技术，可以为观众提供定制化的展品信息。观众通过各类智能终端输入关于展品的内容要求、展示形式要求等，系统会针对性的提供定制化结果。同时观众也可以在虚拟参观或在线浏览展品的过程中随机确定要进一步浏览或了解的对象，系统会对此及时做出响应，实时推送更为深入、详细的展品内容。

(3)展示形式的丰富：除实物、文字、图像、声音、视频及动画的展示之外，虚拟现实和增强现实可以创造更为生动、形象、逼真的展示空间，其交互性进一步提升了观众的体验感。虚拟现实营造的是一个完全虚拟的世界，公众可以通过网络、通过手机 APP 浏览或访问虚拟现实场景，可在场馆内漫游、随意拉进或旋转展品、参与虚拟互动游戏等。增强现实则将虚拟世界叠加到现实世界中，具有多层次信息的展示能力。观众可以借助平板电脑、智能手机等便携智能终端以及头盔式显示器、智能眼镜等可穿戴设备，获取关于实物对象的延展信息，如挖掘过程的视频、遗址复原后的场景、某一加工流程再现等。由于增强现实技术可以把不同的时间、空间的景象汇集到一个视觉系统中，所以它可以给观众带来时空穿越的体验感。

(4)体验的分享与交流：利用移动互联网，观众通过自带的平板电脑、智能手机、智能眼镜等在博物馆网站、各类社交媒体平台上发表自己的参观感想、对某一件文物的印象、对展览的总体评价等，分享自己拍摄的照片、录制的语音和视频等资料，并可在线提问、发起一个讨论话题、征集相关展品信息等。通过这样的方式，观众在参观的同时可以与馆内外的不同人士进行交流。他们可能是博物馆的策展人员、文物保护专家、馆长或保洁人员，可能是普通的文物爱好者、摄影爱好者、一般的游客等，也可能是考古或文保单位的研究人员、高校教师、文物鉴定专家等。他们通过互联网，借助各类互联设备与观众的参观联系在一起。

5.丰富和提升各类衍生服务

博物馆是一个公共空间,公众到博物馆不仅是为了参观展览、欣赏藏品或参加活动,而也是为了休闲娱乐和购买特定的书籍、纪念品等。咖啡厅、儿童活动园地、书吧、纪念品商店甚至是餐厅都可能成为吸引观众再次来馆的亮点。智慧化的服务,不仅可以通过 RFID、WIFI、蓝牙检测等形式捕获到观众实际在馆的活动情况,而且可以具体分析其各点停留时间及时间分配情况,从而了解有关观众的偏好和兴趣点,配合其他问卷、访谈等调查资料,来明确获取观众为什么喜欢/不喜欢某一场所、活动或对象的原因,以进一步更新设施、改善环境、提高服务水平。除对馆内服务进行智慧化提升之外,馆外服务也可以得到智慧化的改善。这些服务具体涉及以下几个方面:

(1)电子商务服务:博物馆可以将自己的门票、各类文创产品、出版的馆刊、书籍、图录、文献资料、录制的讲座光盘等通过第三方电子商务平台,如淘宝、京东、亚马逊等进行销售,也可以通过自己的博物馆网站进行出售,方便公众浏览和购买。这种模式既为公众提供了更为便捷的购买渠道,同时也扩大了博物馆的宣传面,激发了公众对博物馆的参观兴趣。

(2)旅游服务扩展:整合博物馆的资源,与区域旅游相结合,打造以博物馆游为主要活动的各类旅游产品,与各类旅游网站,如去哪儿、途牛等旅游网相结合,以博物馆类型、年代、人物、文物类别等为主题,组织各类专题游项目,从旅游天数、人数规划、人群类型(情侣、亲子家庭、团队等)、经费预算等方面进行组织和规划,为各类旅游人群提供个性化的订制。此外,围绕博物馆旅游,旅游网站也提供多样化的信息,解决观众的一些实际问题,如怎么去博物馆? 周围有什么好吃的? 当天天气如何? 有什么特别展览? 还可以顺便去哪里转转? 卖什么样的纪念品?

(3)专题服务拓展:博物馆是一个庞大的资源库,如何充分发挥其作用更好地为社会各行各业的用户服务,充分挖掘藏品价值,提高博物馆藏品的利用度是非常关键的问题。借助互联网、物联网、云计算等,将博物馆与其他行业相结合,如与设计类网站、摄影类网站、工艺制作类网站、教育类网站等进行合作,在扩展各自业务的同时实现共同发展。博物馆为专业网站提供设计素材、灵感来源、专业知识和教学资源等,专业网站为博物馆及其藏品进行介绍和宣传,将其藏品价值进行深层次的分类挖掘并进行转换和再利用,为博物馆增添新的展示形式,拓展藏品展示空间,增强博物馆活力,引起更多人的参观兴趣。

名词解析

• e-Museum:是西班牙的一个智慧艺术馆项目。2010 年由阿拉贡地区的工程勘察研究院的研究人员组成的开发团队历经一年的时间设计和开发名为 e-Museum 的智慧艺术馆项目,该项目涉及机器人通信、虚拟现实和增强现实等先进技术。

• Smartmuseum:是欧盟第七框架计划(7th Framework Programme,简称 FP7)下支持的一个智慧博物馆项目。该项目历时三年(2008—2010 年)主要实现以下目标:降低现场获取数字文化遗产内容的成本;改善结构,使用户的行为和偏好依赖于其对文化遗产资料库的访问;提升人们从文化和科学资源获得的个人经验和共享经验;将个性化的文化体验带入非专业社区;针对各种兴趣团体,真正重用与文化遗产访问相关的个性化体验。

• 台湾"智慧化居住空间"项目:随着通信技术大发展与普及,人们的日常生活已与通信科技密切结合在一起,鉴于此情况,2005 年台湾行政主管部门在产业科技策略会议上针对高科技电子、电机、材料、信息及通信等产业与传统产业的结合,提出"智慧居住空间发展策略"的议题,即运用技术优势把握智慧化居住生活科技发展趋势与机会。根据这一提议,内政部建筑研究所积极推动智慧化居住空间产业发展,利用台湾电子通信技术及基础产业制造技术的优势,以及 e-Taiwan/M-Taiwan 等基础建设,大力发展和推广智慧建筑居住生活空间等相关应用,以促进相关产业的蓬勃发展,以期带动台湾当前与下一阶段的经济发展。[①]

• 传感器:一种检测装置,能感受到被测量的信息,并能将检测感受到的信息按一定规律转换为电信号或其他形式,以满足信息的传输、处理、存储、显示、记录和控制等要求。传感器由敏感元件、转换元件、信号调理与转换电路和辅助电源组成。传感器的特点包括微型化、数字化、智能化、多功能化、系统化、网络化。按传感器的输入量进行分类,有位移传感器、速度传感

---

① http://www.ils.org.tw/subject_content_introduction.aspx.

器、温度传感器、压力传感器等。按其工作原理来分类,有应变式、电容式、电感式、压电式、热电式等。传感器是实现自动监测和自动控制的基础。

• PSTN 网络:公用电话交换网,英文名为 Public Switch Telephone Network,即我们日常生活中常用的电话网。PSTN 包括电话线(双绞线)、光纤电缆、微波传输链路、蜂窝网络、通信卫星、海底电话电缆,所有互连通过交换中心实现。允许世界上的任何电话与任何其他终端通信。典型的应用有远程端点和本地 LAN 之间的连接和远程用户拨号上网。它为国际互联网提供了部分长距离的基础设施。如今,公共交换电话网络主要部分已经实现了完全的数字化。

• RFID:射频识别,英文全名为 Radio Frequency Identification,又称为无线射频识别,是一种非接触式的自动识别技术。它通过射频信号自动识别目标对象并获取相关数据,识别工作无须人工干预,作为条形码的无线版本,RFID 技术具有条形码所不具备的防水、防磁、耐高温、使用寿命长、读取距离大、标签上数据可以加密、存储数据容量更大、存储信息更改自如等优点。依据标签内部供电情况,RFID 标签分为被动式、半被动式(也称作半主动式)、主动式三类。

• NFC:近场通信,英文名为 Near Field Communication,是一种短距离的高频无线通信技术,允许电子设备之间进行非接触式点对点数据传输,在十厘米(3.9 英寸)内交换数据。这个技术在 RFID 和互联网整合的基础上发展而来,由 Philips 和 Sony 共同研制开发,主要用于手机等手持设备,现在已经演变成一种短距离无线通信技术。与 RFID 相比,NFC 将非接触读卡器、非接触卡和点对点功能整合进一块单芯片,在短距离内与兼容设备进行识别和数据交换。

• M2M:机器与机器的通信,英文全名为 Machine to Machine,是指机器之间自动的数据交换。目前重点在于机器对机器的无线通信,主要存在机器对机器、机器对移动电话(如用户远程监视)、移动电话对机器(如用户远程控制)三种方式。广义上 M2M 可代表机器对机器(Machine to Machine)、人对机器(Man to Machine)、机器对人(Machine to Man)、移动网络对机器(Mobile to Machine)之间的连接与通信,它涵盖了所有在人、机器、系统之间建立通信连接的技术和手段。

参考文献

一、英文专著

[1] Bennett T. *The Birth of the Museum*: *History*, *Theory*, *Politics*. London；New York：Routledge，2013.

[2] Bowen J, Bradburne J, Burch A, et al. *Digital Technologies and the Museum Experience*: *Handheld Guides and Other Media*. Rowman Altamira，2008.

[3] Davidson C N, Gpldberg D T. The Future of Thinking：Learning Institutions in Adigital Age. Cambridge Ma：Mit Press，2010.

[4] Drotner K, SchrøDer K C. *Museum Communication and Social Media*：*the Connected Museum*. London；New York：Routledge，2014.

[5] Falk J H. *Identity and Themuseum Visitor Experience*. California：Left Coast Press，2009.

[6] Jones-Garmil K. *The Wired Museum*: *Emerging Technology and Changing Paradigms*. Washington，Dc：American Association of Museums，1997.

[7] Kalay Y, Kvan T, Affleck J. *New Heritage*: *New Media and Cultural Heritage*. London；New York：Routledge，2007.

[8] Keene S. Digital Collections. London；New York：Routledge，2012.

[9] Lang C, Reeve J, Woollard V. *The Responsive Museum*: *Working with Audiences in Thetwenty-first Century*. Aldershot：Ashgate Publishing，Ltd,2006.

[10] Marty P F, Jones K B. *Museum Informatics*: *People*, *Information*,

and Technology in Museums (Vol. 2). London: Taylor & Francis, 2008.

[11] Miles R, Zavala L. Towardsthe Museum of The Future: New European Perspectives. London; New York: Routledge, 2012.

[12] Parry R. *Recoding The Museum: Digital Heritage and Thetechnologies of Change*. London; New York:Routledge, 2007.

[13] Parry R. *Museums In Adigital Age*. London; New York:Routledge. 2013.

[14] Selwyn N, Gorard S, Furlong J. *Adult Learning in Thedigital Age: Information Technology and the Learning Society*. London; New York:Routledge, 2006.

二、英文论文

[1] Anderson M L. Museums of the Future: The Impact of Technology on Museum Practices. *Daedalus*, 1999,128(3): 129-162.

[2] Arms C R. Available and Useful: Oai at the Library of Congress. *Library Hi Tech*, 2003, 21(2):129-139.

[3] Arora P. Typology of Web 2.0 Spheres: Understanding the Cultural Dimensions of Social Media Spaces. *Current Sociology*, 2012, 60(5): 599-618.

[4] Barron K. From Classroom to Gallery. *Journal of Museum Education*, 2012, 37(1): 81-90.

[5] Bearman D, Trant J. Museums and Intellectual Property: Rethinking Rights Management for a Digital World. *Visual Resources*, 1997, 12(3-4): 269-279.

[6] Bearman D. 4 Representing Museum Knowledge. *Museum Informatics: People, Information, and Technology in Museums*, 2008, 2: 35.

[7] Belinky I, Lanir J, Kuflik T. Using Handheld Devices and Situated Displays for Collaborative Planning of a Museum Visit// *Proceedings of the 2012 International Symposium on Pervasive Displays*. Acm, 2012: 19.

[8] Bell C A. *The Least Restrictive Museum : Educational Programming for Cognitively Disabled Visitors at History Museums and Historic Sites in North Carolina*. Diss: University of North Carolina Wilmington, 2012.

[9] Bertacchini E, Morando F. The Future of Museums in the Digital age: New Models for Access to and Use of Digital Collections. *International Journal of Arts Management*, 2013, 15(2): 60-72.

[10] Bickford A. Identity and the Museum Visitor Experience. *Curator: The Museum Journal*, 2010, 53(2): 247-255.

[11] Biella D, Luther W, Sacher D. Schema Migration into a Web-Based Framework for Generating Virtual Museums and Laboratories// *Virtual Systems and Multimedia (Vsmm)*, 2012 18th *International Conference on*. New York: Ieee, 2012: 307-314.

[12] Biggs H C, Coetzee Y, Dent M C. Development of a Metadatabase to Support a Multi-Organisational, Multi-Disciplinary River Ecosystem Research and Management Initiative-Experiences from the Kruger National Park Rivers Research Programme. *Water-Sa-Pretoria-*, 2000, 26(1): 77-82.

[13] Booth B. Understanding the Information Needs of Visitors to Museums. *Museum Management and Curatorship*, 1998, 17(2): 139-157.

[14] Bowditch J. The Smithsonian as a Microcosm of Americanmuseum Practice: Robert C. Post, Who Owns America'S Past? (Review). *Technology and Culture*, 2015, 56(1): 248-251.

[15] Brown D. Teahuahiko: Digital Cultural Heritage and Indigenous Objects, People, and Environments. *Theorizing Digital Cultural Heritage, a Critical Discourse*, 2007: 77-92.

[16] Bruton D. Theorizing Digital Cultural Heritage: Acritical Discourse. *Information, Communication & Society*, 2011, 14(7): 1077-1078.

[17] Cachia A. From Outsider to Participant: Developmentally Disabled

Dialogue in Socially Engaged Art. *Museums & Social Issues*，2014，9 (2)：109-123.

[18] Cafaro F，Panella A，Lyons L，et al. I See You There！：Developing Identity-Preserving Embodied Interaction for Museum Exhibits// *Proceedings of the Sigchi Conference on Human Factors in Computing Systems*. New York：Acm，2013：1911-1920.

[19] Cameron F. Beyond the Cult of the Replicant-Museums and Historical Digital Objects：Traditional Concerns，New Discourses.//Cameron F，Kenderdine，S. Theorizing Digital Cultural Heritage：A Critical Discourse. Cambridge，Ma：Mit Press，2007：49-75.

[20] Chang F，Dean J，Ghemawat S，et al. Bigtable：A Distributed Storage System for Structured Data. *Acm Transactions on Computer Systems (Tocs)*，2008，26(2)：4.

[21] Charitonos K，Blake C，Scanlon E，et al. Museum Learning Via Social and Mobile Technologies：(How) Can Online Interactions Enhance the Visitor Experience?. *British Journal of Educational Technology*，2012，43(5)：802-819.

[22] Chen C C，Huang T C. Learning in a U-Museum：Developing a Context-Aware Ubiquitous Learning Environment. *Computers & Education*，2012，59(3)：873-883.

[23] Chen Cc，Chen Hh，Chen K H，Hsiang J. The Design of Metadata for the Digital Museum Initiative in Taiwan. *Online Information Review*，2002，26(5)：295-306.

[24] Chen H，Guo D，Qun-Wei X，et al. Service Virtualization in Large Scale，Hterogeneous and Distributed Environment//Intemationalconfereneeon Grid Computing and Applications. Losangels，2005：62-68.

[25] Collins T D，Mulholland P，Zdrahal Z. Using Mobile Phones to Map Online Community Resources to a Physical Museum Space. *International Journal of Web Based Communities*，2009，5(1)：18-32.

[26] Coralini A, Guidazzoli A, Malfetti P, et al. Cloud Computing and Virtual Heritage: The Social Media-Oriented Paradigm Experienced at Cineca//*Network Cloud Computing and Applications* (*Ncca*), 2014 *Ieee 3rd Symposium on*. New York: Ieee, 2014: 121-124.

[27] Cui B, Yokoi S. Promote Visitor Interactions By Smart Devices in Museum Learning Scenario//*Computing Technology and Information Management* (*Iccm*), 2012 *8th International Conference on*. New York: Ieee, 2012, 1: 376-379.

[28] Cunliffe D, Efmorphia K, Douglas T. Usability Evaluation for Museum Web Sites. *Museum Management and Curatorship*, 2001, 19(3): 229-252.

[29] Davies M, Shaw L. Diversifying the Museum Workforce: The Diversify Scheme and its Impact on Participants' Careers. *Museum Management and Curatorship*, 2013, 28(2): 172-192.

[30] Dim E, Kuflik T. Automatic Detection of Social Behavior of Museum Visitor Pairs. *Acm Transactions on Interactive Intelligent Systems* (*Tiis*), 2014, 4(4): 17.

[31] Din H, Hecht P. Preparing the Next Generation of Museum Professionals. //Din H, Hecht P. *The Digital Museum: A Think Guide*. Washington, Dc: American Association of Museums, 2007: 9-17.

[32] Dowden R, Sayre S. The Whole World in Their Hands: The Promise and Peril of Visitor-Provided Mobile Devices//Din H, Hecht P. *The Digital Museum: A Think Guide*. Washington, Dc: American Association of Museums, 2007: 35-44.

[33] Dryden J. Copyright Issues in the Selection of Archival Material for Internet Access. *Archival Science*, 2008, 8(2): 123-147.

[34] Eschenfelder K R, Caswell M. Digital Cultural Collections in an age of Reuse and Remixes. *Proceedings of the American Society for Information Science and Technology*, 2010, 47(1): 1-10.

[35] Eschenfelder K, Johnson A. The Limits of Sharing: Controlled Data Collections. *Proceedings of the American Society for Information Science and Technology*, 2011, 48(1): 1-10.

[36] Fletcher A, Lee M J. Current Social Media Uses and Evaluations in American Museums. *Museum Management and Curatorship*, 2012, 27(5): 505-521.

[37] Freire A P. *Disabled People and the Web: User-Based Measurement of Accessibility*. Diss. University of York, 2012.

[38] Fulton K. Learning in a Digital Age: Insights into the Issues. *The Journal Technological Horizons in Education*, 1998, 25(7): 60.

[39] Fyfe G. Sociology and the Social Aspects of Museums//Macdonald S. A Companion Tomuseum Studies. Malden, Ma: Blackwell, 2006: 33-49.

[40] Hakvoort G, Ch'Ng E, Beale R. The Museum Environment: A Complex Community of Objects, Peloep and Devices. *International Journal of Heritage in the Digital Era*, 2012, 1: 119-124.

[41] Hamma, K. Becoming Digital. *Bulletin of the American Society for Information Science and Technology*, 2004, 30(5).

[42] Handa K, Dairoku H, Toriyama Y. Investigation of Priority Needs in Terms of Museum Service Accessibility for Visually Impaired Visitors. *British Journal of Visual Impairment*, 2010, 28(3): 221-234.

[43] Hatton A. The Conceptual Roots of Modern Museum Management Dilemmas. Museum Management and Curatorship, 2012, 27(2): 129-147.

[44] Haynes J, Zambonini D. Why are They Doing That!? How Users Interact With Museum Web Sites//Trant J, Bearman D. *In Museums and the Web* 2007: *Proceedings*. Toronto: Archives & Museum Informatics, 2007.

[45] Heunis V. Museum Accessibility: Reaching Out to the Disabled

Community: Museums and Communities. *South African Museums Association Bulletin*, 2005, 31: 27-30.

[46] Hirose M, Tanikawa T. Overview of the Digital Museum Project// *Proceedings of the 9th Acm Siggraph Conference on Virtual-Reality Continuum and its Applications in Industry*. Acm, 2010: 11-16.

[47] Honeysett N. Reach More and Earn More: Connecting With Audiences Online//Din H, Hecht P. *The Digital Museum: A Think Guide*. Washington, Dc: American Association of Museums, 2007, 147-155.

[48] Hood M G. Staying away: Why People Choose. *Reinventing the Museum: Historical and Contemporary Perspectives on Theparadigm Shift*, 2004: 150.

[49] Howarth F. World Museum Leadership: Icom or Aam?. *Museum Management and Curatorship*, 2012, 27(2): 87-92.

[50] Hsu T Y. A Unified Content and Service Management Model for Digital Museums. *International Journal of Humanities and Arts Computing*, 2012, 6(1-2): 87-99.

[51] Hsuy T, Pan Y C, Wei L Y, et al. Key Formulation Schemes for Spatial Index in Cloud Data Managements//*Mobile Data Management (Mdm), 2012 Ieee 13th International Conference on*. New York: Ieee, 2012:21-26.

[52] Hudson K. The Museum Refuses to Stand Still. *Museum International*, 1998, 50(1): 43-50.

[53] Islam M N. Towards Determinants of User-Intuitive Web Interface Signs//*Design, User Experience, and Usability. Design Philosophy, Methods, and Tools*. Springer Berlin Heidelberg, 2013: 84-93.

[54] Jin H. Chinagrid: Making Grid Computing a Reality//*Digital Libraries: International Collaboration and Cross-Fertilization*. Springer Berlin Heidelberg, 2005: 13-24.

[55] Jones K B. 2 The Transformation of the Digital Museum. *Museum*

Informatics：*People*，*Information*，*and Technology In Museums*，
2008，2：9.

[56] Johnson L F，Witchey H. The 2010 Horizon Report：Museum
Edition. *Curator*：*The Museum Journal*，2011，54(1)：37-40.

[57] Kelly L. 3 The Connected Museum In the World of Social Media.
Museum Communication and Social Media：*The Connected Museum*，
2014：54.

[58] Kelly L. How Web 2.0 Is Changing the Nature of Museum Work.
Curator：*The Museum Journal*，2010，53(4)：405-410.

[59] Kelly L，Russo A. From Communities of Practice to Value Networks：
Engaging Museums In Web 2.0. *Hot Topics*，*Public Culture*，
Museums，2010：281-298.

[60] Kidd J. Enacting Engagement Online：Framing Social Media Use for
the Museum. *Information Technology & People*，2011，24(1)：64-
77.

[61] Knell S J. The Shape of Things to Come：Museums in the
Technological Landscape. *Museum and Society*，2003，1(3)：132-146.

[62] Korner C，Benz D，Hotho A，et al. Stop Thinking，Start Tagging：
Tag Semantics Emerge from Collaborative Verbosity//*Proceedings of
the* 19*th International Conference on World Wide Web*. New York：
Acm，2010：521-530.

[63] Kovavosaruch L，Sornleardlummvanich V，Chalernporn T，et al.
Evaluating and Collecting Museum Visitor Behavior Via Rfid//
Technology Management for Emerging Technologies (*Picmet*)，2012
*Proceedings of Picmet'*12. New York：Ieee，2012：1099-1101.

[64] KuflikT，Boger Z，Zancanaro M. Analysis and Prediction of Museum
Visitors' Behavioral Pattern Types//*Ubiquitous Display
Environments*. Springerberlinheidelberg，2012：161-176.

[65] Kuflik T，Wecker A J，Lanir J，et al. An Integrative Framework for
Extending the Boundaries of the Museum Visit Experience：Linking

the Pre, During and Post Visit Phases. *Information Technology & Tourism*, 2014: 1-31.

[66] Li Z, Xia F, Zheng G, et al. Copyright Protection in Digital Museum Based on Digital Holography and Discrete Wavelet Transform. *Chinese Optics Letters*, 2008, 6(4): 251-254.

[67] Liagkou V. A Trustworthy Architecture for Managing Cultural Content. *Mathematical and Computer Modelling*, 2013, 57 (11): 2625-2634.

[68] Lim S, Li Liew C. Metadata Quality and Interoperability of Glam Digital Images//*Aslib Proceedings*. Emerald Group Publishing Limited, 2011, 63(5): 484-498.

[69] Logan R, Sutter G C. Sustainability and Museum Education: What Future are We Educating for?. *The International Journal of the Inclusive Museum*, 2012, 4(3): 11-21.

[70] Lopez X, Margaoti I, Maragliano R, et al. The Presence of Web 2.0 Tools on Museum Websites: A Comparative Study Between England, France, Spain, Italy, and the Usa. *Museum Management and Curatorship*, 2010, 25(2): 235-249.

[71] Lu F. Application of the Internet of Things Technology in the Museum Service. *Bulletin of Science and Technolog*, 2013, 3(28): 166-168.

[72] Lykourentzou I, Claude X, Naudet Y, et al. Improving Museum Visitors' Quality of Experience Through Intelligent Recommendations: A Visiting Style-Based Approach//Intelligent Environments (Workshops). 2013: 507-518.

[73] Makris K, Skevakis G, Kalokyri V, et al. Metadata Management and Interoperability Support for Natural History Museums//*Research and Advanced Technology for Digital Libraries*. Springer Berlin Heidelberg, 2013: 120-131.

[74] Marty P F, Michael B T. Lost in Gallery Space: A Conceptual Framework for Analyzing the Usability Flaws of Museum Web Sites.

First Monday，2004，9（9）. Doi：Http://Dx. Doi. Org/10. 5210/Fm. V9i9. 1171

[75] Marty P F，Rayward W B，Twidale M. Museum Informatics. *Annual Review of Information Science and Technology*，2003，37：259-294.

[76] Marty P F. Meeting User Needs in the Modern Museum：Profiles of the New Museum Information Professional. *Library & Information Science Research*，2006，28：128-144.

[77] Marty Pf. Museum Informatics and Collaborative Technologies：The Emerging Sociotechnological Dimension of Information Science in Museum Environments. *Journal of the American Society for Information Science*，1999，50：1083-1091.

[78] Marty Pf. Museum Professionals and the Relevance of Lis Expertise. *Library & Information Science Research*，2007，29：252-276.

[79] Marty Pf. Museum Websites and Museum Visitors：Before and after the Museum Visit. *Museum Management and Curatorship*，2007，22（4）：337-360.

[80] MartyPf. Museum Websites and Museum Visitors：Digital Museum Resources and Their Use. *Museum Management and Curatorship*，2008，23（1）：81-99.

[81] Marty Pf. The Changing Nature of Information Work in Museums. *Journal of the American Society for Information Science and Technology*，2007，58（1）：97-107.

[82] Marty Pf. The Evolving Roles of Information Professionals in Museums. *Bulletin of the American Society for Information Science and Technology*，2004，30（5）：20-23.

[83] Marty Pf. So You Want to Work in A Museum...：Guiding the Careers of Future Museum Information Professionals. *Journal of Education for Library and Information Science*，2005，46（2）：115-133.

[84] Mathison C，Gabiel K. Tearing Down the Walls：Using Mobile

Devices to Expand Museum Learning//*World Conference on Educational Multimedia, Hypermedia and Telecommunications.* 2013, 2013(1): 254-258.

[85] Mitroff D, Katrina A. Do You Know Who Your Users are? The Role of Research in Redesigning Sfmoma. Org. //Trant J, Bearman D. in Museums and the Web 2007: Proceedings. Toronto: Archives & Museum Informatics, 2007.

[86] Orna E, Charles P. Managing Information to Make it Accessible// Aldershot. *Information Management in Museums, 2nd.* England: Gower, 1998:43-67.

[87] Ozden K E, Unay D, Inan H, et al. Intelligent Interactive Applications for Museum Visits//*Digital Heritage. Progress in Cultural Heritage: Documentation, Preservation, and Protection.* Springer International Publishing, 2014: 555-563.

[88] Padilla-Melendez A, Del ÁGuilia-Obraa R. Web and Social Media Usage By Museums: Online Value Creation. *International Journal of Information Management*, 2013, 33(5): 892-898.

[89] Parry R, Nadia A. Localized, Personalized, and Constructivist: A Space for Online Museum Learning//Cameron F, Kenderdine, S. *Theorizing Digital Cultural Heritage: A Critical Discourse.* Cambridge, Ma: Mit Press, 2007: 281-298.

[90] Parry R. Digital Heritage and the Rise of Theory in Museum Computing. *Museum Management and Curatorship*, 2005, 20 (4): 333-348.

[91] Paschou M, Sakkopoulos E, Tsakalidis A, et al. Intelligent Mobile Recommendations for Exhibitions Using Indoor Location Services// *Multimedia Services in Intelligent Environments.* Springer International Publishing, 2013: 19-38.

[92] Peacoake D, Jonny B. Audiences, Visitors, Users: Reconceptualising Users of Museum On-Line Content and Services. //Trant J, Bearman

D. *Museums and the Web* 2007: *Proceedings*. Toronto: Archives & Museum Informatics,2007.

[93] Pentina I, Neeley C. Differencesinharacteristics of Online Versus Traditional Students: Implications for Target Marketing. *Journal of Marketing for Higher Education*, 2007(8). 17:49-65.

[94] Petrie H, Kheir O. The Relationship Between Accessibility and Usability of Websites//*Proceedings of the Sigchi Conference on Human Factors in Computing Systems*. New York: Acm, 2007: 397-406.

[95] Proctar N. Digital: Museum as Platform, Curator as Champion, in the age of Social Media. *Curator: The Museum Journal*, 2010, 53(1): 35-43.

[96] Pruulmann-Vengerfeldt P, Runnel P. When the Museum Becomes the Message for Participating Audiences. *Cm-CAsopiszaupravljanjekomuniciranjem*, 2011, 6 (21): 159-179.

[97] Rayward W B. Electronic Information and the Functional Integration of Libraries, Museums, and Archives.//Higgse. *History and Electronic Artefacts*. Oxford: Oxford University Press, 1998: 207-225.

[98] Rennie L J, Johntson D J. The Nature of Learning and its Implications for Research on Learning from Museums. *Science Education*, 2004, 88 (S1): S4-S16.

[99] Romen D, SvanæS D. Evaluating Web Site Accessibility: Validating the Wai Guidelines Through Usability Testing With Disabled Users// *Proceedings of the 5th Nordic Conference on Human-Computer Interaction: Building Bridges*. New York:Acm, 2008: 535-538.

[100] Romen D, SvanæS D. Validating Wcag Versions 1.0 and 2.0 Through Usability Testing With Disabled Users. *Universal Access in the Information Society*, 2012, 11(4): 375-385.

[101] Roodhouse S. Where Is Museum Training in the United Kingdom

Going Now?. *Museum Management and Curatorship*, 1998, 17(3): 303-314.

[102] Russo A, Watkins J, Kelly L, et al. Participatory Communication With Social Media. *Curator: The Museum Journal*, 2008, 51(1): 21-31.

[103] Russo A. Transformations in Cultural Communication: Social Media, Cultural Exchange, and Creative Connections. *Curator: The Museum Journal*, 2011, 54(3): 327-346.

[104] Sacher D, Weyers B, Biella D, et al. Towards an Evaluation of a Metadata Standard for Generative Virtual Museums//*Ubiquitous Computing and Ambient Intelligence. Personalisation and User Adapted Services.* Springer International Publishing, 2014: 357-364.

[105] SaranyarajD. The Virtual Guide for Assisted Tours Using Context Aware System//*Signal Processing Image Processing & Pattern Recognition (Icsipr)*, 2013 *International Conference on*. New York: Ieee, 2013: 211-213.

[106] Schwartz D F. Dude, Where'S My Museum? Inviting Teens to Transform Museums. *Museum News-Washington-*, 2005, 84(5): 36.

[107] Seo Y D, Ahn J H. Efficient Nfc Tagging Pattern-Based Contents Recommendation for Museum Viewers//*Applied Mechanics and Materials*. 2013, 263: 2876-2880.

[108] Sharples M, Taylor J, Vavoula G. A Theory of Learning for the Mobile Age//*Medienbildung in NeuenkulturräUmen. Vs Verlag fürsozialwissenschaften*, 2010: 87-99.

[109] Skinner J. Metadata in Archival and Cultural Heritage Settings: Areview of the Literature. *Journal of Library Metadata*, 2014, 14(1): 52-68.

[110] Skov M, Ingwersen P. Exploring Information Seeking Behaviour in a Digital Museum Context//*Proceedings of the Second International Symposium on Information Interaction in Context*. New York: Acm,

2008：110-115.

[111] Skov M，Ingwersen P. Museum Web Search Behavior of Special Interest Visitors. *Library & Information Science Research*，2014，36(2)：91-98.

[112] Sledge J. Spectrum - A Review. *Archives and Museum Informatics*，1999，13(1)：55-61.

[113] SochanA，Glomb P，Skabek K，et al. Virtual Museum as an Example of 3d Content Distribution in the Architecture of a Future Internet// *Computer Networks*. Springer Berlin Heidelberg，2011：459-464.

[114] Stam D C. The Informed Muse：The Implications of "The New Museology" for Museum Practice//Corsaneg. *Heritage，Museums and Galleries：An Introductory Reader*. Abingdon，England：Routledge，2005：54-70.

[115] Starn R. A Historian'S Brief Guide to New Museum Studies. *American Historical Review*，2005，110(1)：68-98.

[116] Thyne M. The Importance of Values Research for Nonprofit Organisations：The Motivation - Based Values of Museum Visitors. *International Journal of Nonprofit and Voluntary Sector Marketing*，2001，6(2)：116-130.

[117] TrantJ. Social Classification and Folksonomy in Art Museums：Early Data from the Steve. Museum Tagger Prototype. *Advances in Classification Research Online*，2006，17(1)：1-30.

[118] Urban R J. Library Influence on Museum Information Work. *Library Trends*，2014，62(3)：596.

[119] Van Dijk E M A G，Lingnau A，Kockelkorn H. Measuring Enjoyment of an Interactive Museum Experience//*Proceedings of the 14th Acm International Conference on Multimodal Interaction*. New York：Acm，2012：249-256.

[120] Vercoustre Am，Paradis F. Metadata for Photographs：From Digital Library to Multimedia Application. *Research and Advanced*

Technology for Digital Libries,1999. (1696):39-57.

[121] Wan J, Zhou Y, Chen G, et al. Designing A Multi-Level Metadata Standard Based on Dublin Core for Museum Data//*International Conference on Dublin Core and Metadata Applications*. 2014: 31-36.

[122] WangR G, Dong H L, Wu M W, et al. Research and Design of Digital Museum Based on Virtual Reality//*Advanced Materials Research*. 2014, 926: 2516-2520.

[123] WangY P, Wei S Q. Web-Based Digital Museum Construction and Realization of Virtual Space. *Computer Systems & Applications*, 2011, 1: 012.

[124] WangY, Yang C, Liu S, et al. A Rfid & Handheld Device-Based Museum Guide System//*Pervasive Computing and Applications*, 2007. *Icpca 2007. 2nd International Conference on*. New York:Ieee, 2007: 308-313.

[125] Weil S E. From Being About Something to Being for Somebody: The Ongoing Transformation of the *American Museum*. *Daedalus*, 1999, 128(3): 229-257.

[126] Welsh P H. Preparing A New Generation: Thoughts on Contemporary Museum Studies Training. *Museum Management and Curatorship*, 2013, 28(5): 436-454.

[127] Werb S R, Squire T H. Disability Perspectives and the Museum. *Re-Presenting Disability: Activism and Agency in the Museum*, 2013: 213.

[128] Yang C, Wang R, Wang L, et al. The Personalized Service Customization Based on Multimedia Resources in Digital Museum Grid//*Ubi-Media Computing* (*U-Media*), 2010 3rd *Ieee International Conference on*. New York: Ieee, 2010: 298-304.

[129] Yim J, Le T C. Museum Guide, A Mobile App//*Computer Applications for Software Engineering, Disaster Recovery, and*

Business Continuity. Springer Berlin Heidelberg，2012：36-41.

[130] Zajac L. Social Metadata Use in Art Museums：The Case of Social Tagging. *The Official Journal of the Pacific Northwest Library Association*，`2013,77(2)：65.

三、中文专著

[1] 北京数字科普协会.数字博物馆发展新趋势.北京：中国传媒大学出版社.2014.

[2] 北京市科学技术协会信息中心,北京数字科普协会.创意科技助力数字博物馆.北京：中国传媒大学出版社,2012.

[3] 北京市科学技术协会信息中心,北京数字科普协会.数字博物馆研究与实践 2009.北京：中国传媒大学出版社,2009.

[4] 陈红京,吴勤旻.数字博物馆资源建设规范与方法（人文艺术类）.上海：上海科学技术出版社,2006.

[5] 陈红京,吴勤旻.博物馆藏品信息指标著录规范.上海：上海科学技术出版社,2006.

[6] 程成,曾永红,王宪伟,彭盾.App 营销解密：移动互联网时代的营销革命.北京：机械工业出版社,2013.

[7] 肯尼斯·赫德森.八十年代的博物馆——世界趋势综览.王殿明,等,译.北京：紫禁城出版社,1986.

[8] 肯尼斯·C.劳顿,简·P.劳顿.管理信息系统.薛华成,译.北京：机械工业出版社,2011.

[9] 黎妹红,韩磊.身份认证技术及应用.北京：北京邮电大学出版社,2012.

[10] 刘英,张浩达.数字博物馆的生命力：2007 年北京数字博物馆研究.北京：北京广播学院出版社,2007.

[11] 乔治·埃里斯·博寇.新博物馆学手册.张云,曹志建,吴瑜,王睿,译.重庆：重庆大学出版社,2011.

[12] 齐越,沈旭昆.博物馆数字资源的管理与展示.上海：上海科学技术出版社,2008.

[13] 单霁翔.从"数量增长"走向"质量提升"——关于广义博物馆的思考.天

津:天津大学出版社,2014.

[14] 司继伟.青少年心理学.北京:中国轻工业出版社,2010.

[15] 宋娴.新媒体与博物馆发展.上海:上海科技教育出版社,2014.

[16] 田宝玉,杨洁,贺志强,王晓湘.信息论基础.北京:人民邮电出版社,
2008.

[17] 托尼·宾汉姆,玛西娅·康纳.新社会化学习:通过社交媒体促进组织
转型.邱昭良,等,译.南京:江苏人民出版社,2014.

[18] 王宏钧.中国博物馆学基础.上海:上海古籍出版社,2001.

[19] 威廉姆·B.克劳,赫米尼娅·丁.超越时空:博物馆与在线学习.路旦
俊,译.北京:外文出版社,2014.

[20] 吴丽华.网络数字媒体技术在生物多样性数字博物馆中的应用研究.北
京:国防工业出版社,2013.

[21] 吴胜武,闫国庆.智慧城市:技术推动和谐.杭州:浙江大学出版社,
2010.

[22] 吴秀梅.防火墙技术及应用教程.北京:清华大学出版社,2010.

[23] 徐士进,陈红京.数字博物馆概论.上海:上海科学技术出版社,2006.

[24] 严建强.博物馆的理论与实践.杭州:浙江教育出版社,1998.

[25] 杨丹丹,阎宏斌.博物馆教育新视阈.北京:文物出版社,2009.

四、中文论文

[1] 保罗·F.玛绨,李宏坤.数字博物馆与观众——浅谈数字博物馆的应用.
博物馆研究,2010(1):32-37.

[2] 鲍泓,刘宏哲.基于WebServices的虚拟文物博物馆架构.系统仿真学报,
2005,17(6):1411-1416.

[3] 毕强,朱亚玲.元数据标准及其互操作研究.情报理论与实践,2007,
30(5):666-670.

[4] 陈国宁.博物馆角色的转变与专业人才培养.中国博物馆,2006(3):42-
47.

[5] 董翠芳,滕莉,孙平.终身学习时代数字博物馆的教育价值分析.出版与
印刷,2009(3):51-54.

[6] 董蒙.网络——青少年心理健康教育的有利途径.教育探索,2011(8):143-144.

[7] 董焱.数字博物馆元数据标准初探.北京联合大学学报(自然科学版).2005,19(2):61-65.

[8] 樊亚春.数字水印技术及其在数字博物馆中的应用研究.西北大学硕士学位论文,2003.

[9] 龚花萍,胡春健,刘春年.文物信息资源元数据建设原则、模型与方案探讨.图书馆学研究,2012,19:31-35,97.

[10] 龚花萍,胡春健,刘春年.数字文物博物馆信息资源分类与元数据设计研究.情报杂志,2014,33(1):183-189.

[11] 龚娅君.古籍文献数字化建设的几点思考.现代情报,2008,12:95-96.

[12] 顾洁燕,王晨.试论当代数字博物馆的模式和发展.科普研究,2012,6(4):39-44.

[13] 关昕.数字博物馆与公众教育.博物馆研究,2006(1):3-7.

[14] 韩凤.博物馆信息化与电子政务技术.博物馆研究,2007(3):50-53.

[15] 韩文靓.图博档数字化服务发展趋势研究.南京大学硕士学位论文,2013.

[16] 韩缨.信息时代博物馆的知识产权保护和利用——WIPO《博物馆知识产权管理指南》简评.江苏社会科学,2007(1),67-68.

[17] 华苏永,顾建新,袁曦临.文物建筑数字博物馆元数据设计.图书情报工作网刊,2011(2):39-44.

[18] 黄玮夏.古籍文献数字化与数字图书馆建设.情报科学,2010(8):1269-1271＋1277

[19] 贾君枝,史璇.博物馆网站信息组织与服务对比研究.东南文化,2013(4):114-122.

[20] 蒋铭.多媒体数字版权保护水印算法研究及应用.北京邮电大学博士学位论文,2012.

[21] 蒋淑君.网页界面设计中的残疾人用户可访问性分析.中国特殊教育,2004(1):90-94.

[22] 娟娟.浅析微博对博物馆的影响.博物馆研究,2014(3):28-30.

［23］来小鹏,杨美琳.博物馆相关知识产权法律问题研究.中国博物馆,2012
　　（4）:63-66.

［24］李华新.联合的机遇——博物馆、图书馆和档案馆信息整合初探.中国
　　博物馆,2012(1):66-71.

［25］李秀娜.微博/微信:博物馆自媒体应用经验谈.中国博物馆,2013(4):
　　97-102.

［26］李文昌.发展中的中国数字化博物馆.国际博物馆,2012(1):61-69.

［27］李院.图书馆网站的可访问性探讨.情报杂志,2000,19(2):37-38.

［28］李运福,傅钢善.网络环境下学习者特征间影响权重群体差异研究.中
　　国远程教育,2014(10):45-52.

［29］林海慧.从信息学角度对我国博物馆与图书馆所做的对比研究.吉林大
　　学硕士学位论文,2007.

［30］刘华.新浪微博中的博物馆微博分析.中国博物馆,2014(3):97-106.

［31］刘尚清.数字博物馆的云设想.中国博物馆,2013(3):73-77.

［32］刘学荣.基于数字博物馆的文物元数据研究.软件导刊,2009(4):155-
　　156.

［33］刘莉.新媒体技术在博物馆应用的新趋势——读《新媒体联盟地平线报
　　告:2011年博物馆版》报告.中国博物馆,2012(4):102-105.

［34］卢民.基于云计算的数字博物馆信息化建设研究.博物馆研究,
　　2012(1):3-8

［35］卢威,曾定浩,陈继明,等.虚拟博物馆系统构建中的关键技术研究.计
　　算机科学,2007,34(7):244-247.

［36］陆建松.论新时期博物馆专业人才培养及其学科建设.东南文化,
　　2013(5):104-109,127-128.

［37］罗超.技术推动新发展——智慧博物馆正向我们走来.中国公共安全,
　　2014(7):86-90.

［38］茅艳.以观众需求为指向的移动智能终端服务.中国博物馆,2013(3):
　　46-49.

［39］邵燕,石慧.国外公益性数字文化建设实践解析及对我国建设的启示.
　　图书馆理论与实践,2014(5):3.

[40] 孙树森,张明敏,李黎,潘志庚.数字水印技术在数字博物馆中的应用.系统仿真学报 2003,15(3):347-349.

[41] 孙谢晓婷,陆军.沟通与互动——"微环境"下的博物馆文化推广.中国博物馆,2012(1):39-42.

[42] 特丽萨·希尔纳.世界博物馆的新思维、新现象和新趋势.中国博物馆,2006(3):19-26.

[43] 田蕊,龚惠玲,陈朝晖,杨琳.基于移动技术的国外博物馆新型传播模式对图书馆服务的启示.情报资料工作,2012(5):89-92.

[44] 王春.给你所需的——数字博物馆的个性化信息服务.中国美术馆,2011(6):91-94.

[45] 王宁,李罡.关于数字博物馆展品数字化展示技术的研究.科技通报,2013,29(2):178-180.

[46] 王裕昌.浅谈智慧博物馆发展新趋势.甘肃科技,2014,30(16):72-75.

[47] 肖花,刘春年.文物信息资源分类与特征分析.现代情报,2012(10):8-10.

[48] 谢高岗,张玉军,李振宇等.未来互联网体系结构研究综述.计算机学报,2012,35(6):1109-1119.

[49] 杨斌.青少年观众心理研究对博物馆教育的启示.兰州大学硕士学位论文,2014.

[50] 张浩达,张欣,杨建宁,等.对国外部分数字博物馆现状的研究.数字图书馆论坛,2010(1-2):105-113.

[51] 张浩达.几年来数字博物馆建设中的教训与反思.数字图书馆论坛,2010(1):12-22.

[52] 张浩达,李丽.科技传播战略与技术前瞻——"2012 地平线报告·数字博物馆"解析.科技传播,2014(2):116.

[53] 张妮佳.数字博物馆的开发与教育应用研究——以浙江非物质文化遗产数字博物馆为例.浙江师范大学硕士学位论文,2007.

[54] 张鹏.社交媒体为博物馆带来的新机遇与新思考.博物馆研究,2013(2):25-29.

[55] 张宛艳.谈图书馆古籍文献数字化.当代图书馆,2008(4):62-64.

［56］张小李.论博物馆数字资源的经济属性及其边界.中国博物馆，2013(1)：55-59.

［57］张小李.从社会发展及用户需求角度看数字博物馆的定义.东南文化，2011(2)：97-100.

［58］张小朋，张莅坤.博物馆信息化标准框架体系概论.东南文化，2010(4)：104-108.

［59］赵芳.我国网站无障碍研究综述.图书情报工作，2011，55(15)：56-61.

［60］甄朔南.正在兴起的数字化博物馆.中国博物馆，1999(2)：14-17.

［61］郑冬雪，赵菁华.《网页内容可访问性指南》国家标准解读.信息技术与标准化，2011(8)：21-23.

［62］郑奕.博物馆教育活动研究——观众参观博物馆前、中、后三阶段教育活动的规划与实施.复旦大学博士学位论文，2012.

［63］周祥云，钱慧，余轮.基于RFID的博物馆人机互动定位系统.微型机与应用，2011，30(20)：99-102.

［64］周子杰.微博在博物馆中的应用发展探究.中国博物馆，2012(1)：12.

［65］朱迪思·阿克斯勒·特纳.实现博物馆管理电脑化.苑克健，译.中国博物馆，1995(2)：10-16.

［66］朱胜芳，孙瑞志，陈雷.面向视残障人士的无障碍化信息服务平台的设计与实现.计算机应用与软件，2010(3)：20.

索　引